淘宝网店运营

全能一本通

开店 装修 推广 物流 客服

◎ 陈志轩 欧丹丽 张运建 编著

[视频指导版]

人民邮电出版社

北京

图书在版编目（CIP）数据

淘宝网店运营全能一本通 : 开店、装修、推广、物
流、客服 : 视频指导版 / 陈志轩，欧丹丽，张运建编著
. -- 北京 : 人民邮电出版社，2017.5（2018.8重印）
ISBN 978-7-115-45117-0

Ⅰ. ①淘… Ⅱ. ①陈… ②欧… ③张… Ⅲ. ①电子商
务－商业经营－中国 Ⅳ. ①F724.6

中国版本图书馆CIP数据核字(2017)第046871号

内 容 提 要

　　淘宝网作为电子商务模式的代表平台之一，在电子商务网站中具有相当广泛的影响力。淘宝网
为各种类型的用户提供了非常丰富的服务，并且随着科技、生活的不断发展而快速完善。本书主要
针对淘宝开店、装修、运营、推广的相关知识，从策划开店开始，详细介绍了开店准备、开设店铺、
选择商品、发布商品、网店装修、网店管理、商品拍摄、商品美化、店内推广、数据分析、搜索排
名、物流管理和客服管理等内容。本书内容层层深入，为读者系统地介绍了淘宝从开店到运营的相
关知识，能有效地引导读者完成淘宝开店的基本操作。

　　本书适合淘宝店主、网店店主、网店美工及网店运营人员；同时也适合大学生、初创业者、兼
职者等。

◆ 编　　著　　陈志轩　欧丹丽　张运建
　　责任编辑　　许金霞
　　责任印制　　杨林杰
◆ 人民邮电出版社出版发行　　北京市丰台区成寿寺路 11 号
　　邮编　100164　　电子邮件　315@ptpress.com.cn
　　网址　http://www.ptpress.com.cn
　　北京鑫正大印刷有限公司印刷
◆ 开本：787×1092　1/16
　　印张：17.75　　　　　　　　2017 年 5 月第 1 版
　　字数：430 千字　　　　　　2018 年 8 月北京第 7 次印刷

定价：48.00 元
读者服务热线：(010)81055256　印装质量热线：(010)81055316
反盗版热线：(010)81055315

　　电子商务是一个发展非常迅速的行业，淘宝网作为中国著名的网购零售平台拥有近5亿的用户，不仅拥有数不胜数的商品量和成交量，同时还多次掀起了购物的狂潮。对于买家来说，淘宝网是可以购买到心仪商品的购物平台；对于卖家来说，淘宝网则是环境良好的创业平台，特别是处于创业初期的企业，更容易被淘宝网的创业投资低、风险低等特点吸引。

　　淘宝网作为早年的"创业圣地"，对创业者的确具有不凡的吸引力，然而随着社会的发展，淘宝创业早已不是轻而易举的事。为了更好地帮助读者认识和了解淘宝网，掌握淘宝网的开店过程和经营方法，我们着手编写了本书。本书从开店准备入手，详细介绍淘宝网开店、装修、推广、物流和客服等知识，帮助读者掌握从淘宝网开店到运营整个过程的知识。

　　本书共4篇，包括店铺开张篇、网店装修篇、运营推广篇、管理售后篇。各篇的具体内容和学习目标如下表所示。

全书内容和学习目标

篇	章节	主要学习内容	学习目标
店铺开张	第1~4章	1. 网上开店的基本知识 2. 开店前的准备 3. 选择并发布商品 4. 店铺管理	了解网上开店的常见平台，熟悉淘宝开店的流程，掌握淘宝开店的方法，在合理定位的基础上选择并发布商品，完成店铺的基本设置和管理
网店装修	第5~7章	1. 网店商品的拍摄 2. 商品图片的美化 3. 网店的设计与装修	了解商品拍摄的基础知识，学会使用Photoshop处理和美化图片，能够完成对店铺不同板块的设计和装修
运营推广	第8~11章	1. 免费推广店铺 2. 店内推广与促销 3. 网店数据分析 4. 搜索引擎排名与优化	掌握网店推广的基本方法，学会查看和分析网店的经营数据，学会对网店各项内容进行优化
管理售后	第12~13章	1. 网店物流与仓储 2. 网店客服与售后服务	掌握网店物流的管理方法，掌握网店客服服务的方法与技巧

本书内容主要有以下特点。

（一）知识系统，结构合理

本书针对淘宝网开店、装修、推广、物流、客服的全过程，一步步深入地介绍了淘宝网开店与运营所涉及的知识，由浅入深，层层深入。与此同时，本书按照"知识讲解＋疑难解答＋经典案例＋高手进阶"的方式进行讲解，让读者在学习基础知识的同时，同步进行实战练习，从而加强对知识的理解与运用。

（二）案例丰富，实用性强

本书知识讲解与实例操作同步进行，结合真实的网店需求进行设计，案例丰富、实用，读者可以借鉴书中的案例进行设计，也可以在其基础上进行扩展练习，本书具有很强的可读性和可操作性，可以帮助读者快速理解与迅速掌握相关知识的应用。

（三）教学资源丰富

书中的"经验之谈"小栏目是与淘宝网开店、装修、推广、物流、客服相关的经验、技巧与提示，能帮助读者更好地梳理知识；"新手练兵"小栏目给出了练习的任务，方便读者对知识进行巩固。此外，本书通过二维码的方式提供给读者配套的视频教学资料，读者直接扫描二维码即可观看。相关素材和效果文件可通过登录人邮教育社区（www.ryjiaoyu.com）进行下载。

本书由经验丰富的网店老手与网络技术高手编写，同时也得到了众多皇冠店店主的支持，在此表示衷心的感谢。由于时间仓促和作者水平有限，书中难免存在不足之处，欢迎广大读者批评指正。

编者
2017年1月

目录 CONTENTS

第1篇　店铺开张

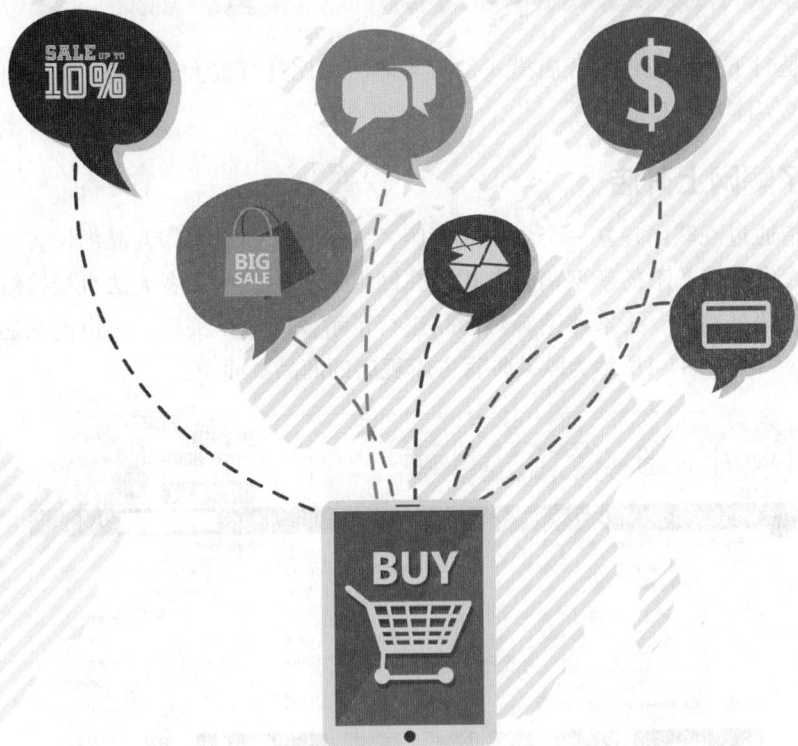

第1章
网上开店的基本知识

　　网上购物是一种十分方便快捷的购物模式，随着电子信息技术的逐渐发展和普及，网上购物的范围和方式也在不断地丰富和完善。网上开店是基于网上购物这个大时代背景而快速发展起来的行业，具有成本低、方式灵活等特点，经营得当，可为经营者带来非常可观的利润。本章主要介绍网上开店基本概念，网上开店平台和网上开店流程等知识。通过本章的学习，读者可以对网上开店有个大致的了解和认识。

1.1 网上开店概述

网上开店是时下十分流行的开店模式，与实体店相比具有很大的优势，同时开店条件和开店方式也与常规实体开店大相径庭。

1.1.1 了解网上开店

网上开店指通过互联网建立一个虚拟的商店，并通过该商店出售商品的销售方式。它是一种基于互联网大发展背景下的新型销售方式。在网上店铺中，购买者无法直接接触商品，只能通过商家图片、商品描述、买家评论等对商品进行了解。确认购买后，再由商家通过邮寄等方式将商品寄给购买者。图1-1所示为欧莱雅官方旗舰店的商品页面。

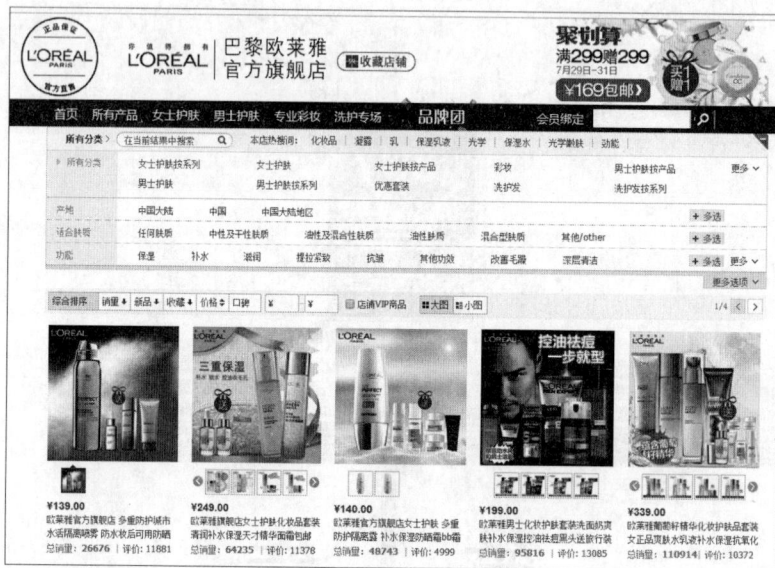

▲ 图1-1 欧莱雅官方旗舰店的商品页面

1.1.2 网店与实体店的比较

与实体店相比，网店在成本、范围和适应性等方面都具有一定的优势。

- **成本优势：**由于网店是虚拟商店，不需要消耗铺面租金和装修等费用，甚至可以不需要库存空间，因此比实体店成本低。同时，网店在人力方面的要求也没有实体店高，其所需人力和时间更少，甚至可以利用空余时间来照看店铺。

- **范围优势：**网络的世界性使网店的销售区域和货源范围非常广，而实体店受限于店铺的区域，销售范围和货源范围较窄。此外，网店可以选择的商品范围也比实体店大，种类也比实体店更加丰富。

- **适应性优势：**网店的适应性非常广，不管是企业、家庭还是个人，都可以发布自己的网店，有正职的人员也可以通过网店进行兼职，赚取利润。部分实体店受季节影响较大，而网店在季节商品转换上则比较便利，因此影响较小。但是实体店较之网店，也存在一定优势。实体店都是当面交易，购买者可以直观地查看商品的品质，进行试用或试穿，但在网店中进行交易时，其交易方式是先支付货款，再等待商家邮寄，并且购买者无法直观地查看商品，可能会产生顾虑。

虽然实体店和网店的开店方式、经营方式都大不相同，但基于双方本质上都是商店，所以也存在很多共同点。如都需对商店经营方向进行正确定位，选择合适的商品进行经营；都需要投入一定的资金并承担相应的风险；都存在很大的竞争考验；都要面对换季、压货风险；都需努力提升服务品质；都需制定正确的经营策略；都可以通过开展促销活动来吸引顾客进行消费。

1.1.3　网上开店的条件

要开一个成功的网上商店，除了要具备良好的商业头脑之外，经营者还需具备一定的软硬件知识。互联网和计算机是网上开店的基本媒介，因此一定要熟悉和了解。除此之外，根据经营者开店的性质，网上商店还需配备一定的硬件设备。

1.　网上开店的硬件要求

网上开店的硬件一般指开店前或开店过程中必须使用或需要频繁使用的设备，下面对主要设备进行介绍。

- **计算机**：计算机是网上开店必不可少的硬件，不管是兼职卖家还是专业卖家，都需要准备一台基本配置的台式计算机或者笔记本电脑。
- **数码相机**：由于网上商店的商品主要是通过图片展示给消费者的，图片精细与否直接关系着商品的出售率，因此需要一台拍照效果良好的数码相机。品质好的相机可以还原更多商品细节，减少后期处理工序，节约时间。
- **手机**：对于现在的电子商务而言，手机的作用非常大。不管是实体店还是网上商店，都不仅是卖商品，也需要卖服务，而网上商店的经营者更多需要依靠网上交流平台和手机来维护客户关系。除此之外，现在越来越多的消费者选择通过手机端购买商品，因此经营者需要时刻关注手机端的店铺情况，随时查看并体验自己店铺在手机端上的功能和表现。
- **传真机和打印机**：根据网上商店的商品性质，部分商店还需配备传真机和打印机，用于打印发送合同、文件等。

除了上述硬件之外，根据商店和商品的性质，卖家可能还需一些其他的硬件设施，比如专业卖家或企业还需要办公场所、固定电话以及其他与产品相关的设施。

2.　网上开店的软件要求

网上开店的软件要求主要与经营者的计算机操作能力相关，如系统和网页的基本操作能力、对一些图形图像软件、网页制作软件、办公软件和聊天软件等的使用，下面对主要的软件要求分别进行介绍。

- **网页操作能力**：网上商店是基于互联网诞生的一个行业，因此要求经营者对网络具有一定的认识，且要具备一定的网页操作能力，需要熟知网页的打开、关闭，图片的上传下载，文本的复制、粘贴和保存等操作。
- **电子邮件的收发**：电子邮件是网络上常见的一种通信方式，在很多场合都需要使用，如联系卖家和维护客户关系、联系批发商、信息验证和确认等。电子邮件的形式多种多样，可以是文本、图片，也可以是声音和视频，使用非常便捷。
- **聊天软件的使用**：网上即时聊天软件是卖家与买家沟通的主要方式，很多买卖都是通过聊天软件达成的，因此经营者一定要掌握阿里旺旺、QQ等主流聊天软件的使用方法，且具备一定的打字速度。聊天软件如图1-2所示。

- **办公软件的使用**：对于网上商店而言，经营者使用较频繁的办公软件主要是Excel和Word。Word主要用于编排文档、制作文件，Excel则主要用于统计和分析各种销售数据、日常收支、员工工资等，如图1-3所示。

▲ 图1-2　聊天软件

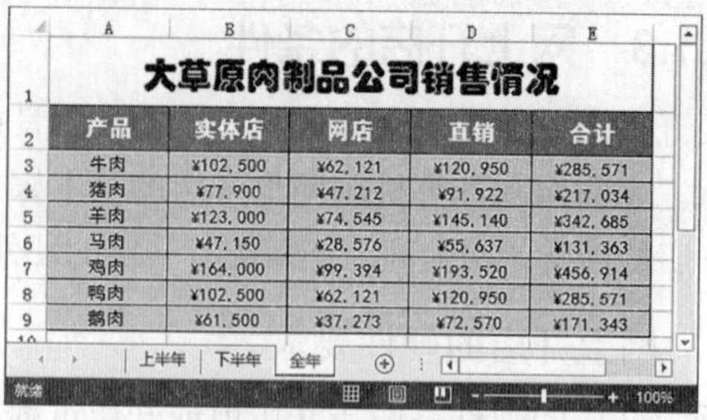

▲ 图1-3　Excel办公软件

- **图形图像软件的使用**：图形图像软件主要以Photoshop、光影魔术手等为主，主要用于处理商品图片、美化商品效果等。Photoshop是一款功能非常强大的图像处理软件，网店经营者主要使用它的裁剪、调色、抠图、图层、画笔、文本、蒙版等内容。图1-4所示为Photoshop界面。

- **网页制作软件的使用**：网页制作软件主要用于设计和制作网页，常用的网页设计软件为Dreamweaver。当经营者需要建立独立的网站时就需要使用网页制作软件自主设计网页。图1-5所示为Dreamweaver界面。

▲ 图1-4　Photoshop界面

▲ 图1-5　Dreamweaver界面

1.1.4　网上开店的方式

网上开店的方式主要有两种，一种是借助网上商店平台，依附于该平台开设店铺；另一种是自己申请域名，设计自己的网站。

1. 自助式开店

自助式开店是指通过提供网上商店服务的平台进行自助开店，如利用淘宝网、易趣网等C2C网站，天猫商城、京东商城、当当网等B2C网站。自助式开店类似于在商城中租用一个柜台出售商品，其方式比较简单。提供这类服务的平台一般都提供了自助开店服务，一般只需支付平台相应的费用，即可简单快捷地建立自己的店铺。

自助式开店的优势是可以借助这些网上商店平台的人气，是一种非常主流的开店方式，图1-6所示为入驻天猫商城的页面。

▲ 图1-6　入驻天猫商城的页面

经验之谈

现在的网上商城平台很多，不同平台对入驻商家的要求不同，淘宝网，对于商家入驻的要求较低，个人或企业都可入驻。而天猫商城、京东商城等网站，则对入驻要求较高，一般是商家才可入驻，且入驻时需提供企业基本信息，缴纳一定的保证金。

2. 创建独立网站

创建独立网站是指网店经营者根据自己商品的经营情况，自行设计或委托专人制作网站。独立网站一般都有一个独立域名，不依附其他的大型购物商城，经营者自主进行独立经营。建立独立网站需要完成域名注册、空间租用、网页设计、程序开发、网站推广、服务器维护等工作，由于是自主设计，所以可以体现出独特的设计风格，不同于自助式开店会受限于商城的模板，图1-7所示为独立网站。

独立网站的经营推广比自助式网站更加困难，最好要有一定的运作团队来维护网站的运作。同时由于这类网站不挂靠其他商城，虽然不需要缴纳保证金，但网站推广维护的费用成本会更高，新的独立网站比较难以取得消费者的信任。

▲ 图1-7　独立网站

3. 独立网站和自助开店结合

独立网站和自助开店结合即将两种方式结合起来，既在大型商城中开设店铺，又建立自己独立的网站进行运营。这种方式的投入较高，但集合了两种开店方式的优势，新的品牌也可以依靠大型商城的人气慢慢积累品牌知名度，再发展自己的独立网站。现在很多知名品牌也都采用了这种模式进行销售。

1.2 常见的网上开店平台

现在网上开店平台非常多，部分平台已经积累了相当高的人气，选择一个好平台，对于自己店铺的推广非常有利，因此对网上商店的经营者而言，首先需要对主流的网上开店平台有个基本的了解和认识。

1.2.1 常见的电子商务网站类型

根据电子商务平台经营性质的不同，可将其划分为不同的类型。例如按照交易的主体，可将电子商务划分为B2B、B2C、C2C、O2O、B2G、C2G 6种类型，其中前3种类型是现在主流的电子商务网站类型。

1. B2B

B2B（Business-to-Business）是一种企业对企业的电子商务类型，B2B电子商务是以企业为主体。通过互联网，企业与企业之间对产品、信息、服务等进行沟通和交易，如阿里巴巴网就是B2B电子商务中的典型代表。

2. B2C

B2C（Business-to-Customer）是一种企业对消费者的电子商务类型，即企业直接面向消费者销售产品和服务的商业零售模式。B2C电子商务一般以网络零售业为主，主要借助于互联网开展在线销售活动，如京东商城、当当网就属于B2C电子商务类型。

3. C2C

C2C（Customer-to-Customer）是一种个人对个人的电子商务类型。C2C电子商务平台一般会为交易的双方提供网上在线交易平台，卖方将商品信息提供给交易平台，由交易平台展示商品，买方可选择需要的商品进行竞价。如淘宝网、易趣网等就属于C2C模式。

1.2.2 网上开店的平台

经营者需根据实际需要来选择网上开店平台，如个人用户适合在淘宝网、易趣网等C2C平台开设店铺，商家、企业等既可以选择C2C平台，也可使用京东商城、天猫商城等B2C平台。

1. 淘宝网

淘宝网由阿里巴巴集团在2003年5月创立，是中国受众非常大的一个网购零售平台。近几年，随着规模的不断扩大和用户数量的快速增加，淘宝网逐渐由原本的C2C网络集市变成了集

C2C、团购、分销、拍卖等多种电子商务模式于一身的综合性零售商圈。

淘宝网为淘宝会员打造了非常全面和完善的网上交易平台，操作也比较简单，非常适合想要开设网络店铺的个人卖家。图1-8所示为淘宝网首页。

▲ 图1-8　淘宝网首页

2. 天猫商城

天猫商城原名淘宝商城，是一个综合性购物网站。天猫商城是淘宝网打造的B2C电子商务网站，整合了众多品牌商和生产商，为消费者提供了100%品质保证、7天无理由退货，以及购物积分返现等优质服务，其中天猫国际还为国内消费者直供海外原装进口商品。图1-9所示为天猫商城的首页。

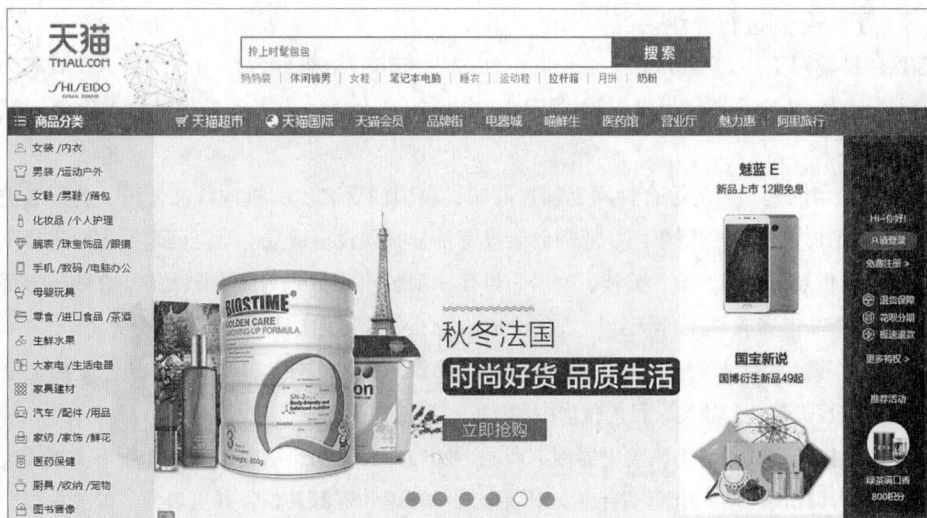

▲ 图1-9　天猫商城的首页

3. 京东商城

京东（JD.com）是中国最大的自营式电商企业，京东集团旗下设有京东商城、京东金融、京东智能、O2O及海外事业部，其售后服务、物流配送等方面的软、硬件设施和服务条件都比较完善，京东商城与天猫商城一样，是B2C类型的电子商务网站，入驻京东必须具备基本的条件。图1-10所示为京东商城的首页。

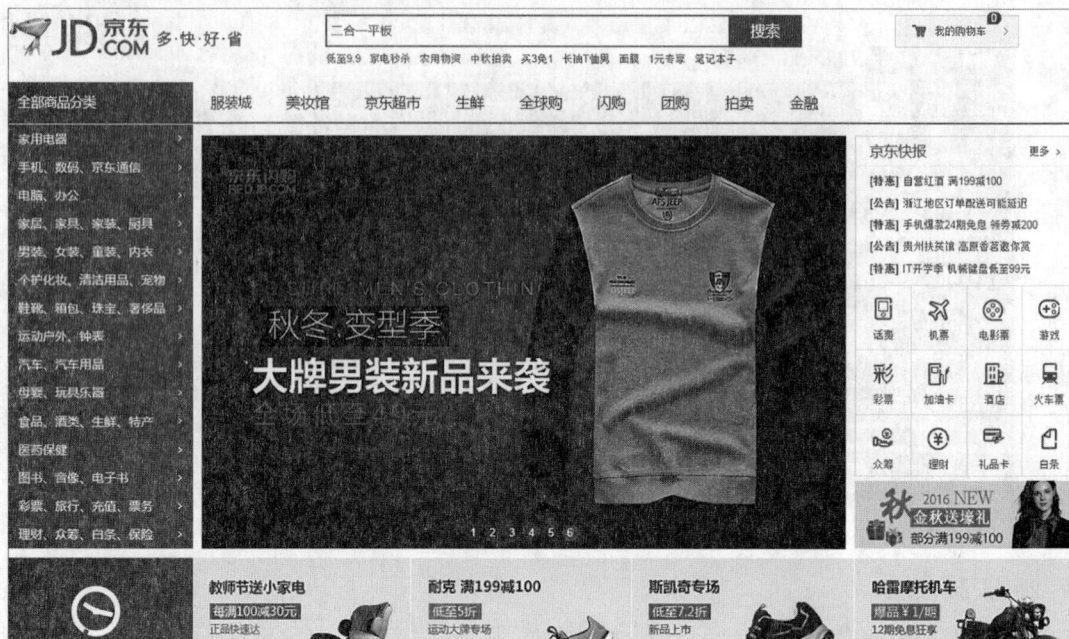

▲ 图1-10　京东商城的首页

4. 其他开店平台

与淘宝、天猫、京东等电子商务网站类似的平台有很多，如易趣网、当当网、苏宁易购、国美在线等。下面分别进行介绍。

- **易趣网**：易趣网于1999年8月在上海创立，2002年与eBay结盟更名为eBay易趣，发展成为国内在线交易社区。易趣网不仅为卖家提供了网上创业的平台，也为买家提供了物美价廉、品类众多的商品。

- **当当网**：当当网是知名的综合性网上购物商城，由国内著名出版机构科文公司、美国老虎基金、美国IDG集团、卢森堡剑桥集团、亚洲创业投资基金共同投资成立。当当网早期主要进行书籍的出售，后逐渐扩展至图书音像、美妆、家居、母婴、服装和3C数码等几十个大类。在物流方面，当当在全国600个城市实现"111全天达"，在1200多个区县实现了次日达，条件十分完善。

- **苏宁易购**：苏宁易购是苏宁云商集团股份有限公司旗下的B2C网上购物平台，覆盖了传统家电、3C电器、日用百货等众多品类，目前位居中国B2C市场份额前三强。

- **国美在线**：国美在线原身为国美电器网上商城，2012年12月初，国美电器整合旗下"国美电器网上商城"和"库巴网"两大电商平台，实现后台统一管理和资源共享，并更名为"国美在线"，发展成为一个面向B2C业务的跨品类综合性电商购物网站。

1.2.3　淘宝网中的店铺类型

淘宝和天猫都是阿里巴巴旗下的网站，但是其中的店铺经营方式却差异很大，按照商家经营性质、收费标准、入驻标准的不同，可将其划分为集市店铺和商城店铺。下面分别对淘宝和天猫的经营模式进行介绍。

1. 集市店

集市店铺一般也被称为C店（C'customer），淘宝网中的店铺均为C店。C店是淘宝网中的主体经营模式，所收取费用较少，门槛较低，无论是公司经营还是个人经营，只需要进行身份认证就可以创建自己的店铺。由于C店经营和销售的成本控制具有较大的自由性，空间比较大，因此前往C店开设店铺的个人或公司非常多。但是这种自由性也导致了刷好评、刷信誉等恶性竞争事件，使很多小卖家较难取得买家的信任。同时，也由于开设集市店铺的卖家较多，所以C店的竞争情况十分激烈。

C店按照店铺功能可以分为普通店铺和旺铺。普通店铺是淘宝店铺最早的样式，页面布局较为简单，视觉效果不够丰富，因此逐步被淘宝旺铺所代替。淘宝旺铺分为旺铺专业版和智能版，两个版本各自的功能和模块都存在一些差异，同时收费标准也不同。

C店的信用等级可以划分为红心、钻石、蓝皇冠、金皇冠四个阶段，淘宝会员在淘宝网每使用支付宝成功交易一次，就可以对交易对象做一次信用评价。评价分为"好评""中评""差评"3类，每种评价对应一个信用积分，"好评"加一分，"中评"不加分，"差评"扣一分，其信用度分为20个级别，如图1-11所示。

所积分数	等级图标
4分-10分	
11分-40分	
41分-90分	
91分-150分	
151分-250分	
251分-500分	
501分-1000分	
1001分-2000分	
2001分-5000分	
5001分-10000分	
10001分-20000分	
20001分-50000分	
50001分-100000分	
100001分-200000分	
200001分-500000分	
500001分-1000000分	
1000001分-2000000分	
2000001分-5000000分	
5000001分-10000000分	
10000001分以上	

▲ 图1-11　淘宝信用等级

2. 天猫商城

天猫商城是由淘宝网打造的在线B2C购物平台，相对于集市店铺而言，更容易让买家产生信任，但是投入也相对较高。天猫商城的入驻流程大致分为提交申请、审核、完善店铺信息和开店4个阶段。天猫只接受合法登记的企业用户入驻，不接受个体工商户、非中国大陆企业入驻，在入驻之前还需提供天猫入驻要求的所有相关文件。

天猫商城的店铺类型主要分为旗舰店、专卖店和专营店3类。

- **旗舰店**：商家以自有品牌（商标为R或TM状态），或由权利人独占性授权，入驻天猫开设的店铺。
- **专卖店**：商家持他人品牌（商标为R或TM状态）授权文件在天猫开设的店铺。
- **专营店**：经营天猫同一经营大类下两个及以上他人或自有品牌（商标为R或TM状态）商品的店铺。

　一个招商大类下专营店只能申请一家。

在天猫商城中，不同类目的商品，入驻要求也不一样，想要入驻天猫的商家都需仔细阅读相关规定和资费说明。

1.3 网上开店的流程

网上开店与线下实体店的开店流程比较类似，从店铺策划到售后服务，这个过程十分漫长，以淘宝网为例，由于淘宝集市店铺的门槛较低，因此开店的前期准备工作较天猫之类的B2C类电子商务平台更简单。下面介绍集市店铺从策划到售后的开店过程。

1.3.1 开店前期准备

开店前期准备主要是指根据对市场进行的分析，选择和确定适合自己用于网上销售的商品，并找好合适的供应商和物流公司。选择适合网上销售，且具有特色的物美价廉的商品是网上开店的基本前提。同时，还需提前准备在网上购物平台开店要求的相应资料。

1.3.2 选择开店平台

不同类型的平台，对入驻商家的要求也不相同，此外，根据开店用户的实际情况，也面临自主创建网店和使用自助式网站开店的选择。一般来说，淘宝网、易趣网等网络交易服务平台对成本、资质等要求较低，基本属于全民可选模式，只需使用有效证件进行注册和申请即可拥有自己的店铺，图1-12所示为淘宝店铺。而天猫商城、京东商城等B2C网站，则对商家入驻要求较高，普通个体户不能申请。

▲ 图1-12 淘宝店铺

1.3.3 开设店铺并完成装修

申请成功后，即可开始店铺的装修和管理。装修和管理店铺是个烦琐的过程，包含内容非常多，如店铺名称设置、店铺招牌设置、图片管理、商品分类、商品导航、岗位管理、物流管理等，其中店铺名称的确定和商品类目的选择是该阶段比较重要的工作之一，好的名字可以给消费者留下好印象，且方便消费者进行记忆，而商品类目的选择则与店铺日后的经营成效息息相关。

1.3.4 进货

对于进货这一阶段而言，低价进货、控制成本非常重要，而要做好这一点，就要选择好的进货渠道，并与供应商建立良好的合作关系。

网上商品的进货渠道很多，阿里巴巴等很多批发网站都提供商品批发服务。此外，也可选择线下实体批发市场进货，或选择厂家直接进货等。

1.3.5 商品拍照

拿到商品以后，即可为商品拍摄好看的照片，如图1-13所示。由于消费者无法直接接触和检查网上商店中的商品，因此通常顾虑较多，为了一定程度地打消这种顾虑，商家需要向其展示商品的实拍图片。网上商店中商品的实拍图一般都要求好看，但好看的前提保证是图片不失真，否则容易产生极大的售后问题。

▲ 图1-13　商品的拍摄

1.3.6 上传商品

上传商品是指把商品的名称、产地、所在地、性质、外观、数量、交易方式、交易时限等信息填写到网站中。上传商品的过程也比较烦琐，如上传主图、选择二级类目、设置商品名称、设置商品属性、上传商品详情页、设置价格等。

该阶段的商品名称非常重要，关乎店铺的流量，要提前进行分析和确定，商品的主图和详情页也要提前在Photoshop中进行制作。此外，商品价格的设置也是商品成功与否的重要因素之一。

1.3.7　店铺营销和推广

店铺开设初期，人气会比较低，此时就需要适当地进行营销推广。网上商店营销和推广的方式与实体店不一样，网上商店的推广主要是通过网络渠道进行的，例如通过淘宝网自身推广平台进行推广，或通过其他自媒体平台推广，图1-14所示为淘宝网自身提供的推广工具。

▲ 图1-14　淘宝网自身提供的推广工具

1.3.8　商品售中服务

通过网上商店进行消费的消费者，在消费过程中会与卖家进行一些必要的沟通，比如提出某些问题或要求，此时需要卖家能快速、妥善、及时地回复消费者并处理相关问题。需要注意的是，很多平台对消费者信息的保密要求非常严格，卖家严禁向第三人透露买家的相关信息，否则将给予处罚。

1.3.9　发货

消费者确认购买商品后，卖家要在自己设定的时间内寄出货物，包括通过快递公司揽件、填写订单号以及更新订单信息等。发货快慢也是消费者在网上购物时非常关心的问题，因此卖家应尽量早发货，选择正规的快递公司，保证商品寄送的速度和质量。

1.3.10　处理评价和投诉

店铺信用是网上商店非常重要且直观的一个评价因素，在完成交易之后，淘宝网买卖双方都需对对方做出评价。淘宝网中买家对卖家的评价是可以更改的，如果遇到买家差评或投诉，需尽快联系买家解决问题。如果遇到恶意投诉，卖家也须向网站投诉，以减少损失。

1.3.11　售后服务

售后服务也是商品价值的一种体现，好的售后服务不仅可以为商品增值，还能扩大商品影响力。售后服务包括技术支持、退换货服务等，好的售后服务可以留住更多的回头客，会直接影响商品销量。

1.4　疑难解答

本章主要介绍了网上开店的基本概念、网上开店平台和网上开店流程等知识。下面笔者将针对本章的一些疑难问题进行解答。

1．在网上商店中进行商品交易时，有时候会涉及数目较大的钱款交易，怎么保证交易安全？

答：在进行网上交易时，安全性是个非常重要的问题。为了保证网络环境和计算机的安全，用户必须做好相关保护措施。

- **系统补丁**：很多木马、病毒侵入计算机的常见途径就是系统漏洞，因此必须提前打好系统补丁。安装系统补丁的方法很多，可以通过Windows自动更新功能更新补丁，也可使用安全防护软件进行更新。

- **不要下载来路不明文件**：不管是图片、文本、还是音乐文件，都可能变成病毒的载体，因此在下载文件或邮件附件时，一定要查明文件来路。同时在下载一些软件时，也应该到正规网站进行下载。

- **安全浏览**：现在网上很多不良网站中都藏着一些陷阱，不慎中招之后就可能面临主页被篡改、弹出广告，甚至感染病毒等问题，因此在使用浏览器浏览网页时，可以采用安全浏览模式，对恶意广告和潜藏病毒的网页进行拦截。

- **设置复杂密码**：密码防范也是计算机和网路安全防范中的重要一环，简单的生日、身份证号等密码往往很容易被破解，因此需要一定程度上加大密码的复杂程度，防止密码被破解，从而造成严重损失。

- **定期查杀病毒**：使用杀毒软件定期对系统进行扫描，删除可疑文件和恶意插件，保证计算机环境的干净和安全。

- **移动存储设备的保护**：U盘、可移动硬盘等移动存储设备也是病毒传播的主要途径，因此一定要经常检查可移动储存器的安全。

- **保护重要区域**：病毒是一段恶意的程序，一般都具有明确的目的性，如窃取网游中的装备或金钱、窃取账户密码和隐私等，因此对一些重要账户或数据要进行密码保护，不要轻易泄露相关信息。

- **设置计算机开机密码**：如果计算机位于公共区域，或者可能被其他人接触时，为了保护计算机安全和重要文件信息，可以为计算机设置开机密码。

2．有哪些成功的网店可以给我们借鉴一下？

新手卖家在刚开始开店时，一定要虚心学习，分析和学习其他成功店铺的营销经验，分析成功店铺的装修风格，下面介绍几个成功营销的店铺。

▪ **三只松鼠**：三只松鼠是一家发展非常迅速的网上零食坚果店，连续几年占据了零食坚果类热销排行第一名，三只松鼠的风格设计、服务特色等都很好地针对了女性这个特定的客户群体，不仅形象设计以"萌"为主，而且在很多小细节上也处理得非常贴心，不仅带给人新颖之感，还让消费者觉得非常温暖亲切，图1-15所示为三只松鼠旗舰店首页。

▲ 图1-15　三只松鼠旗舰店首页

▪ **裂帛服饰**：裂帛服饰是一家独具特色的服装品牌，在设计中结合了细致手工、明亮色泽等多种设计元素，表达了自由自在、不受拘束的设计理念。裂帛服饰的设计风格体现出了非常明显的自然风和民族风，可以非常准确地吸引到喜欢该风格的目标客户群，图1-16所示为裂帛旗舰店首页。

▲ 图1-16　裂帛旗舰店首页

▪ **林氏木业**：林氏木业家具旗舰店是一家互联网家具原创品牌，以原创、品质、环保、时尚为家具设计理念，将先进高效的家具产业集群模式与电商运营能力相结合，成为天猫家具类目下销量领先的佼佼者。林氏木业旗舰店的装修风格中也加入了一些时尚元素，使店铺更能迎合年轻人的口味，图1-17所示为林氏木业旗舰店首页。

▲ 图1-17　林氏木业旗舰店首页

3. 网上开店有哪些经营方式?

网上开店的开放性和自由性,使其可以适应相当广泛的人群,比如实体企业、供应商、拥有实体店的个体户都可以通过网上开店进一步拓展自己的经营方式和范围,而创业者、自由职业者和大学生等,也可以通过网上开店来开创自己的新事业,或者利用空余时间赚取业余利润。因此总结起来,网上开店的经营方式不外乎网店与实体店结合经营、全职经营和兼职经营3种方式。

- **网店与实体店结合经营:** 当经营者拥有实体店铺的支持,则在经营经验、销售技巧、商品价格设置等方面都会有一定的基础,此时开设网店店铺,也会具有一定的优势。如果是知名品牌的实体店,或者已经拥有一定忠实客户的实体店,则开设网店即是锦上添花,更容易取得消费者的认可。
- **全职经营网店:** 该经营方式比较适合创业者、自由职业者、拥有货源的经营者等,全职经营网店需将全部精力投入到网店经营中,则网店收入即是个人主要收入。新手卖家在全职经营网上店铺时,一定要有一个充分的学习和积累过程,不要盲目投放,网店在经营到一定规模之后,也可以发展成线下实体店。
- **兼职经营网店:** 该经营方式适合空闲时间较多的大学生、自由职业者和上班族等,主要利用空余时间打理店铺。这种方式的网店规模一般都较小,主要用于出售一些季节性、时效性、虚拟性的商品。

1.5 经典案例——从项目经理到淘宝卖家

几年前,小王大学毕业,与大部分同学一样,他选择了一份专业对口的工作,到电力公司的下属企业担任项目经理,常年在外从事工程基础建设,工作很辛苦,但是很稳定。

然而一次公司聚餐,彻底改变了小王的生活。

　　公司准备自购食材组织全体同事去野外烧烤，由小王负责食材和调料的采购。小王不知道什么调料适合烧烤，就去网上搜索查询，结果查询到一家公司在生产和销售各种口味的调料，小王就试着购买了一些，结果同事们对调料的味道赞不绝口。

　　回家之后，小王又上网了解了一下淘宝开店的知识，发现利用业余时间就可以在淘宝开店当卖家，抱着利用闲暇时间赚点"零花钱"的心思，小王申请了一家自己的淘宝店铺；然后电话联系到调料厂家，购买了少量的调料包，在自己的淘宝小店开始销售。出乎小王意料的是，仅仅两天时间，从调料厂家购买的调料包就已售罄。调料包的热卖让小王看到了淘宝开店的商机。

　　在仔细考虑了两天时间后，小王毅然从公司辞职，一个人一台计算机开始了自己的淘宝创业梦。半年时间，小王靠着在淘宝销售调味料赚到了4万元，销售额的不断提升，让小王的淘宝小店规模越来越大，口碑越来越好，客户类型越来越丰富，不仅有个人买家搜索到店铺购买调料包，还有一些商家也选择通过小王的店铺购买调料包。

　　在销售调料包的过程中，小王非常关注买家的使用体验，有些买家也会对店铺商品提出一些建议和要求，如觉得调料包的种类不够多，建议掌柜丰富一下商品类型等。小王将买家建议反馈到生产厂家，跟厂家商量后，决定扩大产品宽度。随着新产品的推出，越来越多的买家可以在店铺中买到想要的商品，使得店铺的生意也越来越红火。

　　从国企辞职开始自主创业，一路成长为年入几十万的淘宝卖家，小王说："年轻人头脑活、知识面广，对新事物的接受度高，就要有敢闯敢拼的精神，不努力一下，怎么知道自己的梦想是什么？未来的方向在哪里？"

　　从这个案例可以看出，新手开店由于经验不足，需要进行充分的前期准备。首先必须具备足够的信心，在对市场进行充分了解和分析的基础上，对自己有信心，对产品有信心，做好面对挫折的心理准备，遇到困难积极正面解决，不轻易放弃。其次，还要抓质量，有诚信。关注每一个买家的感受和评论，思考并满足买家的需求，用诚信换取买家的信任和好评。最后，新手卖家必须学会积累和总结经验，了解自己的优势和不足，研究同行的经营方式和经营理念，学习他们的优点，循序渐进，沉着冷静，才能逐步提高。

1.6 高手进阶

　　（1）熟悉自助开店和创建独立网站的方式，并查询现在主流的电子商务平台的自助开店流程。

　　（2）了解常见的电子商务网站类型，并分析苏宁易购、当当网、聚美优品、易趣网等网站的类型。

　　（3）进入天猫商城的商家入驻页面，查看入驻指南、入驻要求、热招品牌、资费标准等相关信息。

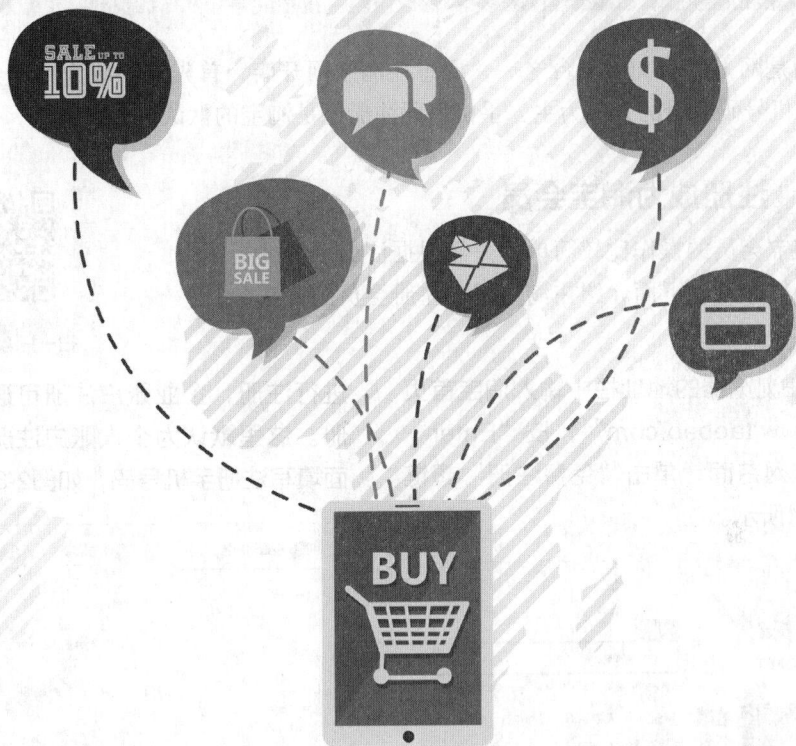

第2章
开店前的准备

随着电子商务的快速发展，网上商店的种类越来越多，如淘宝、京东、天猫、苏宁、当当等，不同类型的卖家可以选择相应的平台开设自己的网上店铺。以淘宝网为例，要想在淘宝网上出售商品，首先需要注册成为淘宝网的会员，然后申请成为卖家，并对店铺进行装修美化。

2.1 注册淘宝会员

淘宝网是网上商店交易平台之一，要想在淘宝网开店，首先需要成为淘宝会员。淘宝网注册主要以手机号码注册的方式为主，手机号码注册也是淘宝的默认注册方式。

2.1.1 注册成为淘宝会员

注册淘宝会员的操作比较简单，只需根据注册系统的提示进行相关操作即可，下面介绍在淘宝网中注册会员的方法，其具体操作如下。

扫一扫 实例演示

STEP 01 在浏览器的地址栏中输入淘宝首页的网址"www.taobao.com"，按"Enter"键进入淘宝网首面，单击"免费注册"超链接，如图2-1所示。

▲ 图2-1 打开注册页面

STEP 02 打开"用户注册"页面，此时该页面中将打开"注册协议"对话框，必须同意该协议才可进行注册，单击 同意协议 按钮，如图2-2所示。

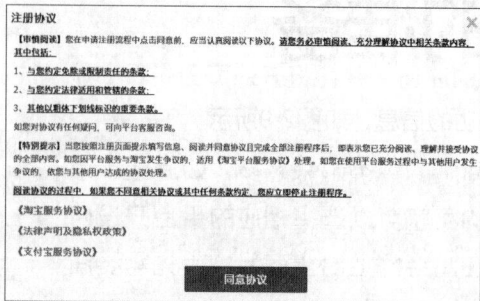

▲ 图2-2 注册协议

STEP 03 淘宝注册分为个人账户注册和企业账户注册，个人账户注册一般使用手机号码

进行注册，企业账户注册可通过邮箱进行注册。这里默认为个人账户注册，在该注册页面填写注册手机号码，如图2-3所示。

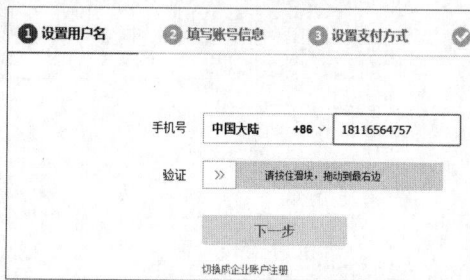

▲ 图2-3 输入注册手机号码

STEP 04 按住鼠标左键拖动"验证"栏中的滑块至最右边完成验证，然后单击 下一步 按钮，如图2-4所示。

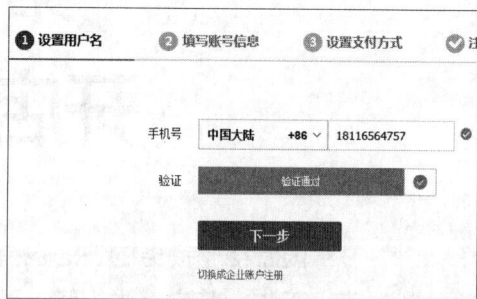

▲ 图2-4 完成验证

STEP 05 此时，淘宝注册系统将向所填写的手机号码发送验证码，在打开的"验证手机"页面的"验证码"文本框中输入收到的验证码，单击 确认 按钮，如图2-5所示。

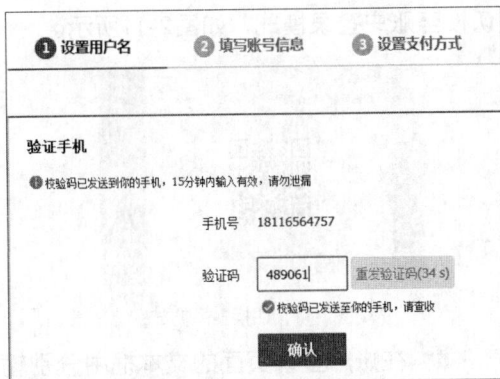

▲ 图2-5 输入验证码

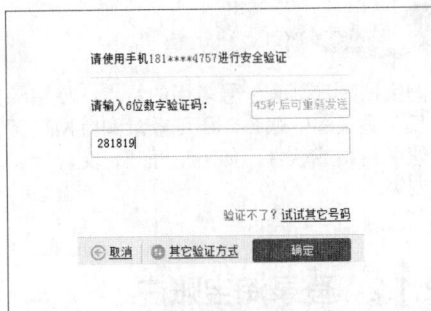

经验之谈

淘宝会员名一经注册不能更改,卖家可选择与店铺相关且适合记忆的名称,方便买家记忆。

STEP 06 打开"填写账户信息"页面,分别在"登录密码""密码确认"文本框中输入账户密码,在"登录名"文本框中输入账户名称,然后单击 提交 按钮,如图2-6所示。

▲ 图2-6 输入注册信息

STEP 07 此时,将打开登录验证界面,单击 手机短信验证 按钮,在打开的页面中单击 免费获取验证码 按钮获取验证码,然后输入验证码再次进行验证,验证完成后单击 确定 按钮,如图2-7所示。

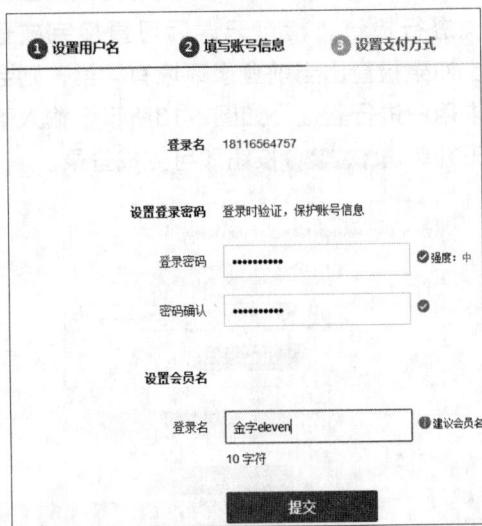

▲ 图2-7 登录验证

经验之谈

淘宝网在很多时候都需要使用手机号码进行验证,因此建议选择常用手机号码进行注册。

STEP 08 打开"设置支付方式"页面,在"银行卡号""持卡人姓名""证件""手机号码"文本框中输入相应信息,然后单击 同意协议并确定 按钮,如图2-8所示。

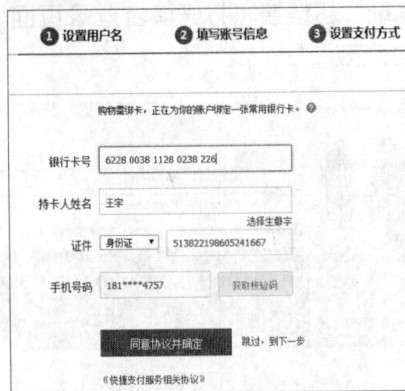

▲ 图2-8 设置支付方式

STEP 09 上述操作完成后,即可完成淘宝账户的注册,并在打开的页面中看到显示注册成功的信息,如图2-9所示。

▲ 图2-9 完成注册

经验之谈

淘宝网账户具有一号多用的特点，使用该账户不仅可登录淘宝账户，还可登录淘宝网旗下的其他服务网站或软件，如阿里旺旺、支付宝、天猫商城等。

2.1.2 登录淘宝账户

完成淘宝账户的注册后，即可使用注册号的账号和密码登录到淘宝网站中，下面介绍登录淘宝账户的方法，其具体操作如下。

扫一扫 实例演示

STEP 01 打开淘宝网首页，在页面上方单击"请登录"超链接，打开淘宝登录页面，如图2-10所示。

▲ 图2-10 打开淘宝网首页

STEP 02 淘宝网登录方式默认为扫描二维码登录，该方法主要是通过手机淘宝客户端的扫码功能进行登录，单击右上角的▣图标，

可切换至账户登录模式，如图2-11所示。

▲ 图2-11 切换登录方式

STEP 03 在账户登录页面的文本框中分别输入账户名称和密码，单击 登录 按钮，如图2-12所示。

▲ 图2-12 密码登录

STEP 04 开始登录时，淘宝网将对当前登录环境进行检查，检查无误后可直接完成登录。如果检查出当前登录环境有异常，则会要求用户进行验证，如图2-13所示，输入验证码并单击 确定 按钮即可完成登录。

▲ 图2-13 登录验证

2.2 开通支付宝认证

支付宝是淘宝主流的支付形式，要想成为淘宝卖家，必须开通支付宝认证。注册淘宝账号后，直接使用该账号即可登录支付宝。下面在支付宝中开通认证，其具体操作如下。

扫一扫 实例演示

STEP 01 在IE浏览器的地址栏中输入支付宝网址 "https://www.alipay.com"，并按 "Enter" 键，打开支付宝页面，单击 ⓐ 我是个人用户 按钮，在打开的页面中单击 登录 按钮，打开登录对话框，在其中输入账号与密码进行登录，单击 登录 按钮，如图2-14所示。

▲ 图2-14　登录支付宝

STEP 02 登录成功后进入支付宝个人页面，在其中可查看支付宝账户的相关信息，将鼠标指针移动到 "未认证" 超链接上，在出现的提示框中单击 "立即认证" 超链接，如图2-15所示，打开 "支付宝注册" 页面。

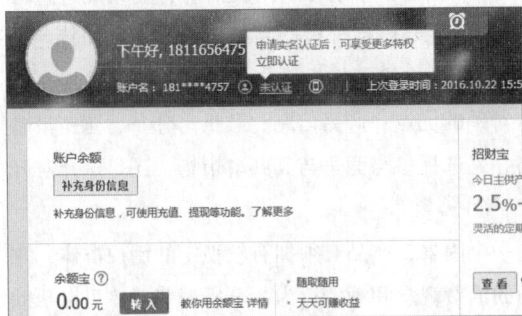

▲ 图2-15　立即认证

STEP 03 在 "设置身份信息" 页面中输入支付密码和身份信息，输入完成后单击 确定 按钮，如图2-16所示。

💬 **经验之谈**

支付宝认证需要输入登录密码和支付密码，支付密码不能与登录密码相同，且支付密码不能为纯数字。

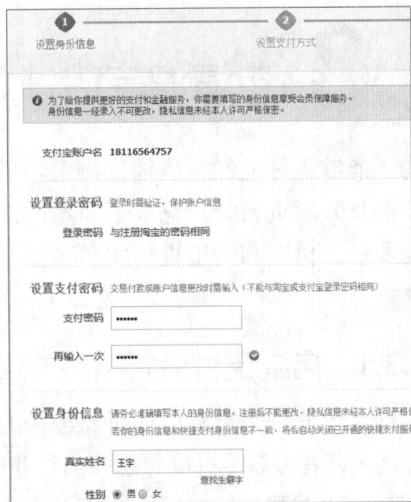

▲ 图2-16　设置身份信息

STEP 04 打开 "设置支付方式" 页面，在该页面中输入银行卡号、持卡人姓名、证件、手机号等信息，然后单击 获取校验码 按钮获取验证码，输入验证码后单击 同意协议并确定 按钮即可完成支付宝认证，如图2-17所示。

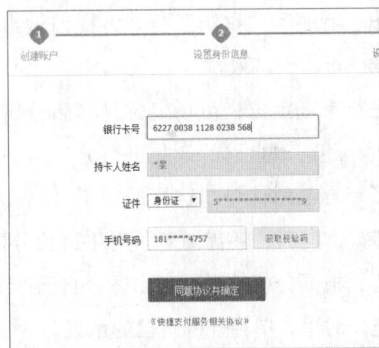

▲ 图2-17　设置支付方式

💬 **经验之谈**

支付宝认证必须填写真实的身份和银行卡信息，该银行卡需开通网上银行功能。添加了银行卡后，在支付宝个人页面右侧可对银行卡进行管理。

新手试练

注册淘宝账户，通过淘宝账户登录支付宝，并完成支付宝密码的设置。

2.3 申请淘宝店铺

为了能够更好地经营店铺，淘宝网店经营者在开店前应该先做好开店准备，包括店铺定位分析、准备开店资料等。完成了前期的准备工作之后，即可申请成为淘宝卖家。申请淘宝店铺一般需要对支付宝和淘宝进行实名认证，然后等待淘宝官方进行审核，审核通过即可创建自己的店铺。

2.3.1 店铺定位分析

店铺定位分析是指对店铺所要经营的产品类型、产品用户群体、产品市场环境等因素进行分析，让经营者可以尽可能熟悉当前行业的行情，从而制定出更有效的店铺发展策略。

- **选择产品类型**：网上店铺选择产品类型主要有两种方式，选择自己熟悉的行业产品或选择不熟悉的领域从头做起。如果是选择前者，显而易见在店铺发展上将更加有利。如果选择后者，则在开店时需要提前了解所选择的产品，包括行业环境、市场需求、买家特征和竞争对手等，然后为店铺做出准确定位。
- **预测市场前景**：市场前景预测通常是指通过各种手段获取该行业的大量信息，包括当前的社会热点、人们的生活方式以及经商者的商业行为等，通过分析数据对该行业在未来一段时间的发展趋势、供求变化进行预测。通过市场预测可以让经营者了解未来市场环境的变化情况，理性分析"朝阳"行业和"夕阳"行业，提前做出考量，抓住商机，更好地组织货源、扩展业务，顺应市场需求，提高经济效益。
- **进行市场定位**：市场定位是网店分析中比较重要的一个步骤，市场分析不仅需对行业市场进行分析，还需对自己的产品进行分析。一般来说，分析产品主要包括分析产品或店铺的优点和特色，了解自己的优势，选择最利于自己发展的产品定位，然后将优势作为推广重点，为店铺发展打好基础。同时，还需对竞争对手进行分析，了解竞争对手的优点、产品信息、数量、分布、营销策略等，根据分析结果制定出适合自己产品成长的策略，是选择参与竞争与其共享市场，还是选择避开竞争对手，单独开辟自己的市场。
- **分析用户群体**：用户群体是网店定位中非常重要的一个因素，产品必须拥有较稳定的用户群体，才能有更大的发展空间。同时，不同的用户具有不同的消费观念和消费行为，分析消费群体可以帮助经营者更好地进行产品定位。
- **确定店铺形象**：确定了行业、产品等内容后，还需对店铺的形象进行合理规划。好的店铺形象可以突出自己的优势，让自己从竞争对手中脱颖而出。在树立店铺形象时，需对商品风格与店铺风格的统一性进行考虑，同时应该选择正确的经营策略，在产品质量和服务质量上打造出自己的特色。

2.3.2 前期准备

在申请淘宝网店铺之前需提前做一些准备工作，下面对主要的准备工作进行简单介绍。

- **身份证**：申请店铺时，需要进行支付宝和淘宝开店的实名认证，这两项认证都需要使用身份证。
- **手机**：在淘宝网中进行很多操作时都需要通过手机接收验证码，不仅如此，在申请淘宝店铺时，其中的大部分验证工作也都需要通过手机来完成，且手机必须具备可以扫描二维码和安装相关App的功能，如安装手机支付宝和阿里钱盾等。

- **银行卡**：开设淘宝店铺必须办理一张开通了网银功能的银行卡。
- **商品资料**：为了方便开店后可以快速发布商品，建议卖家提前准备好商品资料，包括商品详细属性信息及商品图片等。

2.3.3 申请店铺

申请淘宝店铺的操作比较简单，登录淘宝网后根据提示即可完成申请操作，下面介绍申请店铺的方法，其具体操作如下。

扫一扫 实例演示

STEP 01 登录淘宝网首页，将鼠标指针移动到网页上方"卖家中心"选项上，在打开的下拉列表中选择"免费开店"选项，如图2-18所示。

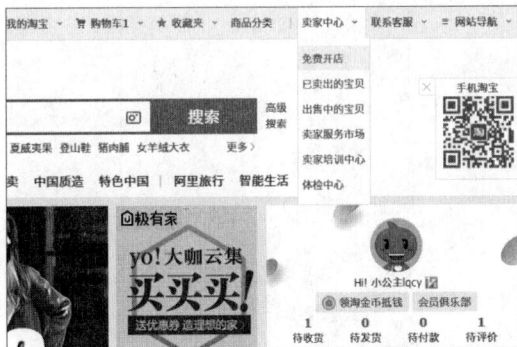

▲ 图2-18 免费开店

STEP 02 进入淘宝卖家中心的"免费开店"页面，在该页面中选择店铺类型，这里单击 个人开店 按钮，如图2-19所示。

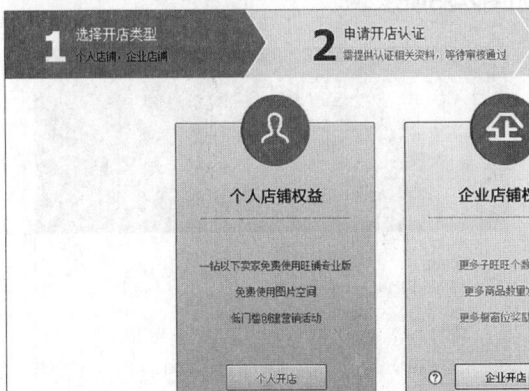

▲ 图2-19 个人开店

STEP 03 进入"开店条件检测"页面，在该页面中可查看未通过认证的选项，单击"支付宝认证"后的"立即认证"超链接，如图2-20所示。

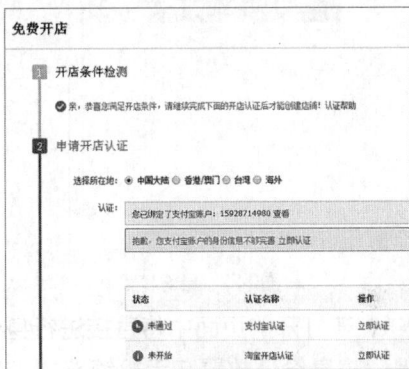

▲ 图2-20 支付宝实名认证

STEP 04 进入"支付宝实名认证"页面，在该页面中可上传身份证照片，也可使用手机扫描右侧二维码，通过手机进行认证，如图2-21所示。

▲ 图2-21 支付宝实名认证

经验之谈

经验之谈

建议使用手机扫描二维码的方式进行认证，其认证速度更快。

STEP 05 使用手机支付宝App扫描二维码进行验证，在手机上打开"身份校验"页面，点击 拍二代身份证 按钮，如图2-22所示。

▲ 图2-22　身份校验

STEP 06 在打开的页面中将直接进行身份证的拍摄，将身份证放置在手机镜头之下，点击屏幕即可拍摄，如图2-23所示。

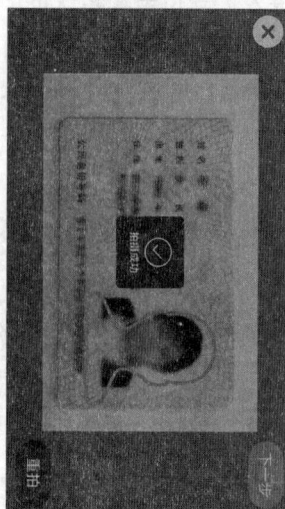

▲ 图2-23　拍摄身份证

经验之谈

在拍摄身份证时，需要拍摄正反两面，同时必须跟随提示进行拍摄，头像和国徽必须放入拍摄系统预设的头像框和国徽框中。

STEP 07 拍摄完成后单击 下一步 按钮，在打开的页面中可以查看拍摄后的证件图片，单击 确认并提交 按钮提交认证，如图2-24所示。

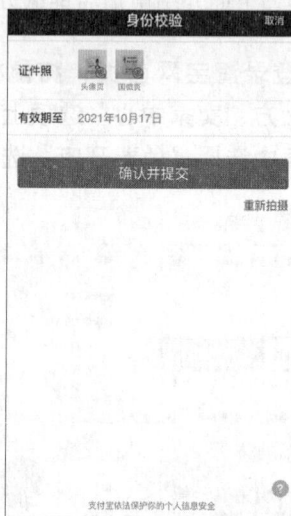

▲ 图2-24　提交认证

STEP 08 提交完成后，再次进入申请店铺页面，可查看支付宝实名认证已通过。在"开店条件检测"页面单击"淘宝开店认证"后的"立即认证"超链接，在打开的页面中单击 立即认证 按钮，进行淘宝开店的身份验证。如图2-25所示。

▲ 图2-25　淘宝开店身份认证

STEP 09 进入"淘宝身份认证资料"页面，在该页面中介绍了身份认证的相关步骤，如图2-26所示。淘宝身份认证需要使用阿里钱盾，单击 扫码安装 按钮，使用手机扫描该下拉列表中的二维码。

▲ 图2-26 安装阿里钱盾

STEP 10 在手机中打开阿里钱盾的下载安装页面，安装完成后打开阿里钱盾，使用阿里钱盾扫描图2-26中的二维码，在打开的页面中单击 开始验证 按钮进行验证，如图2-27所示，并根据系统提示做出相应动作。

▲ 图2-27 人脸验证

STEP 11 人脸验证完成后，进入"拍摄照片"页面，按照系统提示和要求对身份证进

行拍摄，拍摄完成后系统将显示所拍摄照片，单击 提交 按钮提交申请，如图2-28所示。

▲ 图2-28 提交申请

STEP 12 提交完成后，在打开的页面中将提示开店申请已提交，等待审核，如图2-29所示。淘宝开店审核的时间一般为48小时，审核通过后即可进入店铺。

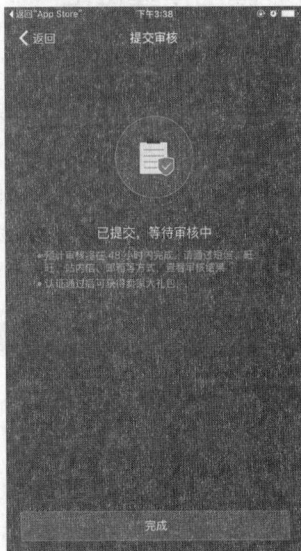

▲ 图2-29 等待审核

STEP 13 审核通过后，进入淘宝卖家中心即可查看审核结果，单击 创建店铺 按钮，进入卖家中心后台，如图2-30所示。

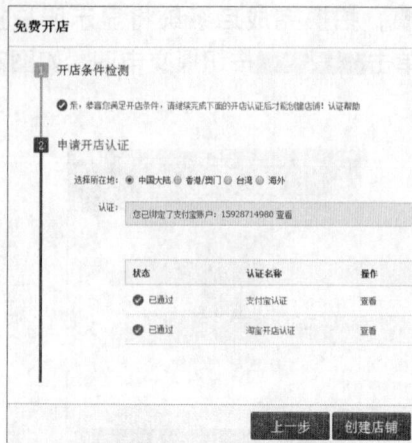
▲ 图2-30　创建店铺

STEP 14 第一次进入卖家中心后台，淘宝网将打开"签署开店协议"对话框，单击 同意

按钮同意开店协议后即可在后台进行开店操作，如图2-31所示。

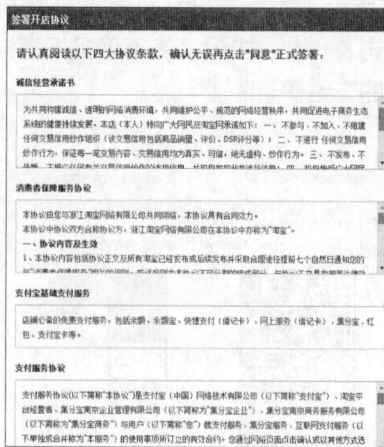
▲ 图2-31　签署开店协议

2.4　店铺基本设置

申请到淘宝店铺后，即可根据需要对店铺进行一些简单的基本设置，包括应用店铺模板、选择适合店铺的风格、对店铺进行基本设置和设置商品分类等。

2.4.1　应用店铺模板

通过淘宝网首页的卖家中心进入卖家中心后台管理系统，在左侧"店铺管理"栏中单击"店铺装修"超链接，即可打开卖家中心的店铺装修页面。淘宝网为卖家提供了多种店铺模板类型，如果对默认模板不满意，可自行选择所需模板。其方法为：在店铺装修页面顶部单击"模板管理"选项卡，在打开的页面中即可查看已使用模板和可使用模板，选择需使用的模板，打开"模板详情"对话框，在该对话框中可查看模板预览效果和配色方案，单击 应用 按钮应用模板即可，如图2-32所示。

▲ 图2-32　更改模板

2.4.2　选择适合的店铺风格

店铺的颜色风格是店铺的主要基调，一般需与店铺所经营商品的属性相适应。在淘宝网中，主要可通过配色、页头、页面等对店铺风格进行设置。

1. 配色

配色是指对店铺模板的颜色进行设置，选择不同的模板类型，其配色方案也不一样。设置配色方案的方法很简单，进入卖家中心，在左侧"店铺管理"栏中单击"店铺装修"超链接，打开店铺装修页面，在左侧导航栏中选择"配色"选项，在打开的面板中选择所需的选项即可，如图2-33所示。

▲ 图2-33　更改配色

2. 页头

页头是指店铺店招两侧的区域，在设置了常规店招后，页头区域的颜色依然为默认颜色，为了使页头效果与店铺装修效果相适应，可为页头设置合适的颜色或图案。

（1）为页头设置颜色效果

在店铺装修页面左侧导航栏中选择"页头"选项，在打开的面板中单击"页头背景色"色块■，打开"调色器"对话框，在其中选择所需的颜色或直接输入颜色的RGB值，并单击 确定 按钮即可，如图2-34所示。

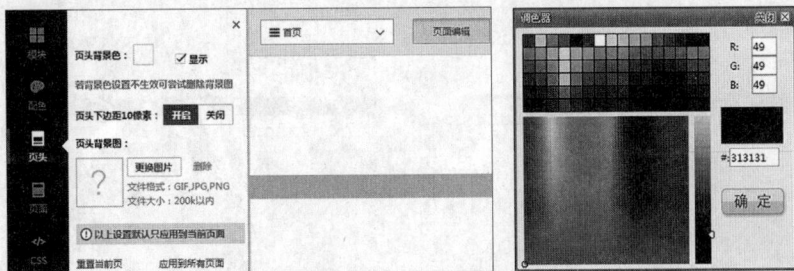

▲ 图2-34　设置页头颜色

经验之谈

为了保证店铺的美观性，建议页头颜色的设置与模板风格统一，如果不需要显示页头效果，可撤销选中"显示"复选框。

（2）为页头设置图案效果

在店铺装修页面左侧导航栏中选择"页头"选项，在打开的面板中单击 更换图片 按钮，打开"打开"对话框，在其中选择需要设置为页头背景的图片，单击 打开(O) 按钮将图片添加到页头背景中。此时"页头"面板中将打开"背景显示"栏和"背景对齐"栏，在其中可对页头背景的显示和对齐效果进行设置，如图2-35所示。

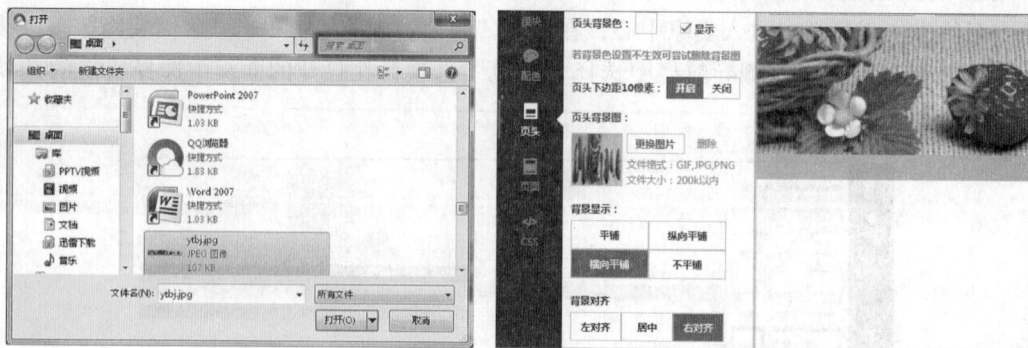

▲ 图2-35 设置页头图案效果

3. 页面

页面是指页头正下方的页面背景区域，页面的设置方法与页头一样，可设置为颜色，也可设置为图案。一般来说，页面与页头效果应该保持一致，即页头设置了颜色效果，页面最好也是相同或相似的颜色效果，页头为图案效果，则页面最好是相同或相似的颜色或图案效果，图2-36所示为页面与页头相统一的店铺效果。

▲ 图2-36 页面与页头相统一的店铺效果

在店铺装修页面设置的效果为店铺的主页效果,为了使主页更加美观,在设置页头、页面效果之前,可以先对店铺的整体颜色基调进行构思和确认。

2.4.3 店铺基本设置

在申请了淘宝店铺后,店铺的名字、基本信息、店标等都是默认的未设置状态,需要卖家自行设置。下面介绍店铺基本设置的方法,其具体操作如下。

扫一扫 实例演示

STEP 01 进入淘宝卖家中心,在"店铺管理"栏中单击 ∨ 按钮,展开"店铺管理"栏的全部内容,然后单击"店铺基本设置"超链接,如图2-37所示。

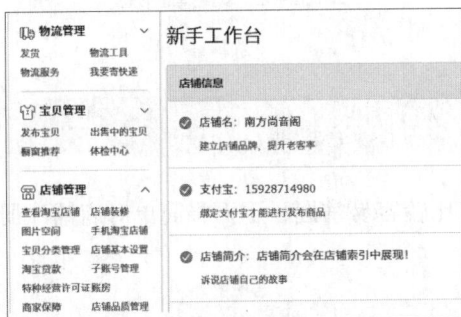

▲ 图2-37 进入卖家中心

STEP 02 进入店铺基本设置页面,在"店铺名称"文本框中输入店铺名称,单击"店铺标志"栏的 上传图标 按钮,如图2-38所示。

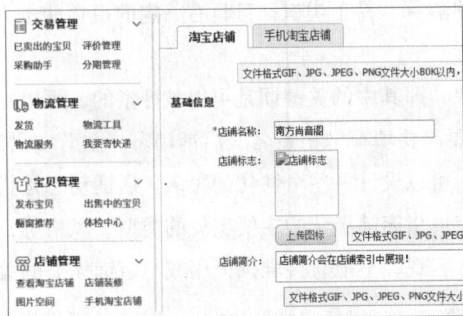

▲ 图2-38 设置店铺名称

STEP 03 打开"打开"对话框,在其中选择店标图片,然后单击 打开(O) 按钮,如图2-39所示。

▲ 图2-39 选择店标

STEP 04 返回店铺设置页面,即可看到店标已成功上传到页面中,如图2-40所示。

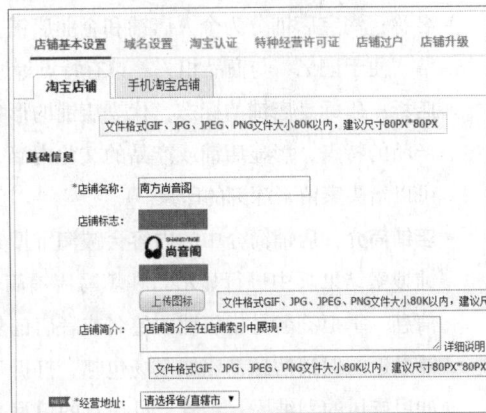

▲ 图2-40 上传店标

STEP 05 在"店铺简介"文本框中输入店铺简介,店铺简介会在店铺搜索中进行展现,因此应该填写具有实际意义的内容,如图2-41所示。

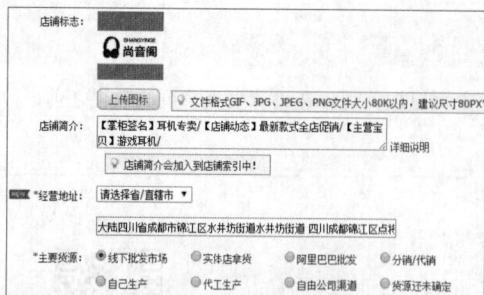

▲ 图2-41 设置店铺简介

栏中设置货源，在"店铺介绍"栏中填写店铺简介信息，然后单击 保存 按钮，如图2-42所示。

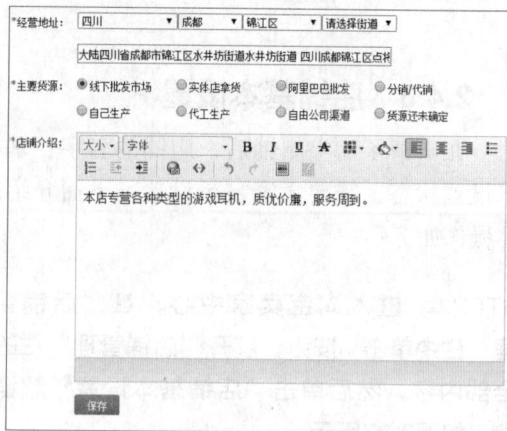

▲ 图2-42 设置其他信息

经验之谈

在"店铺简介"栏后单击"详细说明"超链接，可查看店铺简介填写方法。

STEP 06 在"经营地址"栏中单击下拉按钮 ▼，设置店铺经营地址，在"主要货源"

2.5 疑难解答

淘宝注册和店铺基本设置都是比较基础的操作，比较容易掌握，下面将简单对店铺注册和店铺设置的一些常见问题进行解答。

1. 怎样更好地优化和完善店铺信息？

答：店铺基本设置中比较重要的信息主要包括名称、店标和店铺简介等。

- **名称**：淘宝店铺分为个人店铺和企业店铺，一般来说，个人店铺名称的自由度比较高，但需遵循简洁、便于记忆、与商品相关、具有特点等原则。企业店铺比较固定，通常与企业名称相同。
- **店标**：店标是店铺的标志，代表店铺的形象，大小为80像素×80像素。店标的设计需要凸显店铺或产品的特点，彰显店铺或产品的文化内涵，店标必须醒目、易于辨识，且具有一定的视觉冲击力，可以给买家留下深刻的印象。
- **店铺简介**：店铺简介中的内容会被淘宝搜索引擎抓取，即其中的关键词是可以被搜索的，可以在店铺搜索结果页中进行显示。在填写店铺简介时，主要需要填写掌柜签名、店铺动态、主营宝贝3个信息，掌柜签名是指店铺的签名或者店铺梦想展示，可以设计一些个性化的短语。店铺动态是指店铺最近的促销信息，比如全场包邮、打折等。主营宝贝指店铺经营的主要宝贝的类型、风格等，比如民族风的羽绒服。主营宝贝信息的填写必须真实、客观，不能直接堆砌无用或与店铺无关的关键词，否则不仅会影响相关性，还会影响买家的用户体验。

2. 在进行网店定位时，需要提前考虑成本吗？主要考虑哪些因素？

答：在网店定位中进行目标消费人群的定位时，一般都需要结合成本、运营策略等问题综合进行考虑，卖家应该在可承受的成本范围内定位目标消费人群，店铺定位必须事先对成本因素进行分析。一般来说，网店成本主要需考虑生产成本、机会成本、销售成本和储运成本几个方面。

- **生产成本**：生产成本指企业生产过程中所支付的成本，生产企业规模越大、设备越精良、管理越完善，生产成本就越低。同时，生产成本还要考虑库存数量，在合理的库存条件下进行有规划的生产，才能保持生产成本的合理性。

- **机会成本**：机会成本指卖家在出售商品并获得收益后用于其他投资可能产生的额外收益。

- **销售成本**：销售成本指在商品销售过程中产生的费用，如推广费用、促销费用等。推广是商品销售中非常重要的环节，在商品成本中所占的比例越来越高，卖家在定位商品和确定商品价格时，都需慎重考虑销售成本这一因素。

- **储运成本**：储运成本指商品在储存和运输过程中所产生的成本，网店商品通常都需要经历储存和运输的过程，因此会涉及仓库、物流等费用，储运成本是商品综合价值中的一部分，包含在商品定价中。

2.6 经典案例——找准市场定位，网店轻松发展

张晓在淘宝网上销售女装有半年时间了，然而一直销量平平，网店发展非常缓慢。

张晓大学学的兽医专业，毕业后与朋友看电子商务发展势头很好，果断决定投身电商大军，选择了非常热销的服装类目，紧锣密鼓地开了自己的店铺。然而前期由于市场调查不足、准备不充分等因素，为店铺埋下了发展困难的引线。

店铺不仅点击率低于同行业平均水平，转化率不高，并且由于同类型店铺比较多，竞争非常激烈，商品的复购率也比较低。

"成本投入有限，不了解淘宝服装行业，各种问题都让我步履维艰。在服装类目中，我一直没有找到和发挥出我的优势。"张晓在仔细思考过店铺的发展情况后，终于决定放弃服装类目。

放弃了服装类目后，张晓决定重新选择自己熟悉的类目来做，首先自己更了解这个行业，可以更好地组织网店的运作，其次对于熟悉的类目，张晓有信心比其他店铺更专业，在销售产品的选择上也有更大的空间和针对性。

张晓的淘宝宠物用品店就这样开张了。

宠物用品店开始运营的前两天，就进来了不少的流量。比之前服装店的情况好很多，这给了张晓很大的信心。由于她对宠物非常了解，清楚宠物需要的营养、宠物生病护理、宠物用品选择等知识，于是针对宠物主人比较关心的问题，对商品主图和详情页进行了优化，慢慢地，店铺的点击率和转化率都有了非常大的提升。买家非常信任这位身为宠物医生的掌柜，购买商品后感觉不错，纷纷给出好评，甚至很多客户收藏了店铺，固定在张晓的店里购买宠物用品。

店铺的综合评价好了，店铺信用等级上去了，淘宝小二主动联系张晓，让她参报宠物类目下的活动。在做淘宝女装的时候，为了参报活动，挤破头都未必申请得上，现在竟然由淘宝小二直接出面邀请，张晓有点受宠若惊。

借着活动的"东风"，张晓的宠物用品店越办越好，销售额逐步提升。张晓说，"现在店

铺的规模还比较小，我对淘宝开店的经验积累也还不够多，还需要继续观察和分析市场，销售更多宠物主人需要的宠物商品。"

总结：随着淘宝卖家数量的增加，淘宝店铺的竞争越来越激烈。与其选择不熟悉的行业摸爬滚打总结经验，还不如选择一个熟悉的行业快速上手。从买家的角度看，买家更信任专业的卖家，从卖家的角度看，在熟悉的行业里，更容易找准买家的真正需求。同时，淘宝店铺并不是一定要经营热销类目才能获得盈利，眼光独到的卖家，也可以另辟蹊径，寻找受买家喜欢且竞争不激烈的商品，开创自己的天地。

2.7 高手进阶

（1）结合适合网上经营的商品特点，对发展前景良好的商品的市场规模进行分析。

（2）了解网店定位的内容，然后选择一个商品，对其市场前景、市场规模、目标人群、营销策略、店铺形象建设等内容进行分析。

（3）使用手机号码注册一个个人淘宝账户，并申请成为淘宝卖家，根据淘宝要求对支付宝、淘宝开店进行实名认证。

（4）对店铺的模板进行更改，然后结合店铺中的商品属性对模板的配色、页头和页面样式进行设置。

（5）根据需要，对店铺的名称、店标、店铺简介等进行设置，完善店铺的基本信息。

第 3 章
选择并发布商品

与实体店经营一样，在经营网店之前，也需要先对店铺的顾客群、商品等进行定位，清晰适合的定位可以提高网店的竞争力。本章主要介绍选择商品、网上商品进货渠道、进货技巧，以及发布并修改商品等知识，通过本章的学习，帮助读者熟悉网店商品的选择、进货、发布与修改方法。

3.1 选择合适的商品

选择合适的商品，是网上开店非常重要的一个步骤。对于店主而言，选择合适的商品不仅是指选择适合在网上销售的商品，还需选择自己熟悉且感兴趣的商品。网上商品的促销很多时候会采取"价格战"，因此选择合适的产品可以更好地控制成本，更好地满足客户的各种需求。

3.1.1 网店商品的共同特征

由于买家在购买网上商品时无法直接接触商品，在购买部分商品时会心存顾虑，质疑商品的质量或价格等，因此并不是所有商品都能适应网上销售的模式。一般来说，适合网上销售的商品都具有以下特点。

- **便于运输：** 网上商品一般通过物流的方式实现从卖家到买家的所有权转移，因此体积合适、重量适中，且运输成本不高的商品适合于网上销售。首先，体积庞大、运输困难、运输成本过高的商品则不适合网上销售，如大型体育器械。其次，易碎品、液体非标准瓶装的产品，如玻璃器皿、瓷器等不建议网上销售。

- **价格优惠：** 由于网店商品的总体成本一般低于实体店商品的总体成本，因此在价格方面具有一定的优势，可以低于实体店的价格进行销售。如果网上商品在价格上不具备优势，则难以吸引买家进行购买。

- **利润空间：** 如果商品的采购、储存、管理和运输成本高于商品本身的价值，则不适合网上销售。一般来说，应优先考虑毛利在30%以上的商品，毛利低于10%的商品不足以支撑网店的初期运营，如保健品、药品等。针对日常用品等利润空间不大的商品，可以采取组合、满减包邮等方式进行促销。

- **标准商品：** 标准商品指产品质量、性能等具有一定可靠性，售后服务容易开展，不容易出现产品质量纠纷或者出现质量纠纷也容易解决的产品。买家在网上购买这类产品时信任程度相对较高，会少一些顾虑，卖家的销售过程也会比较顺利。

- **实体店不方便销售：** 外贸订单产品、国外代购产品、个性化设计、DIY产品等，相较于实体店而言，网上销售的方式更方便。

根据国家法律的相关规定，以下商品不能用于网上销售。

- 国家法律法规禁止销售的商品，如管制刀具、武器弹药、淫秽物品、毒品、保护文物、走私物品、偷盗品和其他来源非法的物品等。

- 假冒伪劣产品。

- 其他不适合网上销售的商品，如部分医疗器械和药品、股票、债券、抵押品等。

- 不具备所有权或支配权的物品。

3.1.2 电子商务市场分析

近几年，中国电子商务市场的发展呈现大幅度上升趋势。艾瑞咨询最新数据显示，2016年中国电子商务市场交易规模已经达到了2012万亿元，增长23.6%。其中网络购物增长23.9%，本地生活服务O2O增长28.2%，是推动电子商务市场发展的重要力量，如图3-1所示。

根据艾瑞咨询分析，2016年中国网络购物市场交易规模达4.7万亿元，较上年增长23.9%，电商企业不断扩充品类、优化物流及售后服务、积极发展跨境网购，将使购物市场继续保持稳定的增长水平，如图3-2所示。

▲ 图3-1　2012—2019年中国电子商务市场交易规模

▲ 图3-2　2012—2019年中国网络购物市场交易规模

2016年中国网络购物市场中B2C市场交易规模为2.6万亿元，在中国整体网络购物市场交易规模中的占比达到55.3%，C2C市场由于市场体量大、品类齐全，未来也仍有一定的增长空间。

以淘宝网为例，目前网上交易量比较大的商品主要为女装、手机、美容护肤、数码配件、男装、箱包、女鞋、零食、汽车用品、电脑配件、玩具、床上用品、内衣等，表3-1所示为淘宝网2016年某月销量前10的商品。

表 3-1　淘宝网 2016 年某月销量前 10 的商品

1	女装	6	箱包
2	手机	7	女鞋
3	美容护肤	8	零食
4	数码配件	9	汽车用品
5	男装	10	电脑配件

网络购物市场的商品销售额和销量排名并不是固定不变的，时间、环境、消费观念、流行趋势、热门话题等都会对网上销售的产品产生影响。因此选择好商品并不一定就能保证好销量，在选择好商品的基础上提高竞争力才是成功营销的关键。

3.1.3　选择商品前的分析准备

选择具有良好市场和竞争力的产品，是网店成功的重要因素。近几年，随着网上商店的快速增加，商店类型也越来越多样化，但是盲目地选择商品非常不利于网店的后续发展。一般来说，选择网店商品之前，首先需要对行业行情和顾客群进行定位和分析，然后根据分析结果选择合适的商品。

1. 分析顾客群

网上商店是基于互联网开设的，因此在选择网上商品的时，有必要对互联网用户进行分析。在整个电子商务的大背景下，18~35岁的年轻消费者正在逐步成为消费主力军，且预计在未来还将继续增长。以淘宝网为例，28岁以下的年轻消费者超出淘宝总用户量的一半以上，特别是18~22岁群体份额中，消费增速非常明显和快速。根据行业的不同，其年轻化的表现也不一样，比如男装、手机等即是年轻化比较快的品类，其份额超过了食物、家具等年轻化较慢的品类。而在所有主流商品品类中，年轻消费者2015年所占份额比2014年更高。比如在服饰方面，

18~22岁的消费者高速增长，22~35岁的消费者则比较缓慢稳定，28~35岁消费者甚至呈下降趋势。在电子、运动等方面，28岁以上的年轻群体成为了市场的主流消费群体，如图3-3所示。

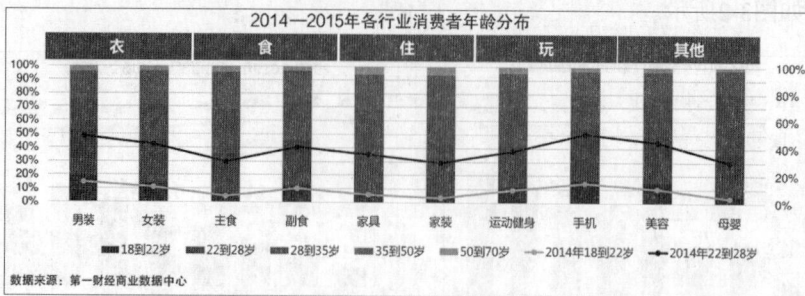

▲ 图3-3　年龄分析

此外，消费者的年龄阶段不同，其消费者能力也不同。22岁以下的消费者的消费能力都比较基础，22~28岁的消费者的消费能力在中间阶段和高级阶段都表现不俗，消费能力分析如图3-4所示。

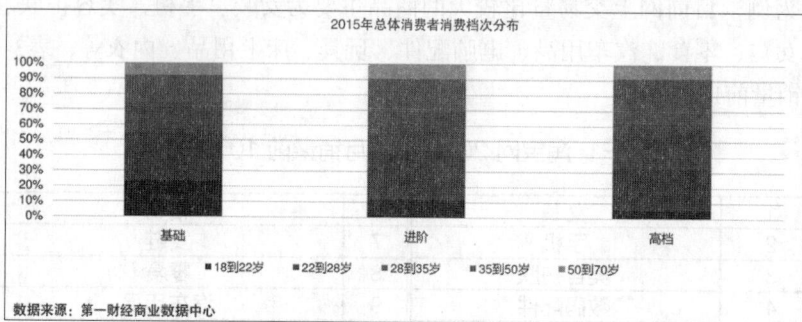

▲ 图3-4　消费能力分析

2. 分析行业行情

分析行业行情，即是对某行业的热门程度、发展前景、竞争力、市场等进行的分析。正确分析一个行业的前景，可以对店铺的发展方向、发展水平等进行预测和规划。

热门程度常常与总销售额关系密切。以淘宝网商品的销售情况为例，女装作为热门行业，不论是销售额、成交量、关注度，还是搜索量都比较大，而乐器类商品的销售额、成交量、关注度、搜索量则低于女装类。但是女装作为热门类目，由于竞争对手多，同类型产品多，因此竞争激烈程度也会远远高于乐器类目。如图3-5所示，同为女装连衣裙类目下的商品，但销售量却存在很大的差异。

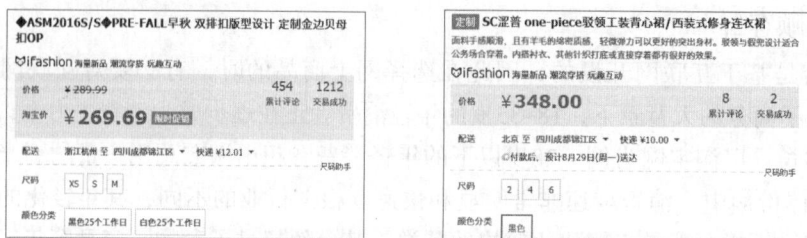

▲ 图3-5　相同类目的月销量对比

电子商务网站的商品非常丰富，同一种类的商品成千上万，销量也存在很大差异，不能以某一个种类商品的销量来衡量其发展前景。其实，在电子商务环境中，发展前景并不仅仅指商品的持续销售额，选择热门类目并不代表肯定可以成功，选择冷门类目也不代表没有发展前景。与线下市场一样，有计划地规划和实现目标，不断增强自身竞争力才是关键所在。因此分析行业行情必须全面，卖家在做出商品选择的决策时，也需要有一定的市场敏感度，究竟是选择热门行业的商品参与竞争，还是选择非热门行业的商品来打造自己的特色，都需要卖家谨慎果断。

3.1.4　商品的选择

完成网上商店的客户群体与市场行情的分析后，即可考虑网店需要销售的商品。一般来说，商品选择包含两个主要阶段：第一阶段是选择商店所经营的产品；第二阶段是从已有商品中继续选择商品，将其打造为爆款。

1. 选款

第一阶段的商品选择，一般是指选择具有一定市场潜力的商品。在众多商品类型中，有些商品的总成交量非常大，但是销售这类商品的商家也非常多，竞争非常激烈，需要具备成熟的营销推广手段。有些商品成交量不算很高，但是市场前景好，竞争小，所以部分商家开始另辟蹊径，选择一些竞争较小但销量也比较可观的商品。如果具备一定的资源，也可选择一些经典款或者品牌产品，打造中高端店铺。总之，需要结合市场竞争性进行分析，选择适合自己的产品或服务。

第二阶段是在第一阶段的基础上，为了赚取更多的利润，有选择性地打造商品爆款。爆款是指在商品销售中供不应求，销售量高、人气高的商品。当商品有了一定的基础销量后，可以自己转化为爆款，即使短时间没有转化，也会增多加购和收藏，对商品本身的权重十分有利。选择爆款的方法很多，常用方法主要包括以下几种。

- **按销量选择款式**：该选择方式是一种比较简单的选款方式，按照销量选择出来的商品，通常都是热销款式，受大众欢迎，竞争力比其他商品更强。但是这类产品同款也会比较多，竞争环境会比较激烈。
- **搜索选款**：搜索选款指根据消费者搜索的热门关键词来分析和判定商品，并选择爆款。搜索选款和销量选款区别较大，销量选款注重产品之前的销售数据，而搜索选款则着眼于产品未来的数据。
- **直通车选款**：与销量选款类似，直通车选款首先需要选定一个主要关键词，便于在淘宝首页搜索。直通车选款需要分析直通车产品。找出直通车前100的产品，分析并筛选上架时间短但收藏数高于2000的产品，这些商品既是受大众喜欢的商品，也会是一些大型店铺的主推款式，具有爆款潜力。
- **活动选款**：活动选款指根据活动的销售数据来选款。进行活动选款时，首先需关注各个活动中本类目的产品，并找出销量达到2000的商品，然后使用数据分析工具查看竞争对手的销量，最后选择出适合且销量可观的产品。

从商品选择到打造爆款有一个过程，在选定产品后，首先需对该产品的访问量、收藏量和购买量等进行分析，观察其是否可以成为爆款。其次，还需对产品的总成交率、点击转化率等进行观测，对产品的实际销售状态进行测试。最后将销量表现良好、转化率理想，以及评价不错的产品确定为主推款。

商品不同，其盈利效果就不同，针对的人群不同，适于销售的产品类型也不同。如对于女性而言，美妆、减肥、美白、祛痘等商品市场比较可观；对于老人而言，各种保健品、保健器具则更具市场。

2. 选择注意事项

为了保持较好的利润空间和发展空间，在选择商品时还需分析以下问题。

- 出售的商品是否为消费者必需品或准必需品，是不是大众商品，持续购买和持续生产能力如何。
- 与线下商品相比，其价格优势和利润优势如何，运输是否便利。
- 是否容易被仿制，是否容易贬值。
- 是阶段性商品还是非阶段性商品。
- 售后服务难度如何。

商品的性质不同，营销和推广策略就不一样。对于从事电子商务的商家而言，商品的选择，销售策略的制定，对商品的规模、风险和利润等都会产生非常大的影响。

3.2 网上商品的进货渠道

网上商品的进货渠道很多，如通过阿里巴巴进货、通过分销网站找货源、通过线下厂家进货等，除此之外，通过寻找品牌积压库存、寻找换季处理商品、寻找拆迁与转让的清仓商品等途径也可以获得货源。

3.2.1 在阿里巴巴批发进货

阿里巴巴是国内最大的网上采购批发市场，很多淘宝店家喜欢通过阿里巴巴进货。阿里巴巴对各类商品均进行了详细的分类，并且提供了搜索功能，可以帮助买家快速准确地找到所需的商品，如图3-6所示。

▲ 图3-6 阿里巴巴批发网

1. 进货前的准备

在各类电子商务平台中进行活动时，首先需要进行注册，其注册流程一般比较简单，根据提示进行操作即可。阿里巴巴的账户与淘宝账户可以通用，因此拥有淘宝账户的用户可以直接使用淘宝账户登录阿里巴巴。

此外在阿里巴巴寻找货源时，为了保证商品的质量，需要事先对供货商做一些分析。

- 查看供货商的资质、联系方式、厂家信息等。
- 查看供货商的"诚信通"年份，诚信指数高的商家信任度更高。
- 查看商品的图片、销量及评价，也可事先小额订货，了解其供货速度。

2. 搜索商品

在阿里巴巴批发网中搜索商品的操作比较简单，可以通过"行业市场"列表搜索商品，也可直接搜索所需商品。

（1）通过分类列表搜索商品

阿里巴巴的"行业市场"列表对各种类型的商品进行了详细的分类，用户可直接选择所需商品，进入该类商品的搜索结果页面。下面通过"行业市场"列表搜索"帆布鞋"，其具体操作如下。

扫一扫 实例演示

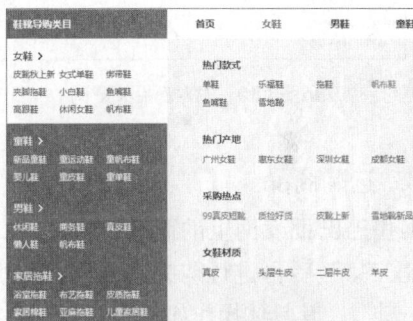

STEP 01 在浏览器地址栏中输入阿里巴巴网址（https://www.1688.com/），或通过百度搜索"阿里巴巴"，进入阿里巴巴批发网首页。在左侧的"行业市场"列表中选择所需商品类型，这里单击"鞋靴/箱包/配饰"类目下的"鞋靴"超链接，进入鞋靴市场，如图3-7所示。

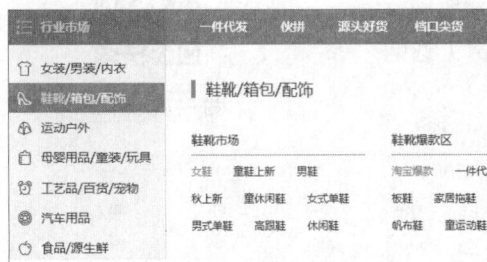

▲ 图3-7 进入鞋靴市场

▲ 图3-8 选择帆布鞋

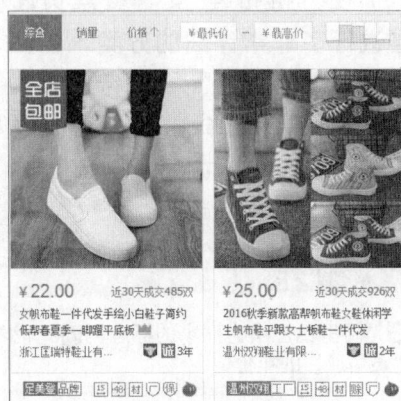

STEP 02 在鞋靴市场页面左侧的"鞋靴导购类目"列表中选择需要搜索的商品，这里单击"女鞋"类目下的"帆布鞋"超链接，如图3-8所示。

STEP 03 打开"帆布鞋"的搜索结果页面，查看搜索结果如图3-9所示。

图3-9 查看搜索结果

（2）直接搜索商品

直接搜索商品也是非常简单且常用的一种搜索方式。通过阿里巴巴的搜索文本框输入关键词，可以快速搜索到所需的商品，其方法是：在阿里巴巴批发网首页的搜索文本框中输入关键词，如"帆布鞋 女"，此时搜索文本框下方将自动弹出与"帆布鞋 女"相关的下拉列表，下拉列表中列举了所搜索商品的相关分类，如图3-10所示。选择所需选项或直接单击 搜索 按钮，即可打开"帆布鞋 女"的搜索结果页面，如图3-11所示。

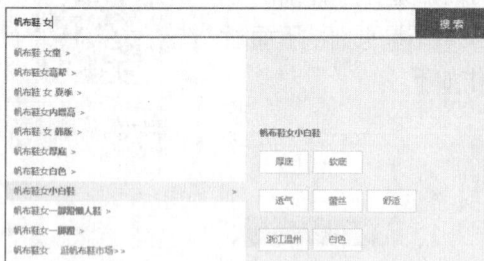

▲ 图3-10　输入商品关键词

▲ 图3-11　查看搜索结果页面

3. 选购商品

阿里巴巴批发网上的商品非常丰富，买家可充分地进行"货比三家"后再进行购买。下面在阿里巴巴批发网上选购"帆布鞋"，其具体操作如下。

扫一扫 实例演示

STEP 01 在"帆布鞋 女"搜索页面中对帆布鞋进行了非常详细的分类，包括"选购热点""鞋面材质""流行元素""风格""价格"等，如单击"选购热点"栏后的"懒人鞋"超链接，如图3-12所示。

▲ 图3-12　设置帆布鞋的选购热点和价格

STEP 02 将价格设置为"40~60"，此时在"所有类目"栏中将显示已设置选项，同时显示根据设置搜索出来的结果，如图3-13所示。

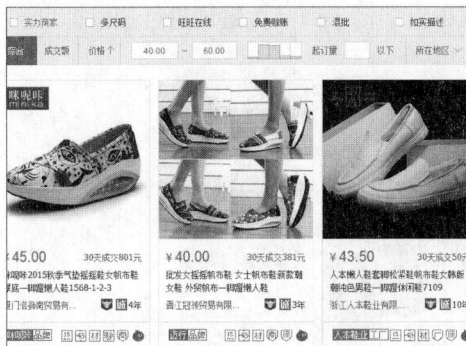

▲ 图3-13　查看搜索结果

STEP 03 单击商品主图或商品名称，进入商品详情页面，滚动鼠标滚轮查看商品的图片、价格、材质等具体信息。浏览并对比各个供货商的商品，确认选择后，在该商品的详情页中设置商品的颜色、尺码等订购信息，然后单击 立即订购 按钮，如图3-14所示。

▲ 图3-14　订购产品信息

STEP 04 在打开的页面中设置收货地址、联系电话等信息，设置完成后单击 确认收货信息 按钮，如图3-15所示。在该页面的下方，还将

显示已订购商品的信息、运费金额等，确认无误后单击 提交订单 按钮。

▲ 图3-15　设置收货地址

STEP 05 此时将打开支付页面，在该页面中选择支付方式并输入支付密码，然后单击 确认付款 按钮，即可完成交易，如图3-16所示。

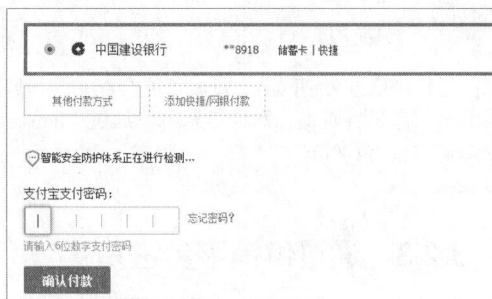

▲ 图3-16　支付货款

经验之谈

阿里巴巴的购买操作与淘宝网非常相似，单击 加入进货单 按钮可以将所选商品添加至进货单，在完成商品的选购之后，再进入"进货单"页面对所有选购商品的费用进行一次性支付，简化购买流程。

新手练兵

在阿里巴巴中搜索关键词"雪纺连衣裙"，查看并分析搜索结果，然后选购不同花色和尺码的连衣裙。

3.2.2　通过分销网站进货

除了阿里巴巴之外，网络上还有很多提供批发服务的分销网站，如搜物网、衣联网、中国货源网、好多鞋等，其中衣联网主要提供女装批发，好多鞋主要提供女鞋批发，其批发流程与阿里巴巴大同小异，首先需要在对应分销网站中进行注册，然后选择所需商品，设置订购信息并支付金额即可。图3-17所示为搜物网首页，在搜索文本框中直接输入商品关键词进行搜索即可。

▲ 图3-17　搜物网首页

经验之谈

通过第三方分销网站进货，可能会存在一些风险，为了降低进货风险，买家可以对供应商的网址信息以及公司信息进行查询。网址信息可以通过"https://tool.chinaz.com/"进行查询，公司信息可以通过"gsxt.saic.gov.cn"进行查询。

3.2.3　通过供销平台进货

供销平台是淘宝网为商家提供代销、批发的平台，通过该平台可以帮助商家快速找到分销商或成为供货商。分销平台由代销和批发两部分组成，代销是指供货商与代销商达成协议，将商品的品牌授予代销商，为其提供商品图片等数据，而不提供实物，并与代销商协议价格，代销商赚取差价。批发则与其他批发网站相似。要成为供销平台的代销商，首先需要进行申请，然后才能通过供销平台选择供货商进行代销。图3-18所示为天猫供销平台首页。

▲ 图3-18　天猫供销平台首页

网络代销的资金投入比较少，比较适合新卖家或小卖家，同时网络代销操作过程要简单一些，不需要仓库，商品照片、商品描写等基本都由供应商准备，甚至不需要自己邮寄，只需将定金和资料提供给供应商即可。但由于不直接接触商品，所以很难把控商品质量，因此在选择供应商时一定要选择正规公司。

3.2.4 通过线下批发厂家进货

与线下商店进货方式一样，线上商店也可通过线下批发市场进货。批发市场的商品价格比较便宜，而且可以查看商品的质量、样式等，因此受到很多经营者的青睐。线下批发市场一般具有以下几个特点。

- 本地货源成本更低，还可以节约部分运输和仓储成本。
- 商品数量更丰富，品种更齐全，可选择范围更大。
- 进货时间和进货量都比较自由，补货时间更短。

经营者如果与本地批发市场的供应商建立了良好的供求关系，通常可以拿到更便宜、更新、质量更好的货品，甚至可以等网上商店的商品售出以后再前往取货，不必占用过多的资金，也不会积压商品。

除了亲自前往本地批发市场选择货品之外，经营者也可以通过登录阿里巴巴产业带网（ye.1688.com）查询不同类型商品的产地以及本地的产业带，如要查询本地产业带时，可在网站首页左侧的搜索文本框中输入产地名称，单击 🔍 按钮，在打开的页面中即可显示该产地的产业带，如图3-19所示。

▲ 图3-19 查询产业带

3.2.5 其他进货渠道

线上商店的进货渠道非常多，除了阿里巴巴、分销网站、供销平台和线下批发市场外，还可以通过寻找品牌积压库存，寻找换季节、拆迁与转让的清仓商品来获得货品，或者通过二手闲置与跳蚤市场、外贸尾单货、国外打折商品等途径获得货品。

1. 寻找品牌积压库存

品牌积压库存一般是指当季未售完的品牌商品，对于很多买家而言，品牌商品更具有吸引力，也更容易得到信任。品牌商在当季商品未售完时，为了清理积压库存，可能会选择低价出售或选择代销商进行代销。如果经营者有条件或者途径，即可寻找可靠的品牌积压商品通过网店进行销售。

2. 寻找换季、拆迁与清仓商品

线下很多商店在换季、节后、拆迁或者清仓的时候，都会大量低价出售库存商品，通常价格较低，品种也较为丰富。经营者亦可买进这些低价商品，通过网上商店进行销售。需要注意的是，清仓商品大多参差不齐，注意检查商品质量、有效期等，注意辨别是否为促销手段，赢得尽可能的价格空间。

3. 外贸尾单货

外贸尾单货是指厂家在生产外贸订单时的多余货品。商品生产过程中，难免会出现次品，而为了保证外贸订单中货品的质量，厂家一般会多生产一些商品以备需要，而这些剩下的尾单就变成了线上商店获得货源的一种途径。外贸货单性价比一般都较高，但可能颜色、尺码不齐全。此外，还需要在外贸市场中仔细辨认外贸尾单货的真伪，确保商品质量。

4. 寻找国外打折商品

寻找货源并非仅仅局限于国内，很多国外一线品牌在换季、节日期间，可能会打折扣出售，经营者也可通过国外代购来获得货源。

经验之谈

二手市场也是获得货源的一种途径，但是二手市场商品的不确定性太大，可能不合时宜，或者品质得不到保证。

3.2.6　进货的技巧

对于店主而言，货品并不是盲目选择的，进货时不仅需要考虑货品的热度、质量等因素，还需要考虑成本、库存等问题。基本的进货要领一般如下。

- **选择好商品**：好商品一般需具备顾客喜爱、质量好、价格合理等特点，因此店家在进货时，要注意辨别商品是否热门、是否有市场、是否价格合理，以能满足顾客需求为准。为了保证商品质量，可以"货比三家"后再建立合作关系。
- **合理进货**：对于新产品而言，试销时进货量不宜过大。对于畅销商品而言，则需要检查和分析库存，提前进货，保证供应量，但库存亦不建议过大。对于季节性商品而言，季初可以多进，季中少进，季末补进。此外，还需要注意进货时机，一般大部分商品都需要提前进货。
- **控制成本**：成本高低对盈利高低产生直接影响，同时成本高低也直接影响着价格策略的实施。为了合理控制成本，需要充分了解商品和市场，还可以与供货商建立良好的长期合作关系，尽量以最低价格拿到商品。

3.3 发布并修改商品

发布商品是指将商品信息上传至网上商店中。完成商品的发布之后，还可根据实际情况对商品信息进行修改。

3.3.1 发布一口价商品

在网上商店发布商品的流程基本类似，在发布商品之前都需要做一些准备工作，如了解商品信息，准备商品图片等。下面在淘宝网中发布一款帆布鞋，其具体操作如下。

扫一扫 实例演示

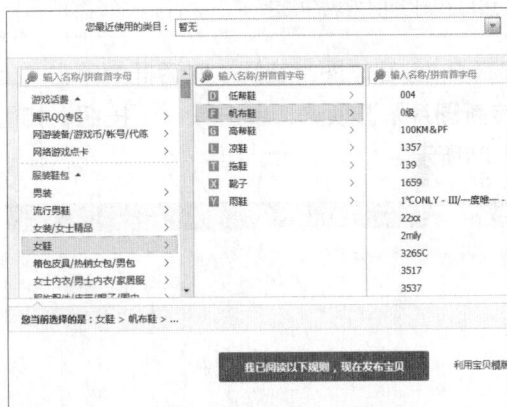

STEP 01 在淘宝网首页单击"卖家中心"超链接，登录并进入卖家中心。在"卖家中心"首页的"宝贝管理"栏中单击"发布宝贝"超链接，如图3-20所示。

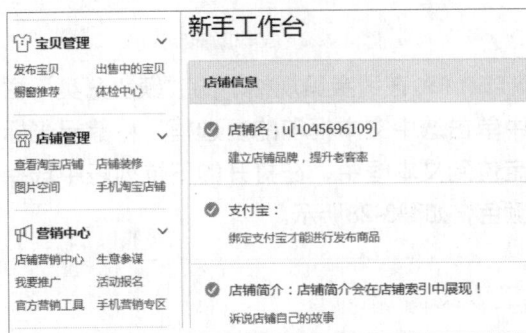

▲ 图3-20 登录卖家中心

💬 **经验之谈**

卖家的后台管理基本都可以通过卖家中心来进行操作，其中包括交易管理、物流管理、宝贝管理、店铺管理、营销管理、货源中心等。卖家不仅可以通过后台发布商品、装修店铺，还可选择营销工具推销商品、分析店铺等。

STEP 02 进入商品发布页面，在左侧列表框中选择商品类目，如"女鞋"，在右侧打开的列表选择商品的二级类目，如"帆布鞋"，再在右侧打开的列表中选择商品的品牌，单击 我已阅读以下规则，现在发布宝贝 按钮，如图3-21所示。

▲ 图3-21 选择商品类目

STEP 03 在打开的页面中继续填写商品的标题、卖点、属性等信息，如图3-22所示。

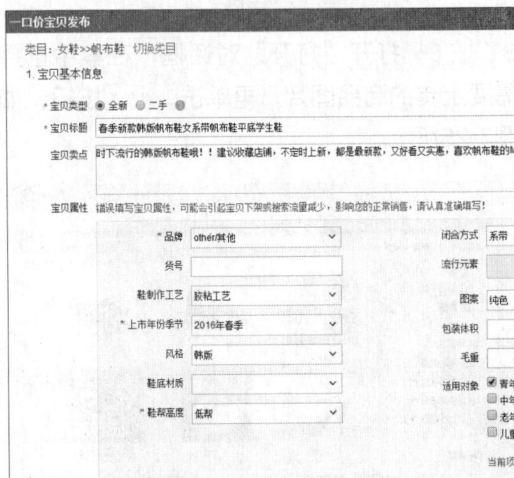

▲ 图3-22 填写商品信息

STEP 04 滑动鼠标滚轮，上传商品图片。单击"宝贝主图"的图片框，打开"图片空间"对话框，如图3-23所示。

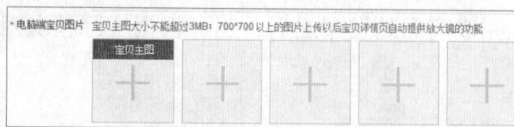

▲ 图3-23　上传商品图片

💬 **经验之谈**

在设置商品类目时，也可直接搜索商品类型，然后在打开的列表中选择商品类目和二级类目。

STEP 05 在"图片空间"对话框中单击"上传新图片"选项卡，单击 点击上传 按钮，如图3-24所示。

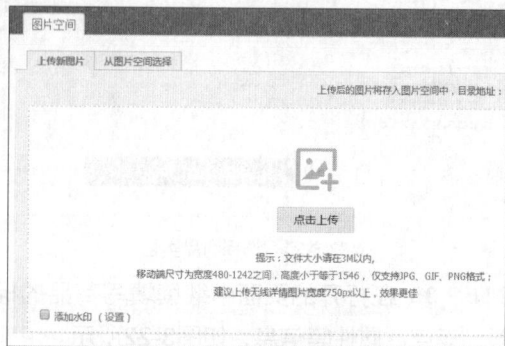

▲ 图3-24　选择本地上传

STEP 06 打开"打开"对话框，在其中选择需要上传的商品图片，再单击 打开(O) 按钮，如图3-25所示。

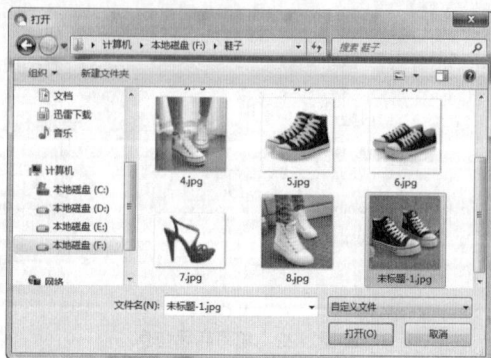

▲ 图3-25　选择商品图片

STEP 07 按照该方法，依次上传其他商品主图，效果如图3-26所示。

▲ 图3-26　上传所有商品主图

STEP 08 在"手机端宝贝图片"栏中单击选中"上传新图片"单选项，上传手机端商品主图，如图3-27所示。

▲ 图3-27　上传手机端商品主图

STEP 09 在"宝贝规格"的"颜色分类"栏中单击选中文本框前的复选框，将鼠标光标定位到文本框中，在打开的下拉列表中选择颜色，如图3-28所示。

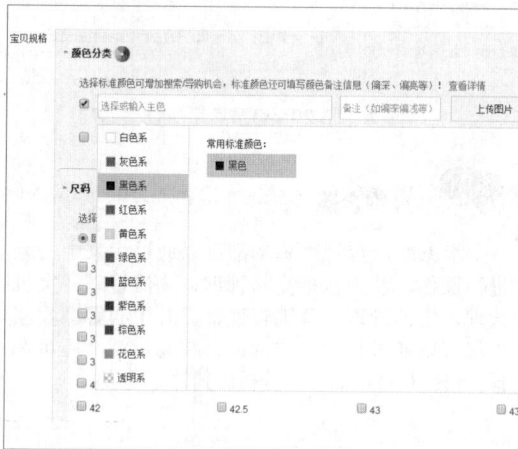

▲ 图3-28　设置商品颜色

STEP 10 单击文本框后的 上传图片 按钮，在打开的"图片空间"文本框中设置当前颜色的商品图片，然后依次设置商品的其他颜色，并上传图片，如图3-29所示。

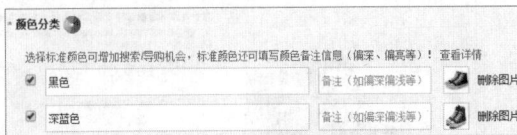

▲ 图3-29 设置其他颜色

经验之谈

在设置商品颜色时，可以选择颜色，也可以手动输入颜色。在上传不同颜色的商品后，如果图片上传错误，可以单击其后的"删除图片"超链接删除图片，然后单击 上传图片 按钮重新上传。

STEP 11 在"尺码"栏中设置商品的尺码，如图3-30所示。

▲ 图3-30 设置商品尺码

STEP 12 在"宝贝销售规格"栏中输入商品的价格和数量，如图3-31所示。如果商品价格一样，可直接在"批量填充"栏中输入统一的价格和数量，单击 确定 按钮。

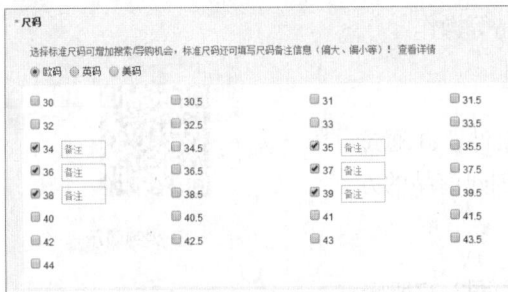

*颜色分类	*尺码	*价格（元）	*数量（件）	商家编码
黑色	34	109	100	
	35	109	100	
	36	109	100	
	37	109	100	
	38	109	100	
	39	109	100	

▲ 图3-31 设置商品销售规格

STEP 13 在"电脑端描述"栏中设置商品详情描述，这里单击"添加图片"按钮，在打开的"图片空间"对话框中上传商品详情描述的图片，效果如图3-32所示。

▲ 图3-32 编辑电脑端描述

STEP 14 在"宝贝物流服务"栏中设置商品的物流方式，如图3-33所示。

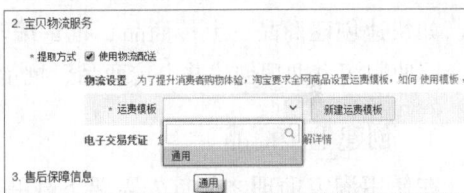

▲ 图3-33 设置物流方式

经验之谈

如果已经提前设置了物流方式，可直接在"运费模板"下拉列表中进行选择，如果未设置物流模板，可单击 新建运费模板 按钮新建物流模板，其新建方法将在第12章第2节进行详细讲解。

STEP 15 依次设置"售后保障信息"和"宝贝其他信息"，如图3-34所示。设置完成后单击 发布 按钮，即可发布商品，效果如图3-35所示。

新手练兵

根据实际需要，选择一款商品进行发布，发布时需要先准备好相关的资料，并将发布中遇到的问题记录下来。

▲ 图3-34　设置信息

▲ 图3-35　发布商品

3.3.2　使用淘宝助理批量发布商品

淘宝助理是一款功能十分强大的淘宝商品管理软件，通过它可以快速完成很多商品管理操作，如快速创建商品、上传商品、批量编辑商品、编辑交易、下载订单、管理订单等，下面主要介绍使用淘宝助理创建并上传商品、批量编辑商品等操作。

1.　创建上传商品

在使用淘宝助理之前首先需要下载并安装该软件，并通过淘宝账户和密码进行登录。下面介绍通过淘宝助理创建商品的方法，其具体操作如下。

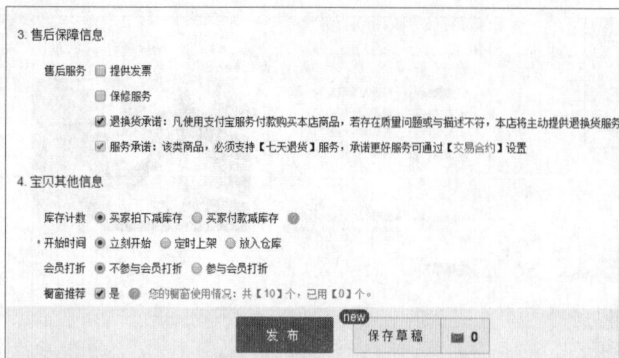

扫一扫 实例演示

STEP 01　登录淘宝助理，在其工作界面中单击"宝贝管理"选项卡，在打开的界面中单击"创建宝贝"按钮，如图3-36所示。

▲ 图3-36　创建宝贝

经验之谈

在淘宝助理中创建宝贝时，选择类目、填写基本信息以及上传图片的方法与在卖家中心后台操作基本类似。同时在卖家中心设置的各类模板，在淘宝助理中也可以直接进行选择。

STEP 02　打开"创建宝贝"对话框，在"基本信息"选项卡下单击"类目"文本框右侧的 选类目 按钮。打开"选择类目"对话框，在其中选择商品类目，然后单击 确定 按钮，

如图3-37所示。

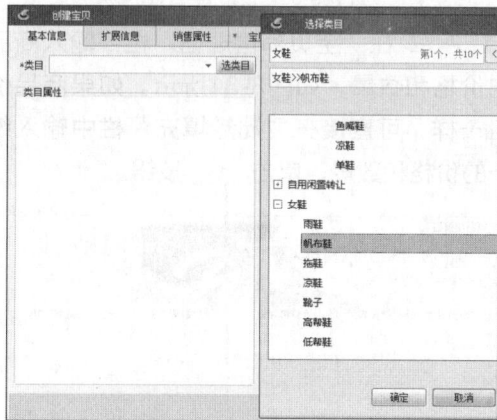

▲ 图3-37　设置商品类目

STEP 03　在"类目属性"栏中设置商品的品牌、工艺、材质、风格、上市年份等属性，然后在右侧的"宝贝标题""宝贝卖点""一口价""数量"文本框中输入相关内容，并对"所在地"和"运费模板"进行设置，如图3-38所示。

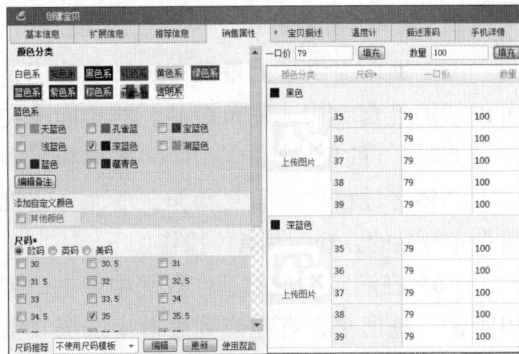

▲ 图3-40　设置商品颜色、尺码和价格

STEP 06 在"创建宝贝"对话框中单击"宝贝描述"选项卡，在其中编辑商品描述，或直接单击"插入图片空间图片"按钮，打开"选择图片"对话框，选择并上传商品描述页的图片，如图3-41所示。

▲ 图3-41　设置商品详情

STEP 07 设置完成后返回"宝贝管理"页面，单击保存并上传按钮，完成宝贝的创建和发布，如图3-42所示。上传时，将打开提示对话框，单击上传按钮即可。

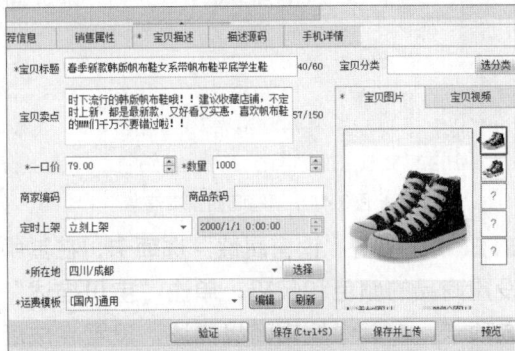

▲ 图3-42　保存并上传宝贝

经验之谈

在设置商品的类目属性时，应尽可能全面、准确和真实，不可随意设置。对于虚假不实的商品信息，淘宝网会对其进行惩罚，这样会非常影响店铺的健康运营。该要求同样适用于标题、主图和详情页的设置。

▲ 图3-38　设置商品属性

STEP 04 在"创建宝贝"对话框右侧单击"宝贝图片"选项卡，然后单击＋添加图片按钮，打开"选择图片"对话框，在其中选择上传的商品图片，单击插入按钮，确认上传商品主图，如图3-39所示。

▲ 图3-39　上传商品主图

STEP 05 在"创建宝贝"对话框中单击"销售属性"选项卡，在左侧列表框中设置商品的颜色和尺码，然后在右侧设置商品的价格和数量，如图3-40所示。

2. 批量编辑商品

淘宝助理提供了批量发布宝贝的功能，可以帮助经营者快速发布商品。对于同一类型的商品，可以创建和应用统一的模板，省去商品创建过程中的重复操作。下面介绍批量发布商品的方法，其具体操作如下。

STEP 01 在淘宝助理的工作界面中单击"宝贝管理"选项卡，在左侧列表框中选择"宝贝模板"选项，在右侧单击 创建模板 按钮，如图3-43所示。

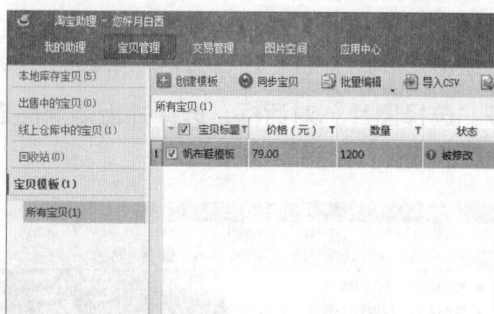

▲ 图3-43 创建模板

STEP 02 打开"创建模板"对话框，在左侧列表框中设置商品的类目和类目属性，在右侧列表框中设置宝贝标题、一口价、数量、运费模板等，如图3-44所示。

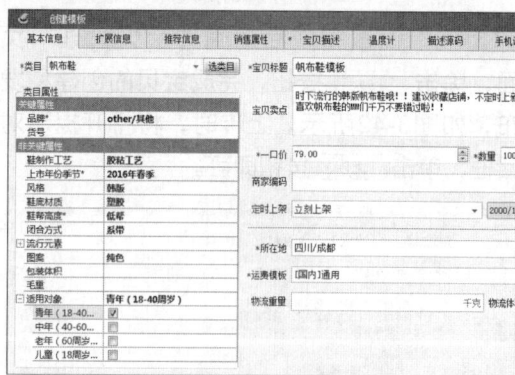

▲ 图3-44 填写商品基本信息

STEP 03 单击"销售属性"选项卡，在其中设置商品的颜色和尺码，单击"宝贝描述"选项卡，在其中编辑商品描述，设置完成后单击 保存(Ctrl+S) 按钮，如图3-45所示。

扫一扫 实例演示

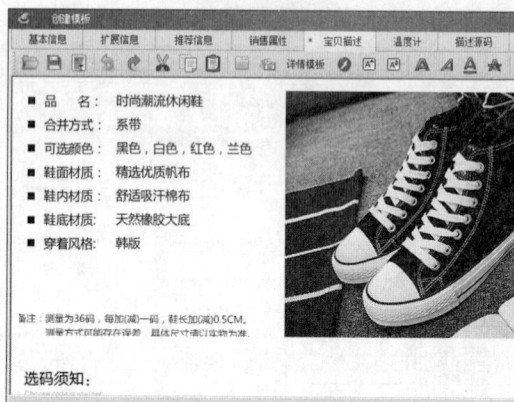

▲ 图3-45 编辑商品描述

STEP 04 在淘宝助理工作界面左侧列表框中选择"所有宝贝"选项，单击 创建宝贝 按钮右侧的下拉按钮，在打开的下拉列表中可以查看新建的模板，如图3-46所示。

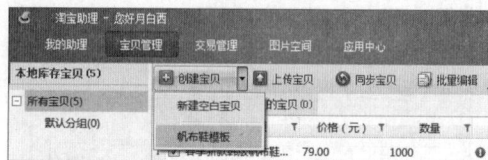

▲ 图3-46 查看模板

经验之谈

在设置商品信息时，带*号的选项为必填选项，如果出现必填选项未填写的情况，在保存商品信息时，淘宝助理会给出相关提示。

STEP 05 选择该模板，将打开"创建宝贝模板"对话框，在其中可对模板信息进行更改，更改完成后单击 保存(Ctrl+S) 按钮，即可将该商品信息保存到本地库存宝贝中。单击选中需要上传的商品前面的复选框，再单击 上传宝贝 按钮上传商品，如图3-47所示。

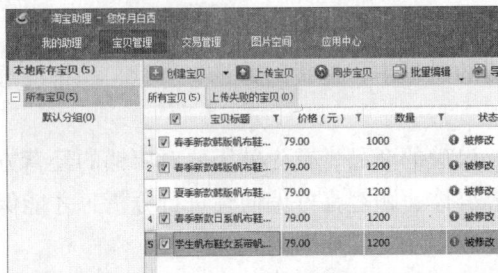

▲ 图3-47 批量上传商品

3.3.3 修改商品信息

商品发布上架之后，如果发现商品信息不完善或者有误，还可以打开宝贝发布页面，对商品价格、名称、描述等进行重新编辑。下面在淘宝卖家中心修改商品信息，其具体操作如下。

扫一扫 实例演示

STEP 01 进入淘宝卖家中心，在"宝贝管理"栏中单击"出售中的宝贝"超链接，打开出售中的宝贝页面，如图3-48所示。

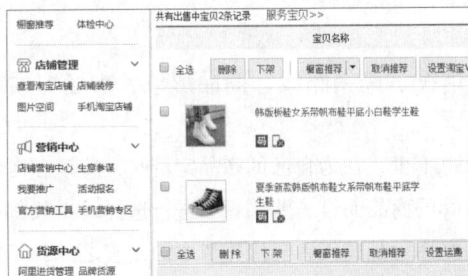

▲ 图3-48 进入出售中的宝贝页面

STEP 02 单击选中需要修改的商品前的复选框，并单击相应按钮，可对其进行下架、删除和橱窗推荐等操作，单击商品后的"编辑宝贝"超链接，可打开商品发布页面，在其中即可修改商品信息，如图3-49所示。

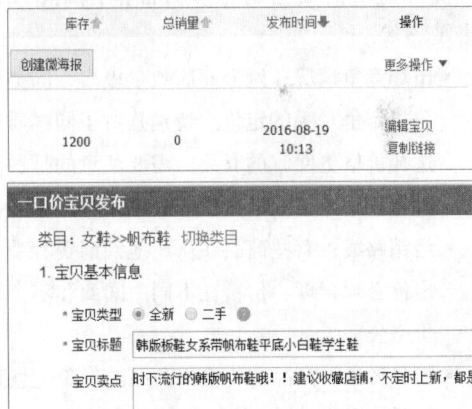

▲ 图3-49 修改商品信息

3.4 疑难解答

进货和发布商品都是网上开店最基本的步骤，关系着网店的后续发展，因此需要妥善地处理好各种细节问题。下面主要对进货和发布商品过程中的一些注意事项进行说明。

1. 对于新手店家而言，怎样进货才能保证一定的利润空间？

进货并不仅仅是单纯的购买和储存商品，在进货的过程中，进货的数量、质量、品种的选择，补货时机和补货数量都有一定的规则性。

选择商品是进货的第一步，要选择到好销售、好口碑的商品，首先就需要对店铺的经营方向有个明确的定位，其次还需要对经营领域中的顾客群体、顾客喜好偏向性进行分析，才能保证货品各方面的质量。

确定了商品类型后，接下来需要确定商品的数量、品种等，为了使进货价格合理，一般可以同时咨询多家供货商，对比并挑选出最经济实惠的商品。此外，不能为了压低成本，一味提高进货数量，货品积压不仅不利于资金周转，还会增加库存、维护等成本。投入资金较少、经营种类齐全、加快商品周转才是网上商店理想的经营状态。但是不积压库存，则代表着卖家需要根据商品情况，及时了解交易状态，了解库存信息，了解货源状态，选择合理的进货方式，从而保证商品及时供给，不出现断货的情况。

不管是在批发市场进货，还是在网上批发平台进货，都需要与供货商保持良好的关系。在网上批发平台选择货品时，最好选择商品实拍的卖家。如果不敢保证供货商的供货质量，第一次进货时尽量少进。

合理进货是一项需要不断积累经验的工作，卖家在进货过程中要警惕价格陷阱，洞悉市场动向，只有经验丰富，才能以最划算的价格拿到最优质的商品。

2. 商品价格怎样合理定价？

商品定价需要考虑很多方面的因素，如市场竞争情况、经销路线、商品形象、市场习惯、销售策略等。

- **市场竞争情况**：网上商店数量极多，同类型商店数目也不少，在为自己的产品定价时，应该参考和分析竞争对手的定价。特别是对于同样质量、同样品牌的商品而言，购买者在进行选择时一般都会选择价格更便宜的商品。需要注意的是，商品本身的好坏也是购买者会优先考虑的因素之一，不能一味采用低价策略，还需考虑成本因素。

- **经销路线**：有些商品在从产地到消费者手中，会经过中间商、零售商等多条经销路线，这时商品的定价必须合理，价格在不同中间商和零售商之间的差异幅度不宜过大，要采取公定价格制度，保证价格公平。

- **商品形象**：商品的价格与商品的形象也息息相关。口碑好、影响力大、历史悠久、形象好的商品，其价格也比一般商品略高。

- **市场习惯**：市场习惯指某类型商品在市场中的一贯价格，如很多小型的生活类商品，价格都固定在一定的区间值中，使消费者对这类商品的价格形成了习惯。此外，针对不同的消费群体，其市场价格也会存在一定差异。

- **销售策略**：根据商品销售的时期、商品销售的性质不同，需要制定不同的销售策略，价格就会随之产生变化。比如某种口碑较好的新品，在刚上市时可能价格稍高，经过一段时间的销售后，则会将价格调低。比如某商品分为常规版和定制版，则定制版的价格一般都会高于常规版。

影响产品定价的因素很多，在确定了商品的价格区间之后，还需要确定商品的具体价格。根据定价策略不同，商品具体价格的制定方法也多种多样，一般比较常用的是心理定价策略，即根据消费者心理特点而采取的一种定价方法。比如尾数定价法常用7、8、9作为价格的尾数，将原价100元的商品定价为99.8元或98.9元等即是采用该定价策略。

3.5 经典案例——严把质量关，成功上皇冠

  杨文原是某小城镇里的一名出租车司机，每月工作收入不高，听人说开网店在家里待着就能赚钱，就寻思辞了工作开个网店，卖家乡特产的茶叶。网店开了大半年，好不容易将店铺的信用等级升到了3钻，但是店铺的生意却一直不温不火。看着同行越来越多的店铺都变成了皇冠卖家、金牌卖家，杨文心里暗暗有些羡慕。

  店铺销售额一直驻足不前，杨文也不是没考虑过自身原因，都说卖商品就是卖服务，杨文也在服务质量和服务方式上狠下了一番功夫，又是送小礼品，又是送红包，奈何收效甚微。直到遇到一个买家，在购买了杨文店铺的茶叶后，评价说"茶叶没有别家好，价格却跟别家一样，店家不实诚"。

  面对这项"指控"，杨文无法淡定了。究竟是哪里比不上别人的茶叶？杨文决定亲自搞清楚原因。杨文的家乡是一个自己种茶、自己采茶、自己炒茶的小城市，出于对制茶厂的信任，杨文并未对茶叶质量有过多质疑，通常是买家一下单，自己就直接包装厂家的茶叶进行邮寄。等到买家投诉之后，杨文才打开自家茶叶查看，又光顾了同行中销量比较好的店铺，把买回来的茶叶跟自己的茶叶对比了一下，发现自家茶叶确实存在问题。人家的茶叶颗粒饱满，泡开之后多为三瓣茶叶，自家茶叶颗粒更小，泡开之后多为一些单瓣茶叶。

  家乡茶叶在质量上竟然输给了对手，杨文不得不承认这是自己的重大失误。

  找到原因之后，杨文决定换一种进货渠道。他直接走访茶园，请教种茶制茶经验足的茶农，亲自甄选茶叶，记录采茶、炒茶、制茶的过程，让消费者明明白白看到茶叶的制作工艺，以获取消费者的信任。茶叶质量上去了，信誉慢慢好了，店铺的顾客越来越多，关键是回头客也越来越多，不到5个月时间，杨文的店铺信誉就升到了皇冠。

  这次进货方式和进货渠道的改变，直接扭转了杨文店铺的命运，杨文说，"原本以为开网店很简单，客人来了就回复，订单提交了就发货，没想到每个环节都有这么大的学问，有些买家在买到差强人意的商品时，往往不会告诉我们，只是下次就再也不会光顾了，让我们有时候无法清楚地看到自己的不足。开网店是个不断累积提高的过程，我还需要努力。"

  总结：质量是消费者非常关注的问题，选择一个好的进货渠道和生产厂家，对店铺至关重要。作为一个网店卖家，最好能够亲自查看货源挑选货物，特别是店铺前期进货，应该尽量亲力亲为。此外，在进货的过程中，卖家应该多咨询、多了解商品的信息，便于挖掘商品卖点，打造出自己的店铺特色。

3.6 高手进阶

  （1）在阿里巴巴网中搜索并选购"连衣裙"商品，将搜索价格区间设置为50~100元，然后设置商品的数量和颜色，加入订货单中。

（2）注册搜物网，在其中搜索并选购"女包"商品，并设置商品的数量和颜色，然后将其加入订货单中。

（3）登录淘宝卖家中心，发布面膜商品，将其类目设置为"美容护肤"→"面膜"，然后依次制定该商品的标题、价格、数量、物流等关键信息，设置完成后将其上传并发布到淘宝店铺中。

（4）登录淘宝助理，新建一个裙子类模板，依次设置该模板的价格、数量、物流等关键信息，设置完成后保存模板。然后根据该模板新建3个裙子类的商品，修改模板信息，修改完成后将其保存并上传至淘宝店铺中。

（5）登录淘宝卖家中心，进入"出售中的宝贝"页面，依次更改店铺中已上架商品的价格，然后单击"编辑宝贝"超链接，打开商品发布页面，在其中更改商品主图，并保存更改信息。

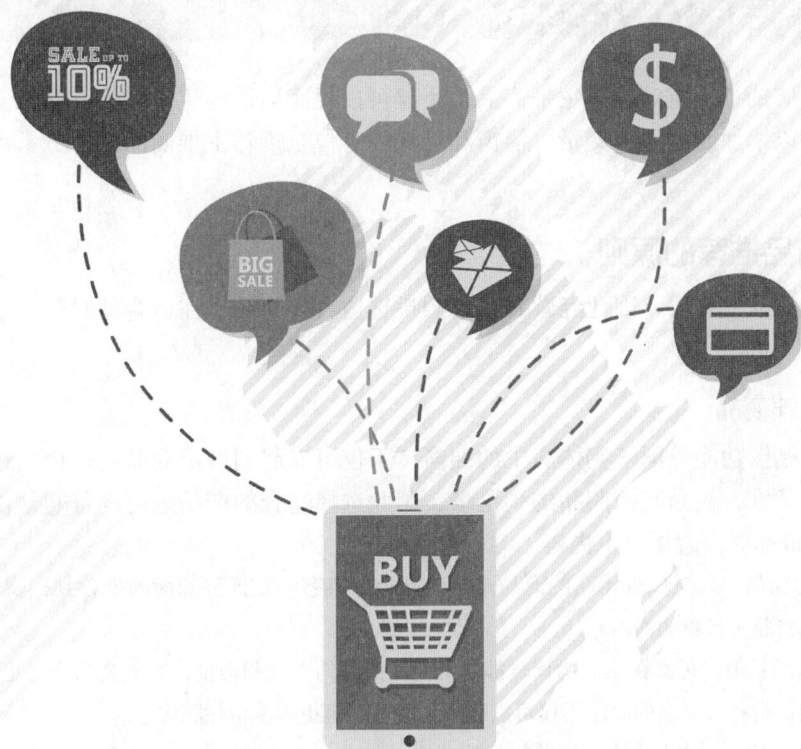

第4章
店铺管理

商品从上架到售后这个过程比较漫长，为了更快、更稳定地出售商品，在卖家与买家交易的前后都需要对店铺进行各种管理。本章主要介绍店铺管理的相关知识，包括推荐商品、与买家交流、商品交易管理、店铺相关数据的分析和账目管理等，通过本章的学习，使读者可以掌握交易过程中的管理知识。

4.1 推荐优势商品

使用橱窗、店铺推荐位等推荐主推商品，不仅可以提高店铺的流量，使商品从众多商品中脱颖而出，还可以增加商品的成交量。橱窗和店铺推荐位是推荐主推商品时十分常用的一种营销手段。

4.1.1 商品推荐的原则

由于推荐位的数量有限，因此经营者要学会挑选适合的商品，在适合的时间，以合适的方式将其推荐出来。

1. 选择推荐商品

网上店铺的橱窗功能等同于实体店中的橱窗，不仅可以起到展示商品的作用，还能为店内带来更多的潜在顾客，提高其他商品的浏览量，因此选择适合的产品进行推荐非常重要。一般来说，选择推荐商品时需遵循以下内容。

- **性价比高的商品**：选择性价比高的商品是指将同类中具有一定优势的商品推荐到橱窗中，简而言之，就是选择物美价廉的商品。
- **人气高的商品**：很多买家在网上购物时都非常关注商品的人气和销量，人气高的商品更容易被消费者信任，因此选择人气高的商品不仅可以吸引到顾客，也更容易留住顾客。
- **命名完善的商品**：在网上商店进行购物的消费者，很大一部分都是通过搜索关键词的方式寻找自己所需的商品，命名完善，符合消费者搜索习惯，又能概括商品卖点和特色的商品更容易被卖家搜索和关注，同时，命名完善的商品也会获得更多的展示机会。
- **图片精美的商品**：图片是消费者了解商品的主要途径，精美的图片更容易获得消费者的关注，从而提高商品被浏览的概率。此外，图片也与消费者的后续购买行为息息相关。

经验之谈

除了上述原则外，在橱窗中也可以推荐低价商品，喜欢买便宜商品的买家在进行搜索时，低价格的商品更容易展示在前面。

2. 选择合适的方式

既然是放入橱窗位进行推荐的商品，就一定要表现出值得推荐的亮点，并将其展示给消费者看。对于橱窗展示商品而言，主图精美和卖点突出是比较重要的。

主图精美是指主图必须符合展示要求，具体为图片大小符合要求，图片内容符合要求，图片清晰度符合要求，文案符合要求；突出卖点则是指在深刻剖析消费者需求后，充分结合商品特征，将商品卖点明确展示出来，牢牢吸引特定顾客群。

3. 选择合适的时间

商品的上下架时间是网上开店中十分重要的一项知识，将其与橱窗推荐结合起来，即快下架的商品优先设置为橱窗推荐，按照淘宝规则，下架时间越近，其推荐位越靠前，获得展示的机会越大。如将商品上架时间设置为7天一个周期，则上架7天的商品可设置为橱窗推荐。

4.1.2 使用橱窗推荐商品

橱窗推荐是展示和推荐商品的常用途径之一，橱窗推荐的商品会集中显示在橱窗推荐中，根据店铺的级别和销售情况，橱窗推荐的位置在数量上会存在一些差异，合理利用好橱窗推荐位，可以大大提高商品的展示率和点击率。下面在淘宝卖家中心为商品设置橱窗推荐，其具体操作如下。

扫一扫 实例演示

STEP 01 登录淘宝网首页，在"卖家中心"下拉列表中单击"出售中的宝贝"超链接，打开出售中的商品页面，如图4-1所示。

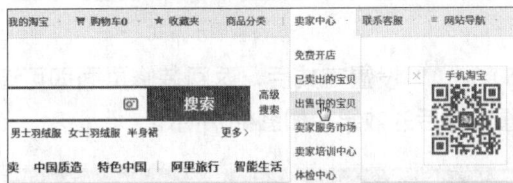

▲ 图4-1　查看出售中的商品

STEP 02 打开出售中的商品页面，单击选中需要推荐的商品前的复选框，在上方的工具栏中单击 橱窗推荐 按钮，如图4-2所示。推荐成功后，在商品前将显示"已推荐"字样。

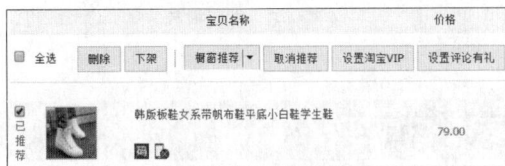

▲ 图4-2　设置橱窗推荐

STEP 03 将鼠标指针移至 橱窗推荐 按钮上，在打开的下拉列表中选择"橱窗设置"选项，打开"橱窗设置"对话框，在"宝贝推荐顺序"下拉列表中可设置推荐顺序，如"按人气"，设置完成后单击 确定 按钮，如图4-3所示。

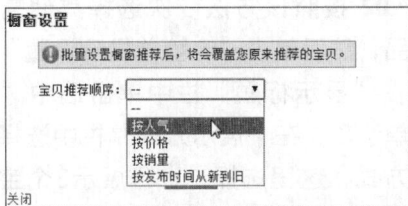

▲ 图4-3　设置橱窗推荐顺序

经验之谈

已经设置橱窗推荐后，如果需要继续将其他商品设置为橱窗推荐，可单击选中商品，再单击 橱窗推荐 按钮。若要取消推荐，可单击选中商品，再单击 取消推荐 按钮。

4.1.3 使用店铺推荐位推荐商品

除了可以用橱窗推荐商品外，卖家也可以使用店内的宝贝推荐模板，在店内推荐自己的主推款。淘宝为卖家提供了简单快捷、版式多样的店内宝贝推荐模板，下面在淘宝中使用宝贝推荐模板推荐商品，其具体操作如下。

扫一扫 实例演示

STEP 01 在淘宝装修页面中添加"宝贝推荐"模块，在该模块上单击 编辑 按钮，打开"宝贝推荐"对话框，单击选中"手工推荐"单选项，在下方的下拉列表中选择商品分类，在下方显示的商品中选择需要推荐的商品，并单击其后的"推荐"超链接，如图4-4所示。

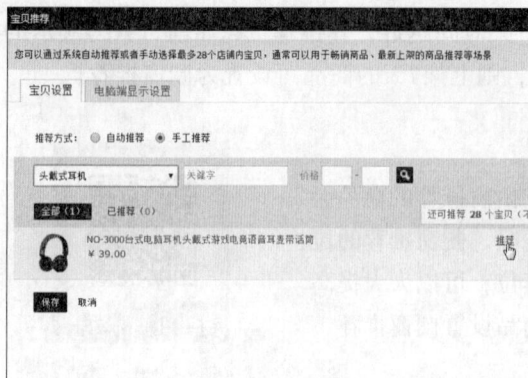

▲ 图4-4 选择需推荐的商品

经验之谈

淘宝中，"宝贝推荐"模块会默认选中"自动推荐"单选项，用户在添加该模块后，模块中将按照默认模式自动展示店铺中的商品。

STEP 02 按照该方法依次选择其他需推荐的商品，然后单击"电脑端显示设置"选项卡，在"显示标题"栏中单击选中"不显示"单选项，在"展示方式"栏中选择宝贝展示方式，这里选择"一行展示3个宝贝"选项，设置完成后单击 保存 按钮，如图4-5所示。

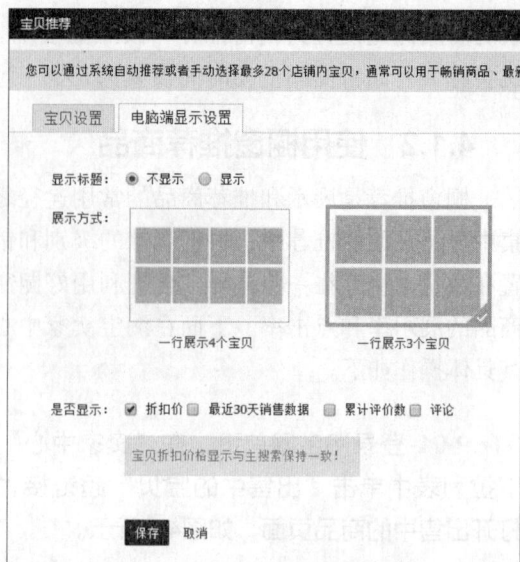

▲ 图4-5 设置展示方式

STEP 03 设置完成后，返回装修页面即可查看设置后的效果，如图4-6所示。

▲ 图4-6 宝贝推荐

4.2 使用千牛工作台与买家交流

交流与沟通是促进交易成功的前提，买卖双方在很多情况下都需要互相交流，如当买家拍下宝贝并未付款时、买家申请退款和取消订单时，或买家所提供信息不完整时，只有及时了解买家的实际需求，才能更快地促成交易的顺利完成。千牛工作台是淘宝卖家与买家进行沟通的主要工具，可以在同一个窗口中并列显示多个买家聊天窗口，快速与不同的买家交流。

4.2.1 安装千牛工作台

在使用千牛工作台之前，首先要进行下载和安装。千牛工作台有PC端和移动端两种模式，这里主要安装PC端的千牛工作台。下面在阿里巴巴客户端产品族官网下载千牛Windows版的安装文件，然后进行安装，其具体操作如下。

扫一扫 实例演示

STEP 01 打开阿里巴巴客户端产品族官网，在"我是卖家"栏中单击千牛的图标，打开千牛下载页面，单击 ⊕ Windows版 按钮，下载软件，如图4-7所示。

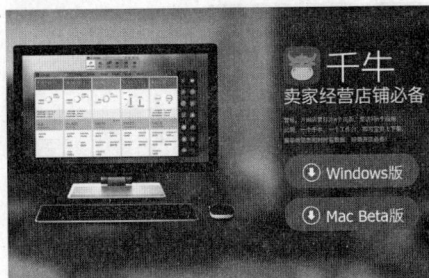

▲ 图4-7　下载千牛工作台

STEP 02 打开下载对话框，设置下载文件的保存位置并开始下载。下载完成后双击千牛工作台安装软件，打开"千牛-卖家工作台安装向导"对话框，单击右下角的"自定义安装"按钮，如图4-8所示。

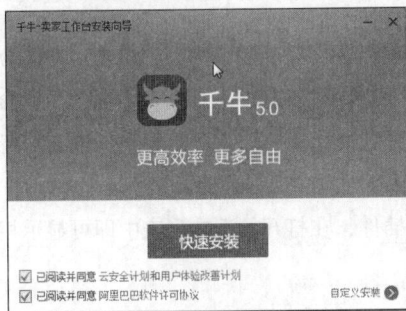

▲ 图4-8　打开安装向导对话框

STEP 03 在打开的对话框中单击 浏览 按钮，打开"浏览文件夹"对话框，在其中设置安装路径，如图4-9所示。

▲ 图4-9　设置安装位置

STEP 04 设置完成后单击 下一步 按钮，按照安装向导的提示完成千牛工作台的安装即可，如图4-10所示。

▲ 图4-10　安装千牛工作台

4.2.2　认识和设置千牛工作台

安装完成后，通过淘宝的账号和密码即可登录千牛工作台。登录千牛工作台时将默认打开工作台首页，当然用户也可根据需要打开其他页面，而为了更好地操作，还可以对千牛工作台进行一些基本设置。

1. 认识千牛工作台

千牛工作台主要包括4个板块，分别是接待中心、消息中心、工作台和搜索，如图4-11所示。

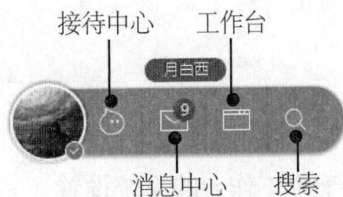

▲ 图4-11　千牛工作台的4个板块

下面简单地对每个板块的作用进行介绍。

- **接待中心**：接待中心的功能类似于阿里旺旺，即通过这个板块可以接收和查看买家消息、与买家进行沟通交流。此外，还可以查看订单消息、查看商品信息、查看橱窗推荐、管理交易中的商品等，如图4-12所示。

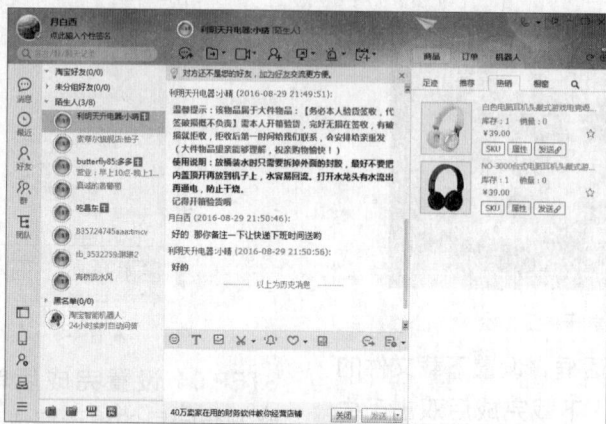

▲ 图4-12　接待中心

- **消息中心**：消息中心是一个用于查看和阅读系统消息和服务号消息的板块，在该板块中卖家可以查阅商品消息、卖家成长攻略、营销活动通知等信息，还可查看千牛和淘宝官方发布的一些新闻资讯，如图4-13所示。
- **工作台**：工作台是千牛工作台的重要板块，通过该板块可以查看店铺的访客、订单数、交易数、待付款、待发货等重要信息，还可以对商品发布、员工、物流等进行管理。工作台中的"生意参谋"是一款用于分析店铺数据的非常实用的应用，可以对店铺核心指标、流量等重要数据进行分析，如图4-14所示。
- **搜索**：主要用于进行插件的搜索，在文本框中输入相关插件，在打开的下拉列表中即可显示相关插件的名称。

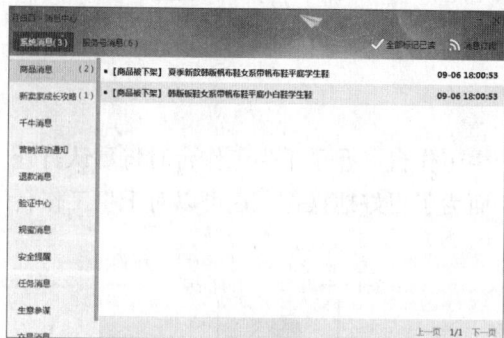

▲ 图4-13　消息中心

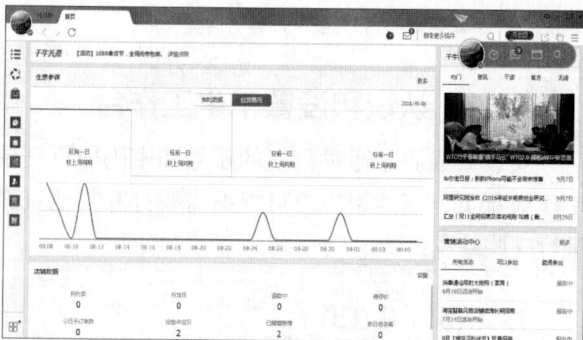

▲ 图4-14　工作台

2. 千牛工作台的系统设置

千牛工作台的系统设置主要包括基本设置、消息中心、聊天设置、个性设置、安全设置和客服设置等内容，在系统通知区域的千牛图标上单击鼠标右键，在弹出的快捷菜单中选择"系统设置"命令，打开"系统设置"对话框，在其中即可进行相关设置，其设置方法比较简单，单击需设置的选项卡，在右侧单击选中相应的单选项或复选框即可。如要设置自动回复的客服短语时，可在"客服设置"选项卡下选择"自动回复设置"选项，在右侧的界面中单击"自动回复短语"选项卡，单击 新增 按钮添加自动回复的短语，然后单击"设置自动回复"选项卡，单击选中需要设置自动回复选项前的复选框，在下拉列表中选择所需的回复短语即可，如图4-15所示。

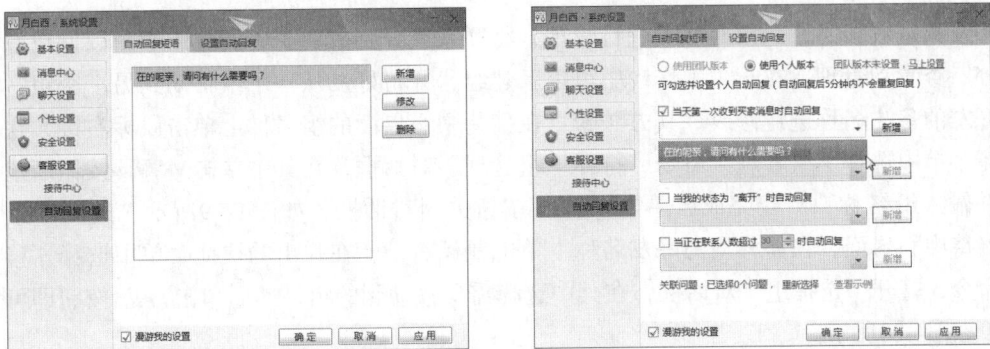

▲ 图4-15 设置客服自动回复

4.2.3 联系人管理

联系人管理是网店客户管理中十分重要的一环，完善的联系人管理可以为店铺发展更多的忠实客户和老客户，提高店铺的回购率。当联系人数量较多时，也需分别对其进行分类管理，便于区分。

1. 查找和添加联系人

对于经常在店铺中浏览或购买商品的顾客，可以将其添加为好友，主动与买家进行沟通，将其发展为长期顾客。下面使用千牛工作台查找并添加好友，其具体操作如下。

扫一扫 实例演示

STEP 01 登录千牛工作台，单击◎按钮打开接待中心界面，在左上方的搜索文本框中输入好友名称，如图 4-16 所示。

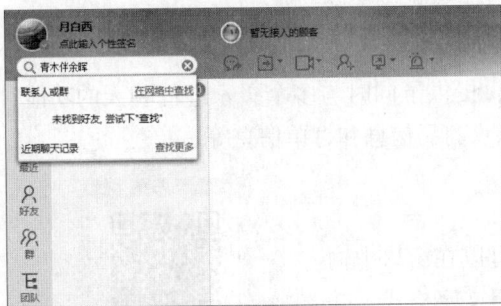

▲ 图4-16 输入好友名称

STEP 02 在打开的下拉列表中单击"在网络中查找"超链接搜索好友，搜索结果将显示在搜索下拉列表中，单击好友名称后的+按钮，如图 4-17 所示。

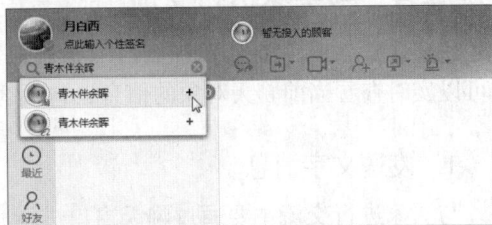

▲ 图4-17 搜索好友

STEP 03 此时，将打开添加好友成功的提示框，在"选择组"下拉列表中为对好友设置分组，设置完成后单击 完成 按钮完成添加，如图4-18所示，也可单击 发送消息 按钮打开聊天界面，向好友发送消息。

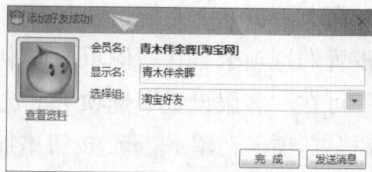

▲ 图4-18　添加好友

2. 联系人管理

好友数量较多时，建议对好友进行管理，将联系人分别放置于不同分组中，以便更好地进行区分、查看和管理。在千牛工作台中可以新建组，并将好友从一个组移动到另一个组，也可以对好友的备注名称进行修改。其方法为：在接待中心界面的组名称上单击鼠标右键，在弹出的快捷菜单中选择"组管理"命令，打开"组管理"对话框，在其中单击 添加组 按钮新建一个组，并输入组名称，新建完成后单击 关闭 按钮关闭对话框，如图4-19所示。返回千牛工作台的接待中心界面，在需移动的好友名称上单击鼠标右键，在弹出的快捷菜单中选择"移动好友"命令，打开"选择组"对话框，在其中选择需要移动到的组，然后单击 确定 按钮即可移动好友，如图4-20所示。

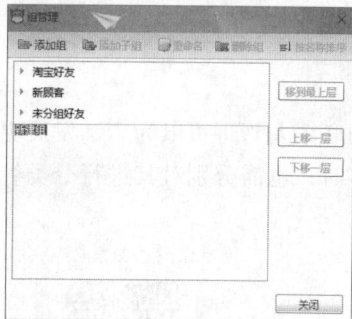

▲ 图4-19　新建组

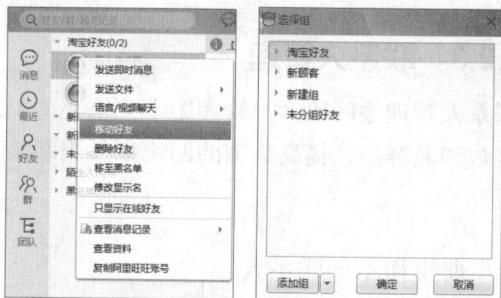

▲ 图4-20　移动好友

经验之谈

在"组管理"对话框中还可以进行添加子组、重命名组、删除组和为分组排序等操作，只需单击相应的按钮，即可进行相应操作。如果需要删除好友，可在好友名称上单击鼠标右键，在弹出的快捷菜单中选择"删除好友"命令。

4.2.4　与买家进行交流

千牛工作台是卖家与顾客进行沟通的主要平台，提供了同时与多个买家进行聊天的功能，还可以实时查看当前聊天对象的信息，包括客户信息、商品信息和订单信息等。

1. 发送文字消息

与买家进行交流主要通过聊天窗口进行，卖家可以在窗口中输入文字并对文字进行编辑，下面在千牛工作台中编辑文字格式，并发送消息，其具体操作如下。

扫一扫 实例演示

STEP 01 在千牛工作台的接待中心界面中选择好友，打开与该好友的聊天界面，单击聊天框上方的 T 按钮，在打开的字体下拉列表中设置聊天字体，在"字号"下拉列表中设置字号，也可根据需要单击 B、I、U 按钮，分别为文字添加加粗、倾斜、下划线效果，如图4-21所示。

▲ 图4-21　设置文字格式

STEP 02 单击"颜色"按钮 ，在打开的下拉列表中选择文字的颜色，如图4-22所示，设置完成后再次单击 T 按钮，隐藏字体格式设置栏。

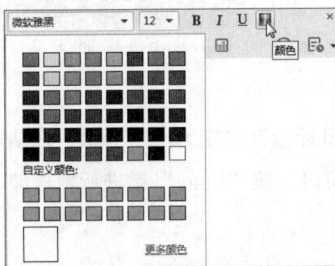

▲ 图4-22　设置文字颜色

STEP 03 设置好字体格式后，即可在下方的输入栏中输入文本信息，输入完成后单击 发送 按钮或按"Enter"键，发送消息，如图4-23所示。

▲ 图4-23　输入信息

STEP 04 发送后，即可在上方的聊天内容显示框中查看发送的消息，如图4-24所示。

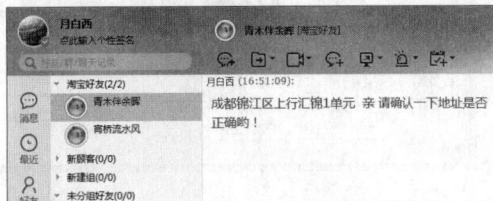

▲ 图4-24　查看发送的消息

经验之谈

用户也可先输入文字信息，再选择文字信息，通过字体格式设置栏为其设置不同的格式。

2. 发送表情

适当地发送表情，可以使买家感觉更加亲切，拉近与买家的距离，促进交流的顺利完成。发送表情的方法是：单击聊天窗口中的"表情"按钮 ，在打开的列表框中可选择"基本表情""我的表情""淘公仔"和"天猫"4个选项卡选中不同的表情，完成选择后单击 发送 按钮或按"Enter"键进行发送即可，如图4-25所示。

▲ 图4-25　发送表情

3. 发送图片

在交易的过程中，很容易遇到买家主动咨询的情况，当遇到文字不容易或不方便表述的情况时，可直接发送相应图片给买家，在千牛工作台中发送图片主要分为传送图片和屏幕截图两种模式。

- **传送图片**：在聊天窗口中单击 按钮，打开"打开"对话框，在其中选择需要的图片后单击 打开(O) 按钮，此时图片被插入聊天窗口中，单击 发送 按钮发送即可，如图4-26所示。

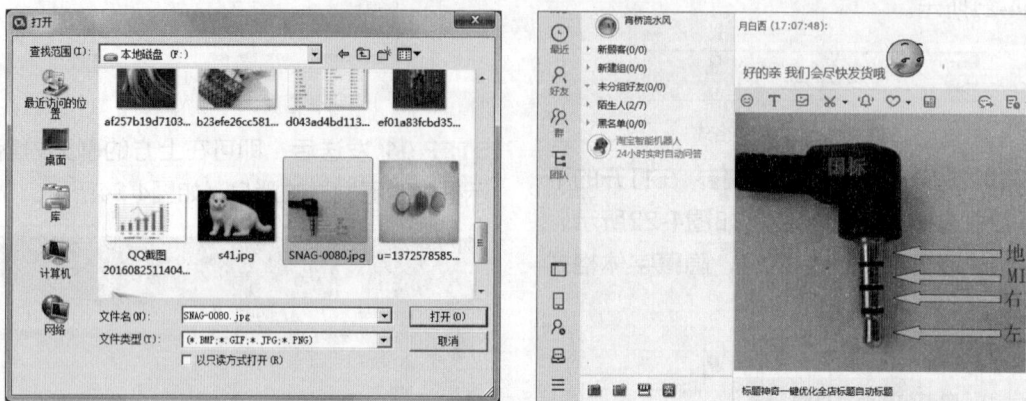

▲ 图4-26　传送图片

- **屏幕截图**：在聊天窗口中单击"屏幕截图"按钮 ，此时鼠标指针将变为十字形状，拖动鼠标截取需要的屏幕图片，完成后双击鼠标即可将图片插入到聊天窗口，按"Enter"键进行发送即可，如图4-27所示。

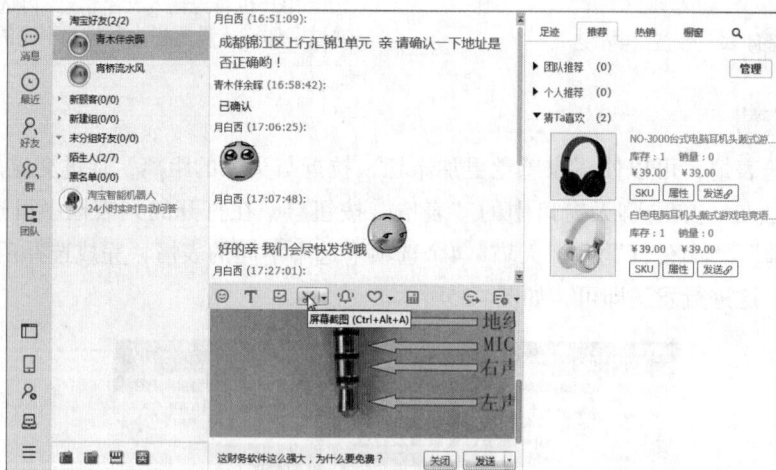

▲ 图4-27　插入屏幕截图

经验之谈

使用千牛工作台可以同时对多个客户发送消息，其方法是：在需要进行群发消息的组上单击鼠标右键，在弹出的快捷菜单中选择"向该组成员群发即时消息"命令，打开"群发即时消息"对话框，在其中输入需要的内容后，单击 发送 按钮即可。

4. 回复买家信息

当买家主动对卖家发送消息时，千牛工作台将发出声音提醒，同时在接待页面中显示消息提示，如图4-28所示。此时单击发出消息的联系人的名称，即可查看消息，在输入栏中输入回复信息，输入完成后单击 发送 按钮发送消息即可。

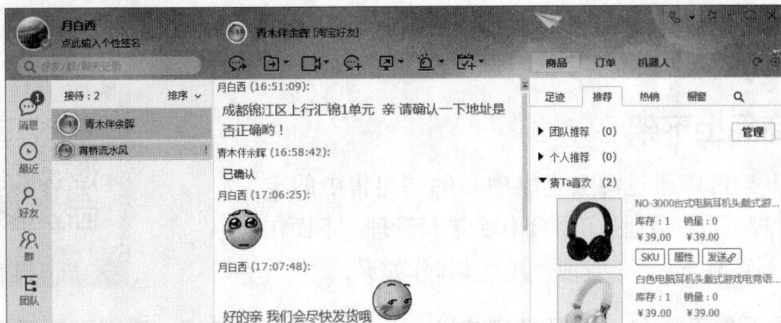

▲ 图4-28　回复买家信息

5. 管理聊天信息

在千牛工作台中可以管理与买家交流的信息，如查看聊天记录、导入与导出消息等。

- **查看聊天记录**：在好友聊天界面的工具栏中单击"查看消息记录"按钮，在右侧打开的页面中将显示与该买家交流过的信息，在该页面下方单击"消息记录"按钮，打开"消息管理器"对话框，在其中选择相应的联系人，即可查看与该联系人的交流信息，如图4-29所示。在查看消息记录时，可以直接拖动滚动条上下翻查，也可以在对话框底部单击、按钮或在"当前第"数值框中输入具体页码数来查看记录。

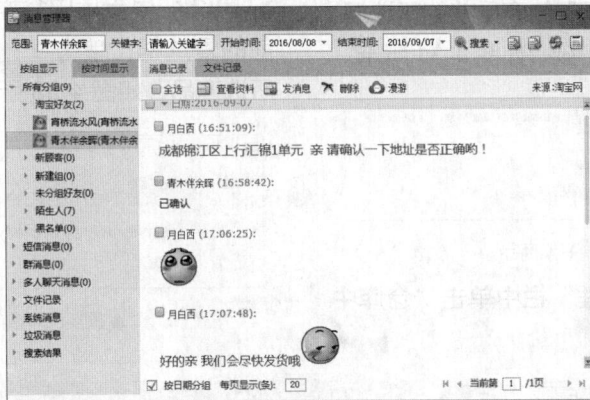

▲ 图4-29　消息管理器

- **导入消息**：打开"消息管理器"对话框，单击顶部的"导入"按钮，在打开的对话框中选择需要导入的消息，单击 打开(O) 按钮即可，千牛工作台支持导入.wmd、.bak、.atb、.db等后缀名文件类型的消息。
- **导出消息**：打开"消息管理器"对话框，单击顶部的"导出"按钮，打开"导出选择"对话框，在其中设置导出的时间和需要导出的消息类型，单击 确定 按钮，打开"导出"对话框，在其中设置导出的路径和名称后，单击 保存(S) 按钮即可。

4.3 商品交易管理

千牛工作台是一个非常实用的淘宝店铺管理工具，通过千牛工作台可以直接对淘宝店铺的商品上下架、商品信息、订单发货、退款管理、关闭交易、评价买家等交易相关内容进行管理，而不需要通过浏览器登录淘宝账号进行操作。

4.3.1 商品上下架

商品的上下架可以通过淘宝卖家中心的"出售中的宝贝"页面进行管理，也可以通过千牛工作台进行管理。下面在千牛工作台中进行商品的上下架管理，其具体操作如下。

STEP 01 登录千牛工作台，打开接待中心界面，在界面顶部单击"出售中的宝贝"按钮 ，如图4-30所示。

▲ 图4-30 打开出售中的宝贝

STEP 02 在千牛工作台中打开"出售中的宝贝"页面，单击选中需下架的商品前的复选框，单击 下架 按钮，将商品下架，如图4-31所示。

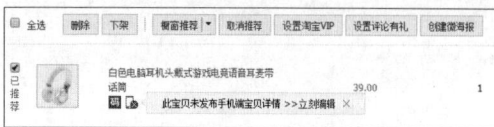

▲ 图4-31 下架商品

STEP 03 在"宝贝管理"栏中单击"仓库中

的宝贝"超链接，查看下架后存放于仓库中的宝贝，如图4-32所示。

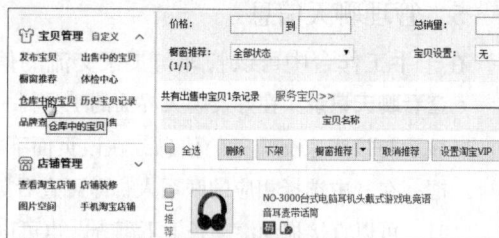

▲ 图4-32 查看仓库中的宝贝

STEP 04 单击选中仓库中需重新上架的商品前的复选框，单击 上架 按钮，即可重新上架所选商品，如图4-33所示。

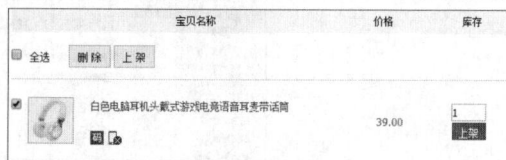

▲ 图4-33 重新上架商品

经验之谈

淘宝店铺中的商品，一般不建议删除，可将商品下架放入仓库中，等到需要时再重新上架。如果不再售卖该商品，确实需要将其删除时，可在"出售中的宝贝"页面或"仓库中的宝贝"页面中通过 删除 按钮进行删除。

4.3.2 商品信息修改

买家在店铺中浏览商品并提交订单后，在千牛工作台中即可查看订单信息。如果买家与卖家交流后，卖家需要修改订单商品的价格、地址等，也可以通过千牛工作台实现，下面介绍使用千牛工作台修改交易中商品信息的方法，其具体操作如下。

扫一扫 实例演示

STEP 01 登录千牛工作台，打开接待中心界面，在页面右侧单击"订单"选项卡，该选项卡下方包含"全部""未完成""已完成""已关闭"四个选项卡，单击"未完成"选项卡查看订单商品，如图4-34所示。

▲ 图4-34　查看订单

STEP 02 在订单下单击 改价 按钮，在打开的页面中可直接输入商品价格折扣，如输入"7"，此时商品价格将自动按7折价格显示，如图4-35所示。

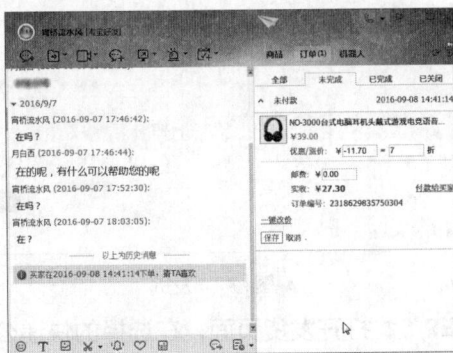

▲ 图4-35　修改商品折扣

STEP 03 也可单击"一键改价"超链接，在打开的文本框中直接输入商品价格，输入后单击 确定 按钮，如图4-36所示。

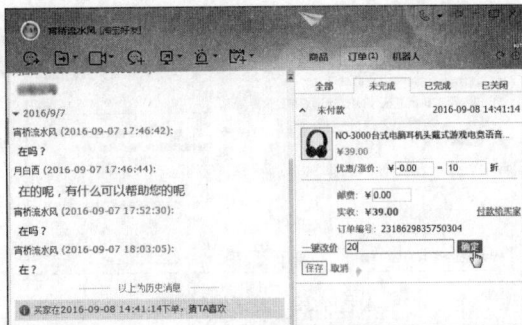

▲ 图4-36　直接修改价格

STEP 04 修改完成后单击 保存 按钮，返回即可查看商品价格已完成修改，且千牛工作台将打开消息通知提示框，显示商品价格修改的相关信息，如图4-37所示。

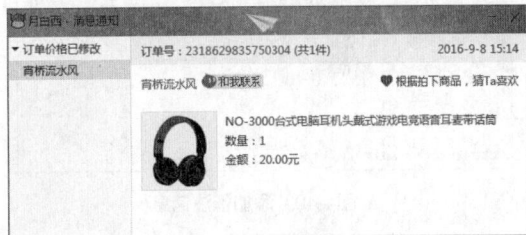

▲ 图4-37　查看修改价格的信息

STEP 05 在商品信息下方单击 地址 按钮，可以查看买家地址、联系方式等信息，在右下角单击 发送地址 按钮，可将地址发送到聊天框中供买家确定，如图4-38所示。

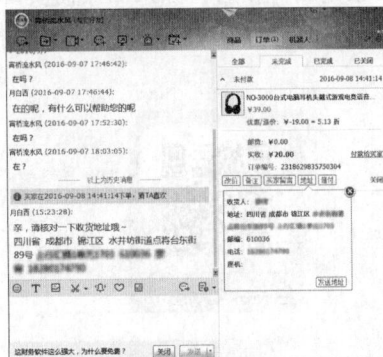

▲ 图4-38　查看地址

STEP 06 在商品信息下方单击 催付 按钮，在打开的下拉列表中可以选择催付信息，如图4-39所示，也可以单击 编辑 按钮，自定义催付内容。

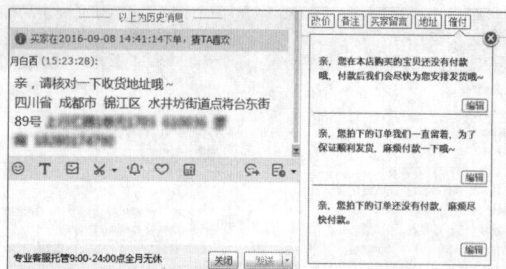

▲ 图4-39　发送催付消息

STEP 07 在商品信息下方单击 备注 按钮，在打开的下拉列表中可以填写备注信息，如图4-40所示。

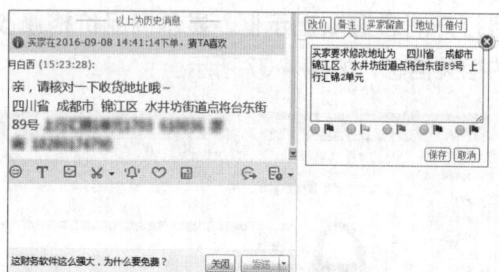

▲ 图4-40　添加备注信息

STEP 08 当买家完成付款之后，千牛工作台将打开提示框提示付款完成，如图4-41所示。

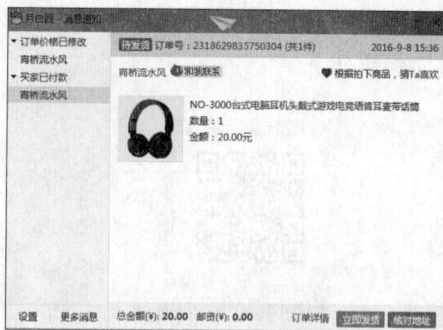

▲ 图4-41　付款成功消息通知

STEP 09 完成付款后，如需修改收货地址，可单击 地址 按钮，在打开的下拉列表中单击"修改"超链接，在打开的页面中修改收货地址、联系方式等信息，修改完成后单击 保存 按钮即可，如图4-42所示。

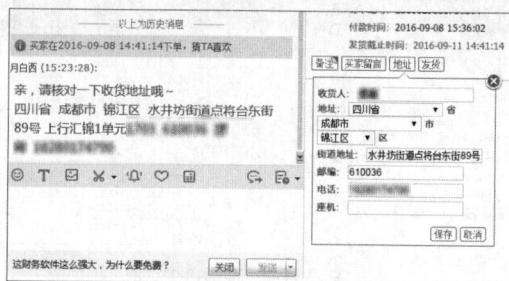

▲ 图4-42　修改收货地址、联系方式

4.3.3　订单发货

　　买家完成付款后，如果商品需要邮寄，则需要卖家联系快递，填写快递单号并完成发货。下面在千牛工作台中进行发货，其具体操作如下。

扫一扫 实例演示

STEP 01 确认信息无误后，即可发货。在接待中心页面底部单击"卖家中心"按钮 买 ，打开卖家中心页面，在"交易管理"栏中单击"已卖出的宝贝"超链接，查看已卖出的宝贝，然后单击 发货 按钮，如图4-43所示。

▲ 图4-43　发货

STEP 02 打开发货页面，在选择的快递公司后单击 选择 按钮，并输入订单号码，再单击 确认 按钮，如图4-44所示，继续根据提示完成发货操作。

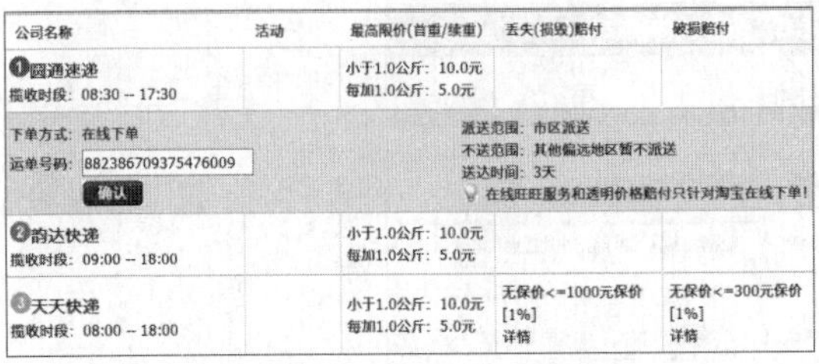

▲ 图4-44　输入订单号码

　　除了选择快递公司进行发货之外，卖家也可直接输入订单号完成发货。

STEP 03 若是无需发货的商品或同城交易商品，也可以在发货页面选择无需物流直接发货，即无需填写快递单号即可完成发货，如图 4-45 所示。

▲ 图4-45　完成发货

4.3.4　退款处理

　　在商品交易的过程中，当买家不需要已购买的商品，或由于某种原因申请退货或者退款时，一般会向卖家提出退款申请，买卖双方协商一致即可进行退款操作。下面通过千牛工作台进入"退款管理"页面，进行退款操作，其具体操作如下。

扫一扫 实例演示

STEP 01 在千牛工作台接待中心页面底部单击"卖家中心"按钮📦，打开卖家中心页面，在"客户管理"栏中单击"退款管理"超链接，进入退款管理页面，在该页面中即可查看买家申请退款的商品，如图 4-46 所示。

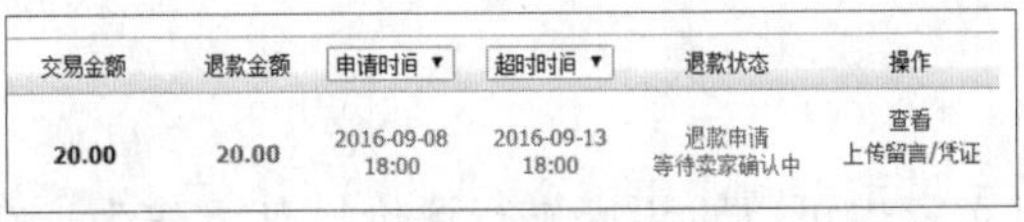

▲ 图4-46　查看退款商品

　　退款申请主要包括同意退款、拒绝退款和申请淘宝介入 3 个选项，卖家可先与买家沟通，了解具体情况后再做出决定。

STEP 02 在"操作"栏中单击"查看"超链接，即可查看退款商品的信息，如果同意退款，即可单击 同意退款申请 按钮，完成退款申请，如图 4-47 所示。

▲ 图4-47　同意退款

STEP 03 同意退款后，在打开的页面中输入支付宝密码即可完成退款。若是拒绝退款申请，则在打开的页面中，卖家需要填写拒绝退款申请的理由，如图 4-48 所示。

　　一般来说，退款申请建议买卖双方协商解决即可，寻求淘宝介入后，若是判定卖家责任，则会影响店铺的退款纠纷率。

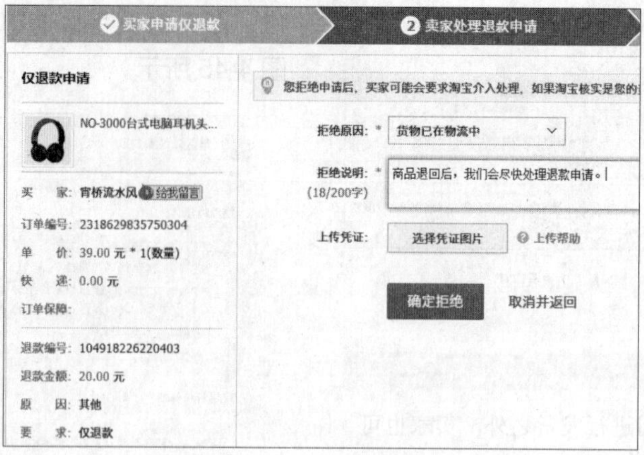

▲ 图4-48 填写拒绝退款申请的理由

4.3.5 关闭交易

当商品订单出现买家取消购买、买家重新下单等情况时，可以在"已卖出的宝贝"页面取消该订单。其方法为：在千牛工作台接待中心页面中单击"卖家中心"按钮，打开卖家中心页面，在"交易管理"栏中单击"已卖出的宝贝"超链接，打开"已卖出的宝贝"页面，在需要关闭交易的商品的"交易状态栏"栏中单击"关闭交易"超链接，在打开的提示框中设置交易关闭的原因，单击 确定 按钮即可，如图4-49所示。

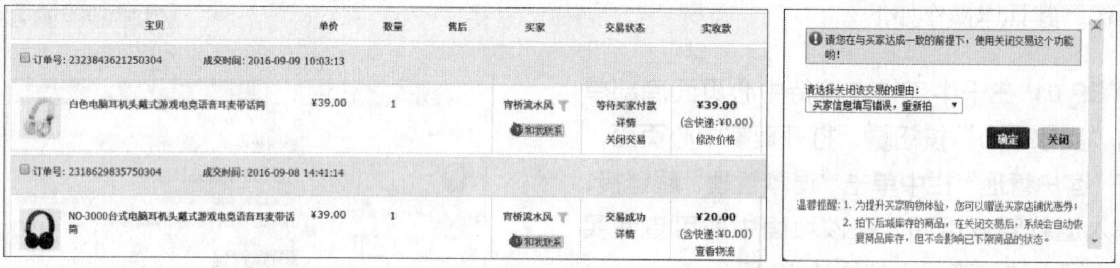

▲ 图4-49 关闭交易

4.3.6 评价买家

完成订单之后买家可以对商品做出评价，同时卖家也可以对买家进行评价。其方法为：在"已卖出的宝贝"页面中需评价的商品的"评价"栏中单击"评价"超链接，打开评价页面，在其中设置"好评""中评""差评"，并输入评价内容，然后单击 发表评论 按钮，如图4-50所示。

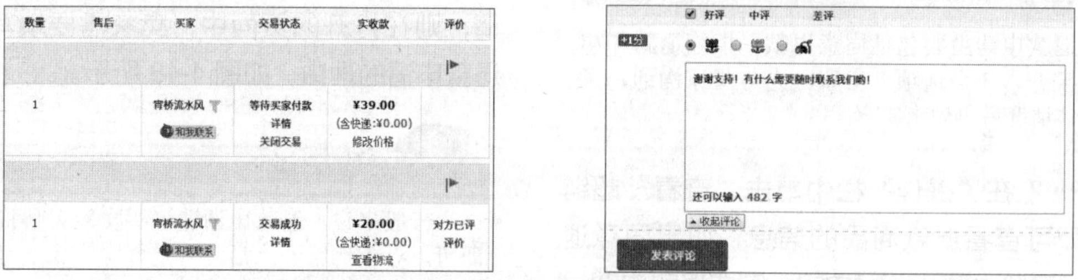

▲ 图4-50 评价买家

千牛工作台中的"卖家中心"与淘宝网页中的"卖家中心"页面一样,其操作方法也相似,一般来说,商品交易管理主要都是通过"交易管理""宝贝管理"和"客户服务"栏进行的,单击各栏右上方的∨按钮,可查看每栏中的详细内容。

4.4 用千牛工作台管理店铺数据

通过千牛工作台的接待中心可以与买家交流,可以进行交易和商品管理,而通过工作台,则可以查看和分析店铺的销售数据,实时了解店铺的流量、访客等。

4.4.1 工作台的功能

工作台是千牛中非常重要的一个版块,主要包括常用网址导航、聚星台、生意参谋、服务市场、发布商品、员工管理、官方买家秀、智选物流等功能。

- **常用网址导航**:常用网址导航中罗列了淘宝卖家会经常使用的一些网址导航,通过该导航可以快速打开所需页面。
- **聚星台**:聚星台包括运营概况、客户管理、运营计划、营销工具4项功能,在其中不仅可以查看店铺运营的访客调试率、访客转化率等数据,还可对客户关系、运营计划、营销活动等进行管理。
- **生意参谋**:生意参谋是一款十分常用的店铺数据,可以查看和分析包括访客数、支付买家数、支付金额、热销商品排行、实时PC来源、实时无线来源等在内的主要数据,还可对浏览量、支付金额、转化率、服务态度等核心数据进行查看和分析。
- **服务市场**:服务市场中列举了店铺装修、商品摄影、商品管理、促销管理、客服外包、店铺分析、代运营等服务功能,卖家可以根据需要进行选择。
- **发布商品**:发布商品的功能与淘宝网页中发布商品的功能一样,用于帮助卖家快速发布商品。
- **员工管理**:员工管理与淘宝网页中员工管理的功能一样,可以进行新建员工、设置员工权限、岗位管理等操作。
- **官方买家秀**:官方买家秀可以对商品的买家秀图片进行管理,包括将买家秀装修到无线端店铺、发送到微淘、查看买家秀数据等。
- **智选物流**:智选物流可以对物流数据进行监控、对比和分析,并可对快件的物流情况进行管理。

4.4.2 查看店铺数据

使用生意参谋查看店铺数据,有利于卖家实时掌控店铺销售环境,并根据数据分析情况做出相应决策。下面在生意参谋中查看店铺营销数据,提取制定日期的销售数据,并查看淘宝课程,其具体操作如下。

扫一扫 实例演示

STEP 01 在千牛工作台缩略界面中单击"工作台"按钮 ▦ 打开工作台,在工作台主界面左侧单击"生意参谋"选项卡,打开生意参谋,如图4-51所示。

▲ 图4-51 打开生意参谋

STEP 02 在"实时数据"栏中单击"访客数"超链接，打开"实时直播-生意参谋"页面，在其中查看"实时总览""实时趋势"等数据，如图4-52所示。

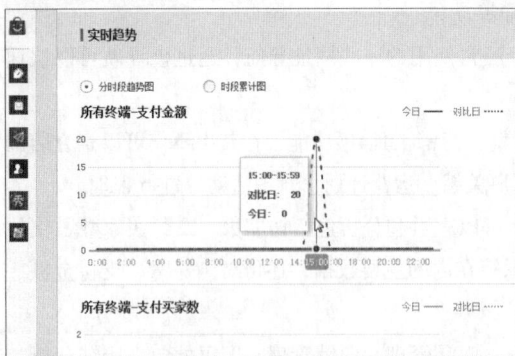

▲ 图4-52 查看实时数据

STEP 03 在生意参谋首页的"实时最热"栏中单击"实时榜单"超链接，在打开的页面中可以查看店铺热卖商品和商品榜单，如图4-53所示。

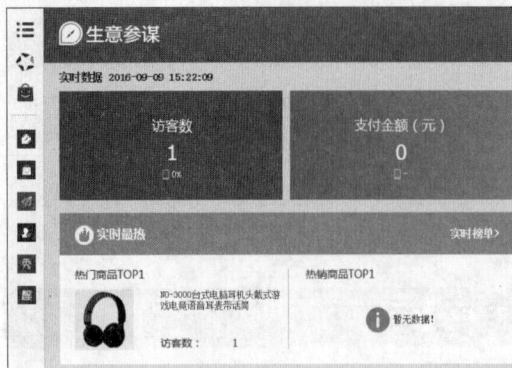

▲ 图4-53 实时榜单

新手试练

登录自己的淘宝账号，进入生意参谋，在其中查看并分析自己的商品数据。

STEP 04 在"实时榜单"页面中单击某商品后的 实时趋势 按钮，可以查看该商品的具体访问数据趋势图，如图4-54所示。

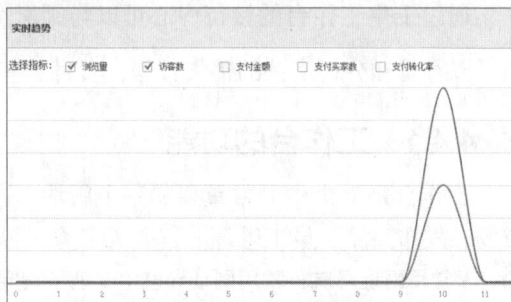

▲ 图4-54 查看商品访客实时趋势图

STEP 05 在生意参谋首页的"实时来源"栏中单击"实时来源"超链接，在打开的页面中可以查看店铺流量的来源，如图4-55所示。

▲ 图4-55 查看流量来源及数据

经验之谈

流量是指进入店铺查看或浏览产品的独立IP，简而言之就是浏览量，新开店铺的浏览量一般较少，需要卖家通过一些推广营销手段来积累流量。

STEP 06 在生意参谋首页的"核心指标"栏中单击"自主取数"超链接，打开"我要取数"页面，在"分析维度"栏中单击选中"店铺"

单选项，对整个店铺数据进行提取，在"汇总周期"栏中单击选中"自然周"单选项，提取一整周的数据，在"查询日期"栏中设置查询日期，在"选择指标"栏中选择需要提取的数据，如图 4-56 所示。

▲ 图4-56　提取数据

STEP 07 所提取的数据将显示在列表框下方，并显示提取数据的数量，若需删除已提取的数据，可单击数据选项后的×按钮，确定所需提取的数据无误后，单击 预览数据 按钮，在打开的页面中即可预览提取的数据，如图 4-57 所示。在预览数据页面单击 下载全部数据 按钮，可打开"另存为"对话框，在该对话框中设置好数据的保存名称和位置后，即可下载并保存该数据报表。

▲ 图4-57　查看报表数据

经验之谈

工作台的功能非常丰富，卖家不仅要学习使用工作台查询店铺数据，还要学着通过数据分析店铺经营情况。

STEP 08 在"我要取数"页面中单击 加入我的报表 按钮，打开"完善报表信息"对话框，在其中可对报表信息进行设置，设置完成后单击 确认加入 按钮，可将该数据生成报表并保存到"我的报表"中，如图 4-58 所示。保存完成后，用户可通过"我要取数"页面的"我的报表"选项卡随时进行查看。

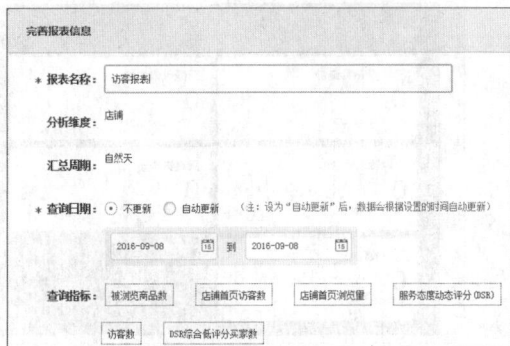

▲ 图4-58　保存报表

STEP 09 按照该方法，依次对商品概况、服务、购买流失、交易、营销等数据进行查询，此外，单击"生意参谋"页面导航栏中的"数据学院"选项卡，在打开的页面还可选择讲师，学习淘宝店铺装修和运营方面的知识，如图 4-59 所示。

▲ 图4-59　查看课程

4.4.3　查看物流数据

工作台中的智选物流为卖家提供了物流监控、物流绩效监控等功能，通过该功能，卖家可以实时查看和分析物流数据。

- **首页**：智选物流的首页主要显示所有快件的物流概况，包括已发货未揽收、已揽收未中转、已中转未派送、已派送未签收、已签收、快件超时、快件反馈异常，如图4-60所示，单击需要管理的物流信息，即可进入独立页面对相应的物流详细情况进行查看和管理。

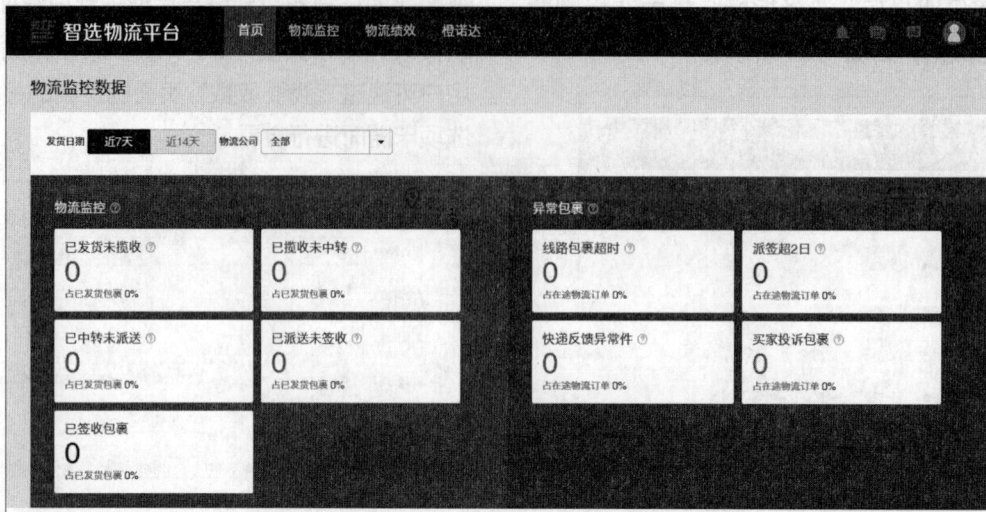

▲ 图4-60　物流监控数据

- **物流监控**：智选物流的物流监控主要用于显示和查询具体的物流信息，在左侧列表中选择需要查询的快件类型，在右侧页面中即可查看快件详情、运单号、包裹状态等信息，如图4-61所示。

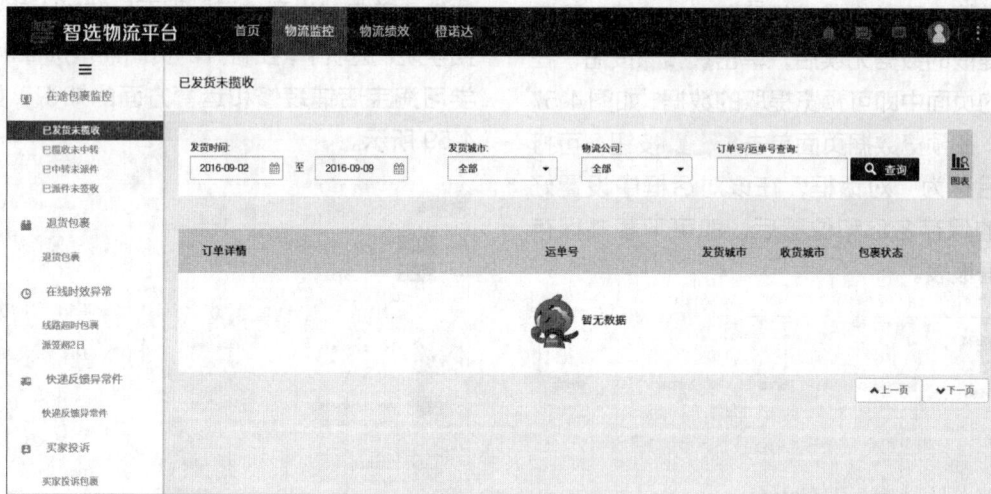

▲ 图4-61　物流监控

- **物流绩效**：智选物流的物流绩效主要用于分析店铺物流绩效，查看优选快递，查看各物流的线路时效对比以及各物流的指数等，如图4-62所示，同时在该页面中还可以进行发货策略设置。

▲ 图4-62　物流绩效

发货策略设置的方法：在物流绩效页面左侧选择"发货策略设置"选项，在打开的页面中设置发货地址、合作物流公司、物流分配、发货策略等，设置完成后单击 保存设置 按钮即可。

4.5 用支付宝管理账目

当店铺中的商品交易逐渐增多时，就需要对自己的支付宝账目进行管理。在支付宝中，卖家可以进行查看账户余额、提取现金、查询账户明细等操作。

4.5.1 查询账户余额

店铺的商品在交易成功后，销售金额将直接转至卖家绑定的支付宝账户中，并显示账目的具体明细，下面在支付宝中查询账户余额，其具体操作如下。

扫一扫 实例演示

STEP 01 在千牛工作台主界面中单击"常用网址"选项卡，在打开界面的"其他"栏中单击"支付宝"超链接，在打开的界面中单击"进入支付宝"超链接，进入支付宝页面，如图 4-63 所示。

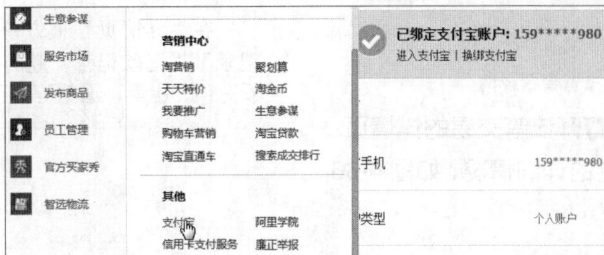

▲ 图4-63　进入支付宝

STEP 02 在该页面中，即可查看支付宝的账户余额，同时在"交易记录"栏中将显示近期支付宝中的交易记录，如图4-64所示，若是店铺中有待付款商品，也将显示在其中。

💬 **经验之谈**

支付宝一般都是与银行卡绑定的，通过余额查询页面也可对银行卡进行管理，其方法为：在"其他账户"栏中的"银行卡"选项后单击"管理"超链接，在打开的页面中将显示支付卡绑定的银行卡，选择"添加银行卡"选项可继续添加银行卡，单击某个具体银行卡后的"管理"超链接，在打开的页面中可取消该银行卡的绑定。

▲ 图4-64 查看交易记录

4.5.2 查看账单明细

支付宝会详细记录每一笔交易的详细情况，包括交易时间、交易原因、交易金额、交易状态等，下面查询支付宝的交易账单明细，其具体操作如下。

STEP 01 在支付宝主界面下方的"交易记录"栏中查看交易记录，将鼠标指针移至交易记录的"详情"栏上，在打开的下拉列表中单击 详情 按钮，如图4-65所示。

扫一扫 实例演示

▲ 图4-65 准备查看详情

STEP 02 此时，即可打开该笔交易的详情页，在其中可查看订单交易的详细情况，如图4-66所示。

▲ 图4-66 查看订单详情

💬 **经验之谈**

在"详情页"上方单击"充值记录""提现记录""退款记录"超链接，可打开相应页面查看充值、提现、退款等信息。

4.5.3　申请提现

当卖家想将支付宝中的金额提取至绑定的银行卡中时，可通过支付的提现功能来实现，其方法为：在支付宝首页的余额栏中单击 提现 按钮，打开支付宝提现页面，在"选择银行卡"栏选择提现账目转入的银行卡，在"提现金额"文本框中输入提现金额，在"到账时间"栏中设置到账时间，单击 下一步 按钮，如图4-67所示，然后在打开的页面中输入支付宝密码并单击 确认提现 按钮即可。

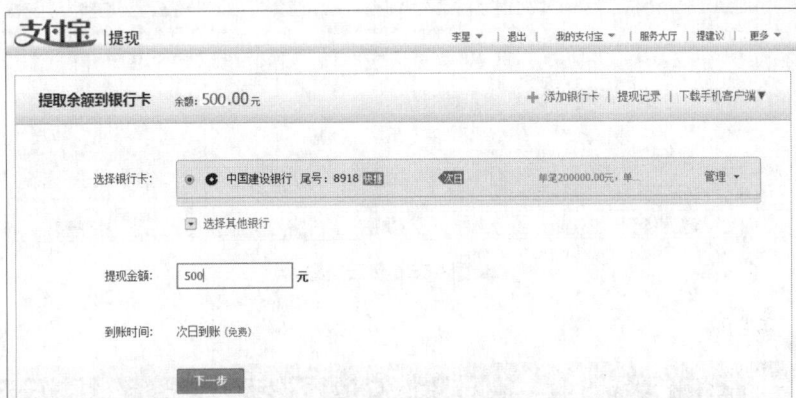

▲ 图4-67　支付宝余额提现

4.6 疑难解答

店铺管理是经营网店的过程中既基本又重要的一项工作，新手卖家在经营店铺的过程中经常会遇到各种各样的问题和误区，下面将对针对店铺管理中的部分疑难问题提出适当的解决办法。

1. 在经营网店时，若是稍有不慎，就会发现库存数量不够，怎么实时查看库存呢？

答：库存是卖家需要时刻关注的一个问题，一般来说，在"出售中的宝贝"和"仓库中的宝贝"页面中即可查看商品库存，通过卖家中心的"宝贝管理"栏进入"出售中的宝贝"页面或"仓库中的宝贝"页面，在其中的商品"库存"栏和"销量"栏即可查看当前商品的库存和销量。

2. 有可以供卖家互相学习交流的地方吗？

答：淘宝网为广大卖家提供了非常丰富的学习平台，如淘宝论坛、淘宝大学、阿里智库等网站都可以供卖家进行学习，除此之外，卖家也可以选择加入旺旺交流群，与其他卖家进行交流。加入旺旺交流群的方法是：在接待中心页面的搜索框中搜索群号并进行添加即可。

3. 有没有什么工具快速进行商品交易管理？

答：普云交易是一款用于快捷管理商品交易的软件，通过该软件可以快速对商品的价格、运费等进行管理，还能对商品评价、退款等进行管理，如图4-68所示。普云交易分为免费功能和付费功能两个部分，用户可根据实际需要进行选择。

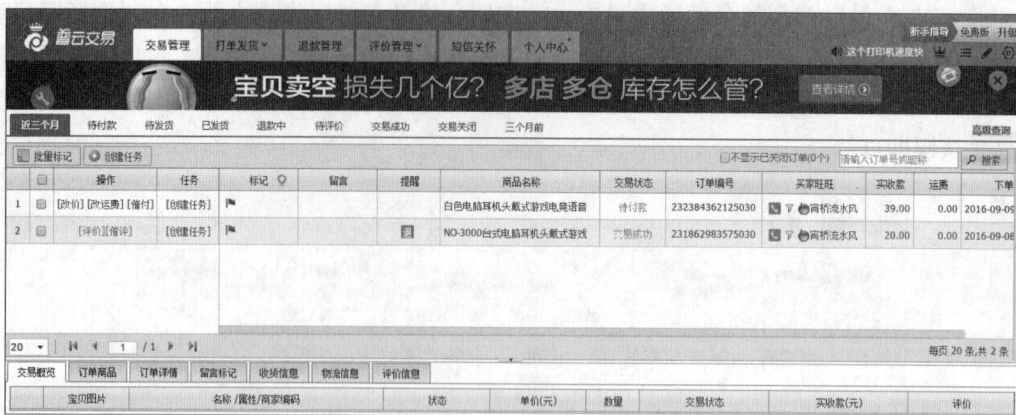

▲ 图4-68 普云交易

4.7 经典案例——及时沟通买家，避免投诉和差评

随着电子商务的快速发展，现在很多线下实体店纷纷选择开设网上店铺，多渠道销售自己的商品。尼瑞旗舰店也是这样一家由线下发展起来的网上店铺，主要出售饮水机、饮水桶等商品。

最近，尼瑞遇到一个难题。客服在处理售后问题时，不断收到买家的差评和投诉，店铺的综合评分明显下降，商品点击率虽然没有变更，但是销售额却下降了一大截。原来尼瑞为了保证每一台饮水机的质量，在将饮水机邮寄给买家之前，都进行了出水测试，仔细测验了饮水机是否漏水、出水口是否堵塞等问题，确定没问题之后才发货。但是在进行出水测试时，饮水机中难免会残留水渍，买家收到商品后，发现了这些水渍，以为卖家寄了使用过的饮水机，一怒之下直接给了差评。

这结果让尼瑞卖家哭笑不得，原本是为了保障买家利益的一项举措，结果反而引起不知情的买家的差评。尼瑞知道，这是由于与买家沟通不足和沟通不及时而造成的。为了避免这种"冤枉"的差评，尼瑞客服在出售饮水机时，主动联系买家告知水渍的原因，让买家放心使用，还在饮水机上贴上贴心的小便签进行说明，果然，关于饮水机水渍的差评再也没有出现过。买家觉得这家店非常负责任，质量有保证，店铺评价逐渐变好。

"吃一堑，长一智。"尼瑞从这个差评事件中，深刻地认识到沟通不足带来的隐患，此后，贴心小便签上的内容越来越多，怎么正确安装饮水机、出水变小怎么办、饮水机使用注意事项等纷纷加入其中，为了更好地解决买家的各种问题，尼瑞还在小便签上留下了店铺微信公众号的二维码，邀请买家关注，为买家实时解决各种问题。

总结：买卖双方的沟通，是一件两边受益的事情。对于买家而言，可以更多地了解商品信息，对于卖家而言，可以解决买家问题，打消买家顾虑，促成买家的购物行为，还可以提前提醒，起到防范于未然的作用。特别是使用比较复杂的，功能性较强的商品，一定要提前与买家沟通清楚，详细介绍使用方法，提醒买家注意。同时，客服人员还应该关注买家的使用体验，及时解决问题，将任何一个可能差评的因素"扼杀在摇篮中"。

4.8 高手进阶

（1）将店铺中的热卖商品设置为橱窗推荐商品，并通过"宝贝推荐"模块继续展示和推荐店内商品。

（2）使用千牛工作台查找在店铺中下订单的卖家，将其添加为好友，并发送消息与买家交流。

（3）通过千牛工作台将订单商品的价格修改为8折，等待买家付款后再根据买家需求更改其地址和联系方式。

（4）使用生意参谋查看店铺一周内的访客数、支付买家数、销售金额、热卖商品榜单、流量来源等数据。

（5）使用生意参谋提取店铺一天内的销售数据，包括被浏览商品数、浏览量较前一天变化量、访客数、访客较前一天变化量等，预览并下载数据，然后将报表保存到"我的报表"中，名称为"基础数据"。

（6）通过千牛工作台登录支付宝，查看支付宝余额和近期交易记录，然后对支付宝中的余额进行提现。

第2篇　网店装修

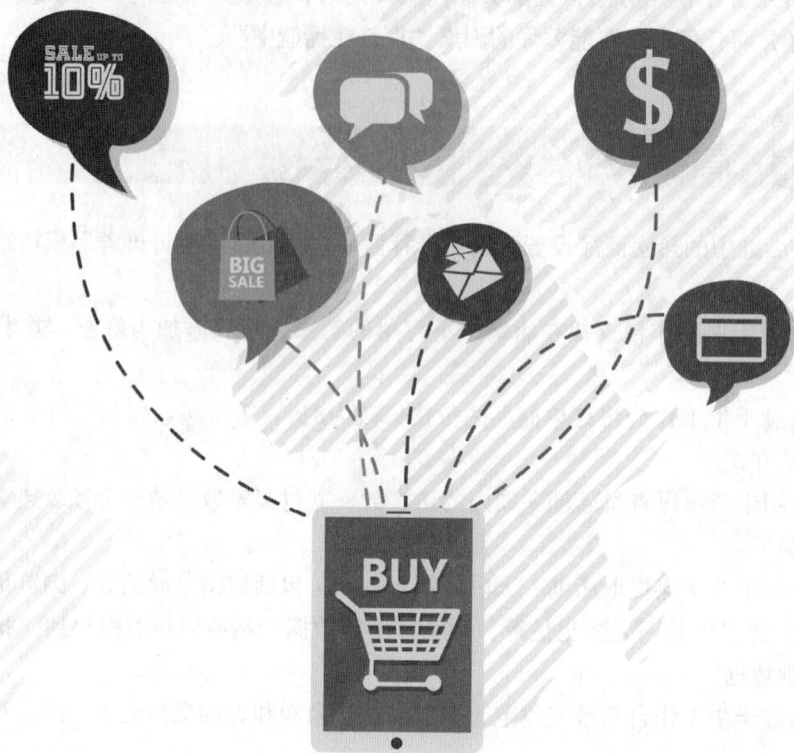

第5章
网店商品的拍摄

商品图片与商店橱窗中摆放的商品一样，在网店营销的过程中起着展示商品的作用，可以为买家展示商品信息，吸引买家进店查看，引导买家购买。对网上商店而言，清晰、美观的商品图片是吸引买家点击和购买的重要因素，因此卖家应该掌握商品图片拍摄的基本方法。本章将主要介绍室内商品拍摄、室外商品拍摄的相关知识。通过本章的学习，读者可以掌握拍摄商品的相关方法与技巧。

5.1 使用相机拍摄商品

在网上进行购物的买家主要是通过商品图片来查看商品的外观、颜色等，因此卖家需要将商品真实清晰地拍摄和展现出来，而要拍摄出符合要求的图片，则需对相机功能、相机设置以及拍摄方法有一个基本的了解。

5.1.1 相机需具备的功能

相机的种类十分丰富，对应的功能也各不相同。用于拍摄商品的相机，最好具备以下功能。

- **合适的感光元件（CCD）**：感光元件又叫图像传感器，是相机的成像感光器件，也是相机最核心的技术。感光元件的大小是直接影响相机成像质量的因素，感光元件的尺寸越大，成像越大，感光性能越好。在其他条件相同的情况下，感光元件越大，能记录的图像细节越多，各像素间的干扰越少，成像质量越高。

- **具备设置功能（M手动模式）**：数码相机通常具备很多种拍摄模式，包括手动曝光（M）模式、快门优先自动曝光（S或Tv）模式、光圈优先自动曝光（A或Av）模式、全自动曝光、程序自动曝光（P）模式，以及多种场景模式等，如图5-1所示。在拍摄网上商品时，为了可以任意设置光圈大小、快门速度与感光度等拍摄参数，灵活控制光线，使所拍摄照片更具清晰性和真实性，最好选择具有手动模式的相机。

自动景深自动曝光
手动曝光
光圈优先自动曝光
快门优先自动曝光
程序自动曝光
场景智能自动
闪光灯禁用

短片拍摄
夜景人像
运动
微距
风光
人像
创意自动

▲ 图5-1 数码相机拍摄模式

- **微距功能**：微距功能的主要作用是将商品主体的细节部分巨细无遗地呈现在买家眼前。使用微距功能拍摄出来的图像大小一般较实物原始尺寸比例更大，因此在拍摄体积较小的商品时，可以使商品的细节特写放大呈现，微距功能在拍摄拉链、针脚、标签和质感等商品细节时有较大的优势。

- **具备外接闪光灯的热靴插槽**：热靴插槽是数码相机连接各种外置附件的一个固定接口槽，主要用于与闪光灯进行连接，用于拍摄补光。热靴插槽一般位于照相机机身的顶部，附设两个或数个触点。借助热靴插槽来外接闪光灯比数码单反相机内置闪光灯的闪光指数更高，且使用起来更灵活。

- **可更换镜头**：一般相机的镜头因为拍摄的范围较小，无法将所有的景物拍下来，或使用一般的镜头在微距模式下进行拍摄时，会出现图像变形或在商品的光面上留下相机阴影的情况，此时就需要更换广角性能好的镜头。数码单反相机和微单都具有通过更换镜头来满足拍摄需求的功能。

5.1.2　相机的设置

对商品拍摄而言，光圈、快门、感光度（ISO）是非常重要的3个参数，这3个参数都与光线有关，直接关系着商品拍摄的好坏，在商品拍摄的过程中设置得非常频繁。

1. 光圈

光圈是照相机上用来控制镜头孔径大小的部件，它通常位于镜头的中央，呈环形，拍摄者可以根据需要控制圆孔的开口大小，如图5-2所示。光圈的作用在于控制镜头的进光量，光圈大小常用f值表示。当需要大量的光线进行曝光时，就开大光圈的圆孔，让大量光线进入。而当仅需少量的光线来进行曝光时，就缩小圆孔，让少量光线进入。常见的光圈值有f1.0、f1.4、f2、f2.8、f4、f5.6、f8、f11、f16、f22、f32、f44、f64，图5-3所示为不同数值的光圈与孔径大小的关系。

在快门不变的情况下，f的数值越大，光圈越小，进光量越少，曝光越低；f的数值越小，光圈越大，进光量越多，曝光越高。白天在户外或在光线充足的环境下，可尽量使用小光圈进行拍摄；在夜晚或光线不足的环境中进行拍摄，以及拍摄人像或特写时，应尽量使用大光圈，扩大进光量。在拍摄小商品时，更需通过小光圈来展示商品的细节。

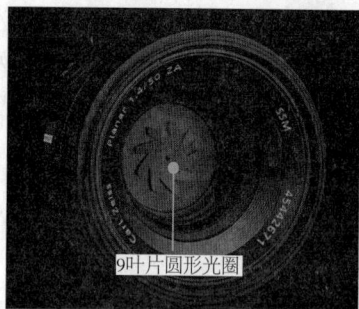

▲ 图5-2　光圈

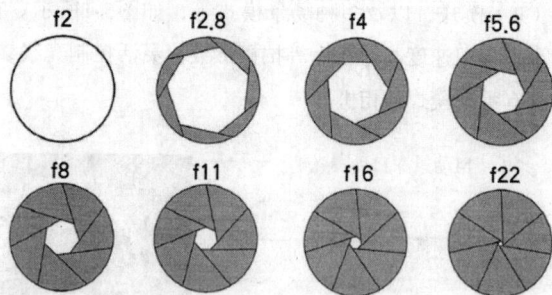

▲ 图5-3　不同数值的光圈与孔径大小的关系

2. 快门

快门是相机用来控制感光片曝光时间的装置，快门速度的单位是"秒"，一般用S表示。数码单反相机常见的快门速度范围是30s~1/8000s，即30s、15s、8s、4s、2s、1s、1/2s、1/4s、1/8s、1/15s、1/30s、1/60s、1/125s、1/250s、1/500s、1/1000s、1/2000s、1/4000s、1/8000s。相邻两档快门速度的曝光量相差一倍。

快门的主要功能是控制相机的曝光时间，数值越小，曝光时间越短，相机的进光量就越少，反之则越多。在光线较差的环境下进行拍摄时，使用低速快门，可增加曝光量。但最好使用三脚架进行稳定，防止快门速度较低时可能会引起的相机抖动。在拍摄移动速度快的对象时，使用较快的快门速度可对移动瞬间进行抓拍，而使用较慢的快门速度则会拍出具有动感的画面。

3. 感光度（ISO）

感光度是指感光元件对光线反映的明暗程度，常用ISO表示。ISO数值越小，感光度就越低；ISO数值越大，感光度则越高。感光度可以根据拍摄环境的光线进行设置。

在光源充足的情况下，如阳光明媚的户外，可将感光度ISO数值设置为100左右；在户外阴天的环境下，最好将感光度ISO数值设置为200~400；在室内有辅助灯的环境下，建议使用100~200的感光度。

经验之谈

在拍摄主体物时，被摄对象前后有一段清晰的范围，该范围叫景深。景深越小表示可看到的清晰范围越小，景深越大则可看到的景物的清晰范围越大。调节景深最简单的方法是调节光圈的大小，光圈越小，景深越深，背景越清晰；光圈越大，景深越浅，背景越模糊。

5.1.3 拍摄方法

在拍摄照片时，正确的持机姿势能够保证相机的平稳，防止出现手抖的现象，有助于拍摄出更加清晰的画面。一般来说，可以通过横向或纵向的方式进行拍摄，其具体操作如下。

STEP 01 右手抓握相机机身的右侧部分，右手食指轻放于快门上。左手托住镜头下部，左手手肘靠近身体做稳固支撑。将相机贴紧面部，双臂和双肘轻贴身体，两脚略微分开站立，保持稳定的姿态。图5-4所示为相机的横向握法。

▲ 图5-5 相机的竖向握法

STEP 03 把相机腕带挂在脖子上，或将腕带缠在右手臂上，再通过横向或竖向持机的方法握住相机进行拍摄，可以起到一定的防摔和稳定作用。图5-6所示为相机腕带的使用。

▲ 图5-4 相机的横向握法

STEP 02 右手将相机竖起，食指轻放于快门上。左手从底部托住相机镜头，让相机的重心落于左手上。拍摄时，注意不要挡住镜头。图5-5所示为相机的竖向握法。

▲ 图5-6 相机腕带的使用

经验之谈

通过倚靠墙壁、柱子、树木等物体，摄影可保持身体平衡。当拍摄低矮的物体时，拍摄者还可通过蹲、坐等方式来协调身体的重心，比如下蹲时，可用膝点地，用腿支撑手臂，以获得稳定的支撑。

STEP 04 相机底部的螺丝孔安装一个快装板，将三脚架稳定地放在地面上，调节到适当的高度，然后将相机固定在三脚架上，这样拍摄时更加平稳。图5-7所示为相机固定在三脚架上的效果。

▲ 图5-7　相机固定在三脚架上的效果

5.2　在室内拍摄商品

美观的图片是网店商品销售的关键，而清晰的原图则是图片的基础。对网店商品而言，要拍摄出优秀的照片，不仅需要一个合适的相机，还需要为商品搭建一个最佳的拍摄环境，人为地创造出场景优势。

5.2.1　了解室内摄影

室内摄影是网上商品十分常用的一种摄影方式，室内摄影对光影的要求很高。为了在室内拍摄出清晰真实的照片，需要同时考虑光影、色彩和角度等多个因素。此外，室内由于空间限制，拍摄者通常需使用广角镜头进行拍摄，对摄影师的要求也较高。在进行室内摄影时，为了布置出适合拍摄的环境，一般需要借助遮光罩、三脚架、静物台、柔光箱、闪光灯、无线引闪器、照明灯、反光板、反光伞、背景纸等辅助工具。下面主要对室内摄影的一些基本要求进行介绍。

- 补光和布光：补光是室内拍摄的主要工作之一，室内补光的手段比较多，如闪光灯、照明灯、反光板、反光伞等都可以用于补光。反光板是室内和室外摄影必备的摄影配件之一，主要用于对被摄物在外部光源难以涉及到的部分进行光线补偿，使被摄物整体受光均衡。室内摄影主要有顺光、逆光、侧光、顶光和底光之分，摄影者需根据不同的光线变化进行补光。闪光灯能在短时间内发出很强的光线，可用于光线较暗的场合瞬间照明，也可用于光线较亮的场合给拍摄对象进行局部补光。布光是指通过主光线和辅助光有效地配合应用，营造有质感的光影效果，完美呈现商品的材质和细节。
- 室内背景：室内拍摄背景主要是指对背景色进行选择，不同的背景色呈现出的拍摄效果也会存在很大的差异。一般来说，室内拍摄背景主要可分为单色背景和题材背景。对于单色背景而言，背景色要与被摄物有颜色上的对比，增强被摄物的光感。为了达到良好的拍摄效果，也可通过灯光辅助拍摄出明暗、虚实对比明显的图片。此外，背景色的选择最好能与被摄物的风格接近。
- 相机设置：室内摄影的快门速度一般是1/125s，ISO的感光范围一般设置为低感光度，或者统一ISO值为100，曝光方式设置为M档手动，光圈则根据摄影灯的闪光系数，以及与被摄物的距离远近来进行调整，大概的光圈范围一般为f7～f13。

▪ **镜头**：进行室内摄影时，如果没有广角镜头，则在拍摄全身角度的照片时可能难以实现，因此采用标准广角变焦镜头比较合适。

5.2.2　了解不同角度的光线变化

光线在立体空间中的变化非常丰富，是室内景物造型的主要条件，要拍摄出光影充分、清晰真实的照片，一定要对光线有一个基本的了解。

1.　光位

光位即光线的方向，指光源位置与拍摄方向之间形成的光线照射角度，光线的照射方位不同，所产生的画面效果也不同。根据照射的方向不同，光线大致可分为顺光、逆光、侧光、顶光和底光。

▪ **顺光**：顺光是指从被摄物体的正前方打光。顺光是最常用的照明光线，光线直线投射，照明均匀，阴影面少，可将商品的色彩和表面细节非常充分、细腻地表现出来。但顺光拍摄不易表现出商品的层次与线条结构，缺乏立体感，如图5-8所示。

▪ **逆光**：逆光是指从被摄物体后面打光，被摄物体与背景存在着极大的明暗反差，光源会在被摄物体的边缘勾画出一条明亮的轮廓线。在逆光的条件下，被摄物体大部分处在阴影之中，物体表面的细节与纹理不够清晰，如图5-9所示。

▲ 图5-8　顺光　　　　　　▲ 图5-9　逆光

▪ **侧光**：侧光是指在被摄物体的左侧或右侧打光。侧光会在被摄物上形成明显的受光面、阴影面和投影。画面有强烈的明暗对比，有利于展现被摄物体的空间深度感和立体感，如图5-10所示。在侧光光线下拍摄人像时，会产生半明半暗的效果，此时可考虑使用反光板对暗部进行补光，来减轻脸部的明暗反差。

▪ **顶光**：顶光是指从被摄物体的上方打光，与相机成 90° 的光线。顶光会在被摄物体的下方产生较重的阴影，且阴影很短，如图5-11所示。顶光一般多用于做修饰光。

▪ **底光**：底光是指从被摄物体下方打光。这种光线形成自下而上的投影，产生非正常的造型和强烈的气氛，一般用于表现透明物体或营造气氛，如图5-12所示。使用底光拍摄人像产生诡异阴险之感。

▲ 图5-10　侧光　　　　▲ 图5-11　顶光　　　　▲ 图5-12　底光

2. 光型

光型是指各种光线在拍摄时对被摄物体所起的作用。光型主要可分为主光、辅光、轮廓光、装饰光和背景光5种。

- **主光**：主光是被摄物体的主要照明光线，对物体的形态、轮廓和质感的表现起主导作用。拍摄时，一旦确定了主光，则确定了画面的基础照明和基调。被拍摄物只能有一个主光，若同时将多个光源作为主光，那么被摄物体受光均匀，画面就会显得平淡；多个主光同时在被摄物体上产生阴影，还会使画面杂乱无章。

- **辅光**：辅光的主要作用是提高因主光而产生的阴影部位的亮度，使阴暗部位也能呈现出一定的质感与层次，同时减小被摄物体与阴影之间的反差。辅光的强度要比主光小，否则容易在被摄物体上呈现明显的辅光投影，造成"夹光"现象。

- **轮廓光**：轮廓光主要是用来勾划被摄物体轮廓的光线。轮廓光能体现被摄物体的立体感与空间感。逆光与侧逆光常用作轮廓光，轮廓光的强度往往比主光的强度高。使用深暗的背景有助于突出轮廓光。

- **装饰光**：装饰光主要用来对被摄物体的局部进行装饰或显示被摄物体细部的层次。装饰光大多是窄光，如人像摄影中的眼神光，以及商品摄影中首饰的耀斑等都属于典型的装饰光。

- **背景光**：背景光是照射背景的光线，主要用于突出被摄物体、营造环境气氛以及丰富画面的影调对比。背景光的运用要考虑到背景的色彩、距离与照明的角度，因此需对背景光进行反复调整才能得到不错的效果。

经验之谈

在室内拍摄的光线布置上，为了突出被摄物的细节、质感等，最好可以采用主光与辅光相结合的方式，即在被摄物前上方45°角处放置主光，再在正前方放置光线弱一些的辅光，用于淡化主光的阴影，还可以在被摄物背面放一个辅光，用于照亮背景。

5.2.3　商品的摆放和组合

为了展现出更好的拍摄效果，在拍摄商品之前，需对商品进行合理的摆放和组合，设计最佳的拍摄角度，从而刺激消费者的视觉感受和购买欲。

1. 摆放

对于网上商品而言，拍摄时商品摆放的方式即是该商品照片的基本构图方式，也是商品表现的陈列效果。商品的摆放方式和角度不同，呈现的商品重点就不一样，为了让消费者更多地了解商品细节，拍摄者应该在拍摄前设计出最佳的摆放角度，对拍摄的构图和取景做好准备。

- 多角度摆放商品，完整拍摄商品的正面、背面、45°角、内部结构、细节局部、标识、说明书、防伪标签等。
- 多角度摆放商品包装，完整拍摄包装正面、背面、45°角以及商品和包装的组合。
- 多件商品的组合摆放。

商品的摆放拍摄符合逻辑、搭配效果好，则照片的美观度也会相应提升。原则上来讲，在拍摄时应尽量做到完善，以减少后期处理工作。

2. 商品的二次设计

商品的二次设计即在商品原有形态的基础上，美化商品的外形、线条、组合等，使商品更具有美感，如图5-13所示。二次设计需要充分发挥拍摄者的创造力和想象力，尽可能展现出商品的特点。

▲ 图5-13　商品的二次设计

商品的二次设计很多时候涉及商品的摆放问题，特别是小商品的摆放，更应该注意摆放的疏密感和序列感。在摆放多件商品时，需同时考虑构图的合理性和摆放的美观性，这样不仅可以使画面显得饱满丰富，具有节奏感与韵律感，而且还能避免画面内容无序导致的杂乱，如图5-14所示。

▲ 图5-14　小商品的摆放

3. 商品搭配

为了提高商品图片的美观性，在进行商品拍摄时，可添加一些饰品，对主体商品进行点缀和烘托，以增强视觉感染力，图5-15所示为出售花朵时用花盆进行的搭配和装饰。商品搭配不仅是商品的二次包装，在很多时候也能侧面体现商品的使用环境，更多地展示出商品的实用性，图5-16所示为展示花藤的使用环境。

▲ 图5-15 花朵的搭配

▲ 图5-16 展示花藤的使用环境

5.3 在室外拍摄商品

为了使商品更贴近实际的使用状态，显得更真实，在很多时候拍摄者都会选择户外拍摄。相对于室内拍摄的人造光而言，户外拍摄都是自然光拍摄，一般来说，对颜色要求不苛刻的商品都可以在户外进行拍摄。

5.3.1 了解室外拍摄

由于室外的自然光线十分多变，且不易把握，因此户外拍摄也需要借助其他道具进行布光，如反光板、反光伞等都可以用于布光。在进行室外拍摄时，光线会随着时间的变化而发生变化，根据光线性质可将其分为直射光、散射光和反射光3种类型。

- **直射光**：发光的光源照射到被摄物体上，能产生清晰投影的光线，叫作直射光。直线光线下，受光面和阴影面之间有一定的明暗反差，很容易表现出被摄物体的立体感与质感，自然光中的太阳、人工光中的聚光灯等均属于直射光。

- **散射光**：阴天的时候，阳光被云彩遮挡，不能直接投向被摄物体，被摄物体依靠天空反射的散射光线作照明，这种光叫作散射光。散射光下，不会形成明显的光面、阴影面和投影，光线效果较平淡柔和，因此也叫作柔光。

- **反射光**：反射光的光线并不是由光源直接发出照射到被摄物体上，而是先对具有一定反光能力的辅助道具进行照明，然后由反光体的反射光对被摄物体进行照明，如反光板或反光伞，反射后的光线与散射光一样，比较柔和。

拍摄物品最重要的一点即是对光线的把握，户外自然光是处于不断的变化中，因此在不同的时段，通常需要采取不同的拍摄方向和方式。下面对户外自然光拍摄时的一些要求进行介绍。

- **拍摄时间**：在户外自然光条件下进行拍摄时，尽量避免阳光直射的情况，阳光直射时不仅受光面和阴影面会存在明暗反差，还可能在被摄物上形成不均匀光斑，影响商品图片的整体效果。一般来说，上午9~11点和下午3~5点这个时间段比较适合户外拍摄。

- **拍摄用光**：室外拍摄多依靠散射光和反射光，通过自然光加反光板补光的方式拍摄出来的照片效果更好。另外，室外拍摄需要对光圈、快门、感光度进行恰当掌握，可以通过不断调整来捕捉最好的光影效果。

- **背景选择**：商品是拍摄的主体，背景主要起到烘托装饰的作用。一般来说，户外背景的选择主要以不喧宾夺主、不杂乱无章为原则，可以选择反差相对大一些的背景，使主体更突出，也可以通过拍摄角度和方式的改变，来淡化背景的效果，还可以选择一些趣味背景，增加照片的亮点和特点。

- **拍摄角度**：由于户外自然光的不可控，所以选择角度就更加重要。角度不同，拍摄出来的商品效果就不同。比如在清晨或傍晚时分进行拍摄时，逆光拍摄的照片可以呈现出一种日式的写真风格，而顺光的方位拍摄出来的照片光影感则更加真实。

经验之谈

在进行室外拍摄时，由于光线比较充足，一般不使用闪光灯，需要补光的部分尽量通过辅助工具来实现。

5.3.2 室外拍摄场景布置

通过外景拍摄大件商品时，一般主要选择风景优美的环境作为背景，合理利用自然光和反光板对光线进行调节，拍摄出来的照片风格将更加明显，能形成独有的个性特色并营造出商业化的购物氛围。此外，室外大件商品拍摄可根据商品特性选择相应的场景，如夏威夷风格的衣服可在海边拍摄；时尚潮流的服装可在临街的商场、街道等地方拍摄，运动用品可在运动过程中拍摄等，如图5-17所示。

▲ 图5-17 大件商品的室外场景

小件商品适合在单纯的环境里进行拍摄，因此网上商店的小件商品多以室内拍摄为主，如果要通过外景拍摄小件商品。可以为商品选择一个好看的参照物和装饰物，对商品环境进行设计，比如将商品的环境塑造成文艺风等具有特色的风格。为了凸显商品主体，背景应该尽量干净简单，此外也可为商品选择一些使用环境作为背景，比如拍摄足球时，可以选择草地作为外景背景。

5.4 疑难解答

网店商品的拍摄和美化是开店过程中非常重要的部分，新手在拍摄和处理商品图片的过程中，经常会遇到各种各样的问题和误区。下面笔者主要根据自己的拍摄经验对大部分用户遇到的一些共性问题提出解决建议。

1. 摄影光线是不是越亮越好？

答：日光灯是拍摄商品图片时非常重要的辅助器材，很多用户认为灯光越亮，拍摄的照片就越清晰，其实这是一个很大的理解上的误区。一般来说，商品照片的明暗程度、细节清晰与否，主要取决于相机的光圈大小和快门速度，如果光圈大小和快门速度都设置合理，光线足够即可将商品拍摄得非常清晰。一般的小产品在摄影棚拍摄时，两个40瓦或70瓦的专业灯泡就足够了。在拍摄人像时，或需要手持相机拍摄时，建议选择更亮的光线。

2. 使用多少像素拍摄合适？像素越高图片越精细吗？

答：像素是图片单位面积中构成图像的色点数量。像素越大，图片会越精细，放大显示后越清晰。一般来说，网店中使用的商品图要求细节清晰，特别是后期很可能对图片进行裁剪放大，因此拍摄时建议使用最大像素。很多网站对商品图片的像素要求并不高，一般500万像素以上的相机就可以满足拍摄要求。

3. 商品图片有哪些拍摄技巧？

答：要拍出好看的商品图片，拍摄者首先应该具备基本的拍摄知识，除此之外，还可依靠一些小技巧使商品图片更美观。

- **保持相机稳定**：为了能够拍出清晰的照片，拍摄者在进行拍摄时不仅可以通过正确的拍摄姿势来稳定相机，还可以借助三脚架等物件来保持相机的稳定和平衡。
- **调整角度感受光影效果**：光影是摄影必须考虑的因素，在拍摄商品时，必须保证有足够的光线照射在被拍摄物品上，同时为了使商品更有质感，也可以通过轻微的角度调整来呈现不同的阴影效果。
- **调整拍摄距离**：在拍摄商品，需要根据实际情况来调整拍摄距离，有时候距离近一些，可以拍摄出更好的效果。在拍摄商品细节时，也可以拉近拍摄距离。一般来说，远景拍摄主要用于表现气势、强调整体，而商品拍摄更注重近景拍摄和特写拍摄，可以突出表现主要部分，刻画细节。
- **合理利用景深**：景深效果可以让主体商品更具有立体感，特别是当背景比较复杂时，景深效果可以使商品更突出。
- **构图**：商品的拍摄构图应该遵循画面简洁、排列平衡、主题突出的原则，可适当保留合理的留白空间，注意避免出现画面太复杂、重心不稳定、主题不明显等情况。

5.5 经典案例——视觉营销从拍摄开始

缪玲玲是服装设计专业的应届毕业生，毕业之后有过两三份工作，做得都不咸不淡，在社会上摸爬滚打了一年多，又变成了"无业人员"。虽然工作做得不如意，但是人脉倒是积攒了一些，各种服装工厂、服装批发商都混了个眼熟。又一次辞掉工作后，缪玲玲毅然决定自己创业，既然自己有货源、懂服装，为什么不自己开服装店当老板呢？网上开店成本低，风险也低，趁着年轻闯一闯，失败了也不失为一种人生经历。抱着这样"初生牛犊不怕虎"的想法，缪玲玲加入了淘宝卖家大军。

开店初期，店里运营非常困难。淘宝女装是一个卖家数量非常多的大类目，缪玲玲的店在创建之初基本没什么人气，有时候好不容易等来一点流量，却没有转化为实际交易，店铺排名落后于同行一大截。

自己的服装不管是质量还是样式，都不比别人差，为什么店铺没有流量？为什么流量没有完成转化？缪玲玲整天在网上查询资料，在淘宝大学进行学习，一步一步对商品标题、属性进行优化和完善，甚至还把自己的店铺发给朋友，征询他们的意见。朋友在看完缪玲玲的店铺后说，"衣服还可以，但是图片没啥吸引力，如果我是买家的话，没有什么购买的欲望"。为了省事，再加上拍摄条件所限，缪玲玲的店铺图片直接使用的批发商和工厂的商品图片，比较真实，但是缺乏美感。

缪玲玲这才明白，服装拍摄也是网店优化过程中非常重要的环节，在电子商务等同于视觉营销的今天，没有好的图片，就没办法让自己的店铺从众多同行中脱颖而出，优秀的图片展示，直接关乎商品的点击率和转化率。

这之后，缪玲玲快速租用了一个小型的拍摄团队，从前期策划、布景、道具准备、场景选择到商品拍摄和后期处理，每一个环节都参与其中，甚至自己还担任模特角色，亲自上阵展示商品。

缪玲玲的衣服图片既成全了美观，又表现了真实，点击量和转化率果然有了非常大的提升。缪玲玲明白，这还只是一个小的进步，等到店铺的销售额再好一些，她还想邀请专业的拍摄团队和淘宝服装模特进行拍摄，更全面地将商品的优点展示给买家。

总结：对于网店而言，商品图片是商品的灵魂，无法引起消费者购买欲望的商品，又何谈转化率和销售额。当然，淘宝店铺优化所包含的内容非常广泛，一个成功的卖家不能仅仅止步于商品图片的优化，还应同时对商品多方面数据进行关注和分析，才能促进店铺的持续发展。

5.6 高手进阶

（1）了解室内拍摄的相关知识，对小商品进行合理的摆放和搭配，拍摄出适用于网店销售的商品图片，参考效果如图5-18所示。

▲ 图5-18　商品摆放

（2）了解室外拍摄的相关知识，选择合理的拍摄时间、拍摄角度和拍摄场景，拍摄美观真实的服装图片，参考效果如图5-19所示。

▲ 图5-19　拍摄服装图片

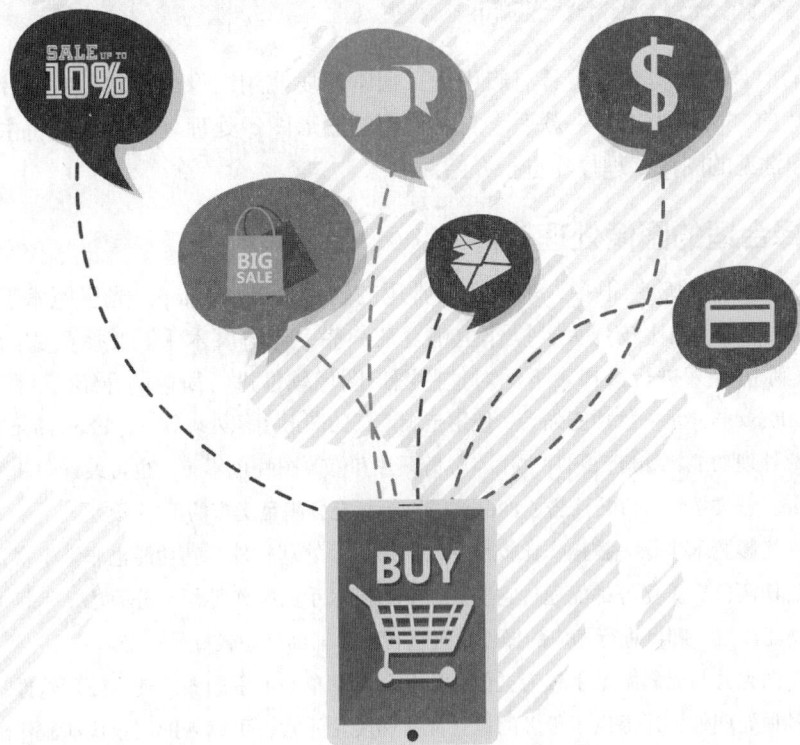

第6章
商品图片的美化

当商品图片因拍摄等客观原因存在瑕疵时，就需要对图片进行必要的处理；同时，为了吸引更多的买家点击和查看商品，也应该对图片进行适当美化。本章将主要介绍认识图像处理软件、处理图像、美化图像等知识。通过本章的学习，读者可以掌握处理与美化商品图片的相关方法与技巧。

6.1 认识图像处理软件

为了使拍摄的照片更加美观、更具有吸引力，通常都要使用图像处理软件对图片进行美化处理。在处理图片前，可以先选择一款适合自己使用的图形图像处理软件。下面将主要对常用的图像处理软件和常见的图像处理操作进行介绍。

6.1.1 选择合适的图像处理软件

提供了图像处理功能的软件很多，一般比较常用的软件是Photoshop、光影魔术手、美图秀秀等。其中Photoshop的功能比较强大，操作也稍复杂一些，光影魔术手和美图秀秀的操作较简单，卖家可根据实际情况来进行选择。下面对这些图形图像软件进行简单的介绍。

- **Photoshop**：Photoshop是一款功能强大、使用范围广泛的图形图像处理软件。Photoshop提供了非常多样化的图片处理功能，如修改图片大小、裁剪图片和修改图片色彩等，也可设计图片海报，制作店铺个性Logo、分类按钮、宣传广告、商品详情页等，充分满足卖家的不同需要。

- **光影魔术手**：光影魔术手是一款操作比较简单的图形图像处理软件，其功能也非常丰富，如图片的基本处理和后期调色、美化等都能通过它实现。光影魔术手的操作界面十分简洁，一目了然，直接选择相应的功能按钮，即可进行相应的操作，是进行图片辅助处理较好的选择。

- **美图秀秀**：美图秀秀与光影魔术手较为类似，也是一款简单易上手的图片辅助处理软件，它除了能对图片进行各种处理外，还提供了很多的设计元素和美化元素，可以帮助用户快速制作出具有各种美化效果的图片。

6.1.2 了解常用图片处理操作

在拍摄照片时，可能由于天气、环境、相机等客观因素的影响，图片会在色彩、质感、清晰度上存在一些瑕疵。这些瑕疵可以通过图片处理软件进行修复。

- **还原物体真实属性**：如果因为一些客观原因导致图片质量不佳，出现光照不合理、颜色不均匀等情况时，可以通过图像处理软件对颜色、光影等进行修复，使图片色泽更加真实饱满，图6-1所示为修复图片光影的效果。

- **装饰图片**：如果直接拍摄的图片过于单调，可以使用图形图像软件为图片添加合适的元素，如背景、边框、拼图等元素，使商品更为美观，以吸引顾客的注意力。图6-2所示为对图片进行拼接的组图效果。

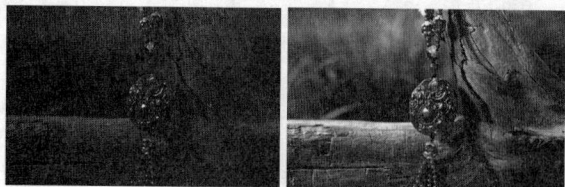

▲ 图6-1　修复光影

▲ 图6-2　图片拼接

- **突出商品属性**：在对部分商品的图片进行处理后图片的质感得以提升，使其更夺目。比如拍摄珠宝类商品时，珠宝的光泽度如果不能完全依靠拍摄展示出来，就可以利用图片处理软件添加高光和闪光效果，更加突出珠宝的特点。图6-3所示为突出珠宝高光后的效果。

- **打造自身品牌**：为了强调图片的独家性，可为图片添加标记，如添加店标和网址等，不但可以防止图片盗用，还能达到宣传店铺的作用。需要注意的是，图片标记应力求美观，最好不要影响图片整体效果。图6-4所示为图片添加标记的效果。

▲ 图6-3　处理图片高光

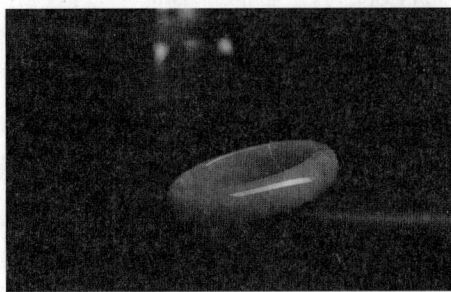
▲ 图6-4　标记图片

6.2　处理图片

对网店商品图片的操作，一般包括调整大小、裁剪、旋转、交换、调整曝光和调整清晰度等操作，当所拍摄的照片不符合商品图片的要求时，即需对图片进行处理。下面以最为常用的图像处理工具——Photoshop CC为例讲解图像处理的方法。

6.2.1　调整图片大小

使用数码相机拍摄的图片所占用的存储空间一般都较大，而网店商品图片由于上传要求和空间存储量的限制，需要对图片的大小进行适当的调整，使其符合需要。Photoshop中调整图片大小的方法为：打开Photoshop CC，并在其中打开需要调整大小的图片，然后选择【图像】/【图像大小】菜单命令。打开"图像大小"对话框，在"像素大小"栏中的"宽度"数值框后的下拉列表框中选择"像素"选项，在"宽度"数值框中输入具体数值，如"500"，单击 确定 按钮完成设置，如图6-5所示。返回Photoshop即可看到图片变小了，选择【文件】/【存储为】菜单命令，在打开的对话框中存储图片即可。

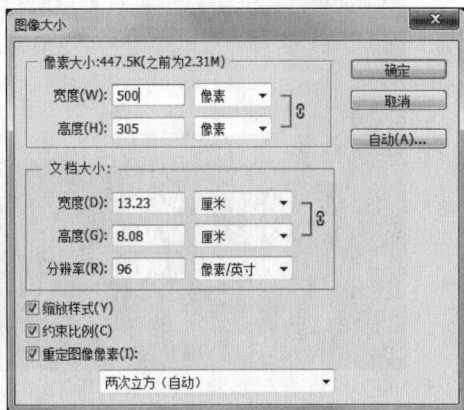
▲ 图6-5　设置像素宽度

经验之谈

在调整图片大小时，为了保持图片的比例不发生变化，需单击选中"约束比例"复选框，此时调整宽度时，高度将根据原图片的比例自动缩放，反之亦然。

6.2.2 裁剪图片

在处理网店商品图片时，经常会根据需要对图片进行裁剪，如裁剪为指定大小、裁剪为指定形状、构图裁剪和裁剪细节等。下面介绍在Photoshop CC中裁剪商品图片的操作。

1. 直接裁剪

在Photoshop中，使用裁剪工具可以裁剪出图像的选定区域。其方法为：选择裁剪工具 ，此时在图像边缘将出现8个控制手柄，用于改变选区的大小，将鼠标指针移动到图片边缘处进行拖动，对图像进行裁剪，如图6-6所示。裁剪完成后双击图片区域，然后在打开的裁剪提示框中单击 裁剪(C) 按钮，确定即可完成裁剪。

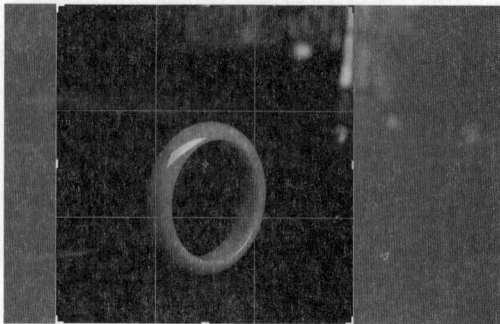

▲ 图6-6 直接裁剪图片

2. 裁剪为指定大小

淘宝中很多图片都是限制了大小的，通过Photoshop可以将图片裁剪为指定大小，如将图片裁剪为800×800像素的主图大小。其方法为：选择裁剪工具 ，在裁剪工具属性栏的下拉列表中选择"大小和分辨率"选项，打开"裁剪图像大小和分辨率"对话框，在其中的"高度"和"宽度"数值框中输入"800"，在其后的下拉列表中选择"像素"选项，单击 确定 按钮，返回裁剪区域，将鼠标指针移动到保留的图片区域中，按住鼠标左键不放拖动调整需保留的图片区域，然后双击图片区域即可完成裁剪，如图6-7所示。

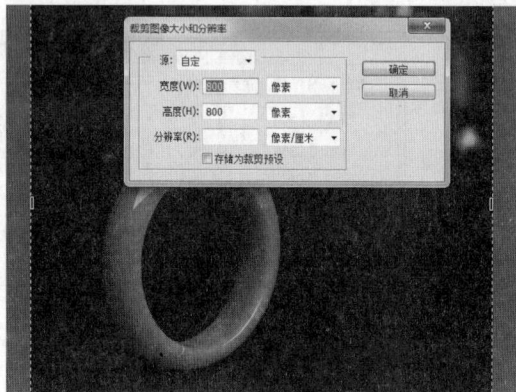

▲ 图6-7 裁剪为指定大小

💬 **经验之谈**

在裁剪工具属性栏的下拉列表中提供了"1×1""4×5(8×10)""8.5×11""4×3""5×7""2×3(4×6)"和"16×9"等选项，选择相应的选项即可将图片裁剪为指定比例。在按住"Shift"键的同时拖动鼠标绘制一个裁切区域，可裁剪出正方形的图像。

3. 裁剪校正角度倾斜的图片

在拍摄照片时，很可能会出现由于相机角度倾斜造成拍摄商品图片倾斜的情况，此时，可在Photoshop中利用裁剪工具对倾斜商品进行调整。使用裁剪工具校正角度倾斜的方法为：打开图像，选择裁剪工具[ ]或按"C"键，在图像中拖动鼠标绘制一个裁切区域，调整裁剪框的大小，将鼠标指针放在裁剪框角的控制手柄外，此时指针会变为旋转图标，按住鼠标左键拖动旋转裁剪框，旋转到合适角度后调整裁剪区域大小，然后双击裁剪区域或按"Enter"键，即可完成图像的裁剪，如图6-8所示。

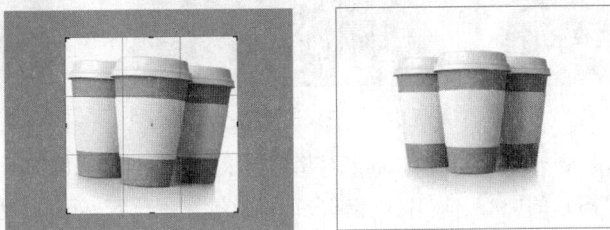

▲ 图6-8　矫正倾斜图片

4. 构图裁剪

在拍摄商品的过程中，有时候为了得到更好的光影效果，构图上可能不尽如人意，如背景过大、主图商品不够突出等，此时可通过裁剪对商品照片进行重新构图。Photoshop提供了很多种构图方法，如三等分、对角、三角形、黄金比例等，其使用方法很简单，选择裁剪工具[ ]，在裁剪工具属性栏中的"视图"下拉列表中选择相应的选项即可，下面对这些常用的构图裁剪方法进行介绍。

- **三等分**：三等分构图法又称九宫格构图法，主要将整个截图区域划分为横竖3等分9个方块，其中4个交叉点就是视觉中心点，裁剪构图的时候，把主题展现的事物放在交叉点上，如图6-9所示。

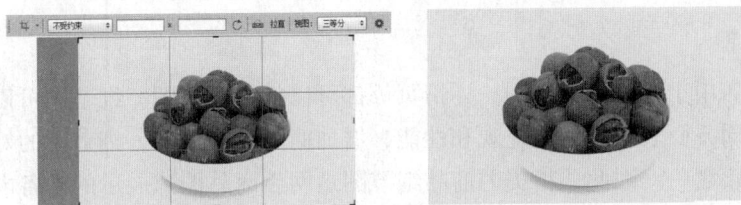

▲ 图6-9　三等分构图

- **对角**：对角线构图与三等分构图类似，都是对图片区域进行划分，然后将主体图片裁剪至中心点上，调整裁剪区域时，中心点的位置也将发生变化。图6-10所示即为对角线构图的效果。

▲ 图6-10　对角构图

▪ **三角形**：三角形构图是一种可以使画面产生生动感的构图方式，还能重点凸显图片的主体部分。图6-11所示为三角形构图的效果。

▲ 图6-11　三角形构图的效果

▪ **黄金比例**：黄金比例是一个美学比例，和九宫格构图法类似，黄金比例构图中的四个交叉点就是黄金比例点，也就是图片的中心，图片主体部分即可放置在该位置。图6-12所示为黄金比例构图法效果。

▲ 图6-12　黄金比例构图法效果

5. 裁剪细节

细节图在网店中十分常见，主图、详情页等都可以放置细节图。细节图可以体现商品的细节和质量，从不同方面表现商品的外观和性能，增加商品的可信度，细节图的好坏是影响商品成交的最主要因素之一。因此，精美的商品细节图是网店商品图片展示的必备内容。细节图的来源一般有两种方式，一种是直接使用微距拍摄出细节特写照片，另一种是对拍摄后的原图细节部分进行裁剪和放大。裁剪细节图的方法为：打开商品图片，选择裁剪工具 🔲，在图像中拖动鼠标绘制一个矩形裁剪框，对原图的细节部分进行裁剪，然后将其放大，效果如图6-13所示。

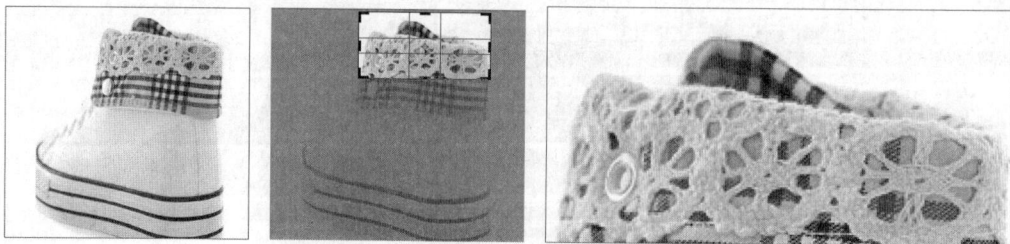

▲ 图6-13　裁剪细节

在裁剪商品细节图时，需使用高像素的原图，如果原图不够清晰，在裁剪细节并放大后，细节图会非常模糊，影响图片效果。

6.2.3　旋转图片

在处理商品图片时，可以根据需要进行旋转操作，改变图片的角度，使其更适应实际要求。在Photoshop中旋转图片的方法很简单，只需打开图片，选择【图像】/【图像旋转】菜单命令，在打开的子菜单中选择任意一个菜单命令即可旋转图片，图6-14所示为水平翻转图片后的效果。Photoshop为用户提供了多种旋转选项，在选择"任意角度"菜单命令后，可任意对图片进行旋转。

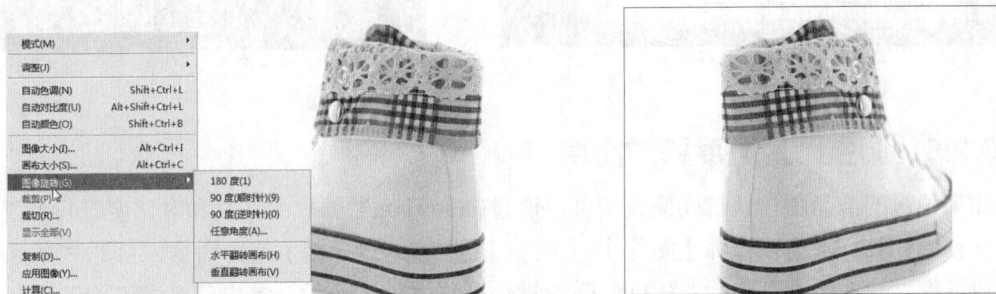

▲ 图6-14　水平翻转图片后的效果

6.2.4　变换图片

变换图片是指对图片的形状进行调整，使图片效果更多样化，在制作详情页时可能会使用。变换图片的方法是：在 Photoshop 中打开图片后，在"图层"面板中的背景图层上双击鼠标，在打开的对话框中单击 确定 按钮，将图片默认的背景图层转换为普通图层，然后选择【编辑】/【变换】菜单命令或按"Ctrl+T"组合键，使图片处于自由编辑状态，此时可以通过图片四周的控制点对图片进行调整，包括调整大小、旋转图片、变形或扭曲图片等操作。图 6-15 所示为图片变形后的效果。

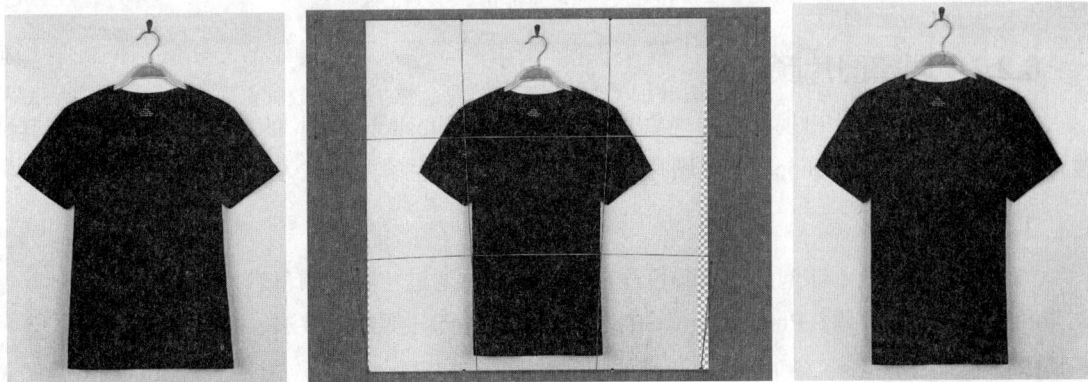

▲ 图6-15　图片变形后的效果

6.2.5　调整曝光不足或曝光过度的图片

当由于各种客观拍摄原因导致图片的曝光度过度或不足时，可通过Photoshop进行调整，其方法为：在Photoshop CC中打开图片，选择【图像】/【调整】/【曝光度】菜单命令，打开"曝光度"对话框，设置"曝光度""位移"和"灰度系数校正"的值，然后单击 确定 按钮即可。图6-16所示为调整曝光度后的效果。

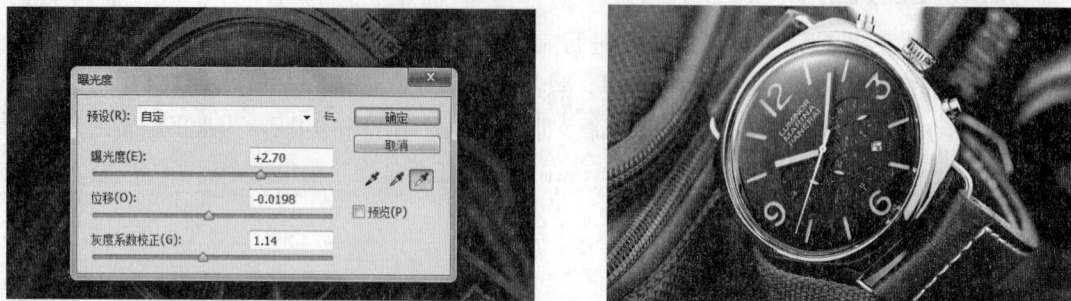

▲ 图6-16　调整曝光度后的效果

6.2.6　调整图片亮度和对比度

如果拍摄的商品图片偏暗或偏亮，可以通过Photoshop对图片的亮度和对比度进行调整，使其恢复正常，其方法为：选择【图像】/【调整】/【亮度/对比度】菜单命令，打开"亮度/对比度"对话框，在"亮度"和"对比度"数值框中分别进输入参数，完成后单击 确定 按钮。图6-17所示为调整图片亮度和对比度后的效果。

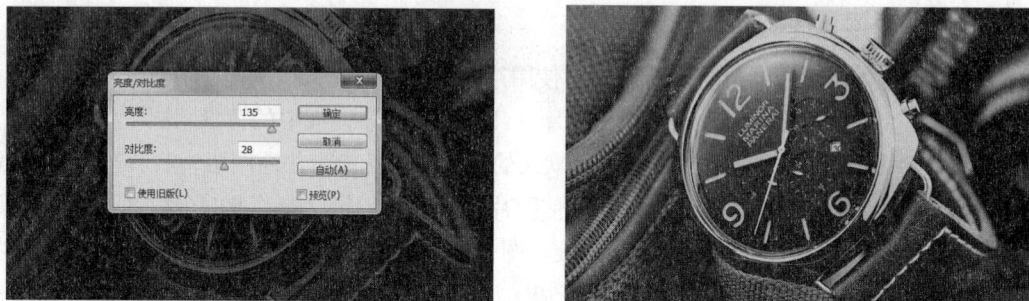

▲ 图6-17　调整图片亮度和对比度后的效果

6.2.7　调整图片颜色

当拍摄的商品图片出现偏色的现象时，可以通过Photoshop对图片的色彩进行调整，使其恢复原始的效果。在Photoshop中调整图片颜色主要可以通过色阶、曲线等方式实现。

1. 色阶

当商品图片颜色不够饱满，或颜色存在偏差时，可通过色阶对颜色进行调整和矫正，下面介绍在Photoshop CC中通过色阶调整图片颜色的方法，其具体操作如下。

STEP 01 在Photoshop中打开素材文件（配套资源:\素材文件\第六章\衣

扫一扫 实例演示

服.jpg），如图6-18所示，选择【图像】/【调整】/【色阶】菜单命令。

▲ 图6-18　图片素材

STEP 02 打开"色阶"对话框，在其中的"输入色阶"栏可分别对高光、暗调和中间调的分布情况进行调整，如图6-19所示。

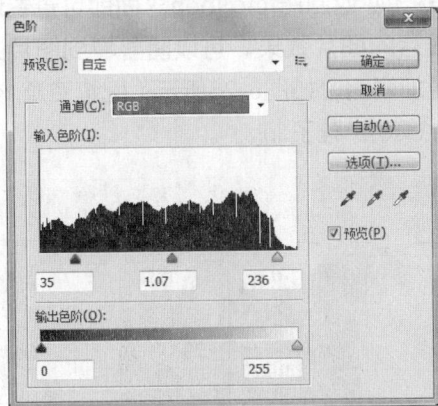

▲ 图6-19　调整RGB通道色阶

STEP 03 在"通道"下拉列表中选择"红"选项，在"输入色阶"栏中调整高光、暗调和中间调的值，设置完成后单击 确定 按钮，如图6-20所示。

2. 曲线

通过Photoshop的曲线菜单命令可以对图片的色彩、亮度和对比度等进行调整，使图片颜色更具质感。下面使用Photoshop的曲线命令对图片进行调整，使其色彩变得更加鲜明，其具体操作如下。

经验之谈

"通道"下拉列表框中包括"RGB""红""绿""蓝"4个选项，可根据需要进行选择。

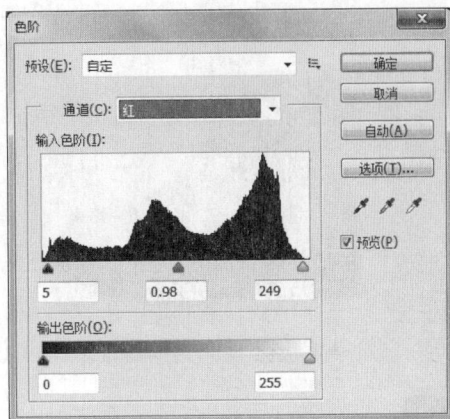

▲ 图6-20　调整红色通道色阶

STEP 04 返回Photoshop即可查看设置后的图片，可以明显看到图片的颜色更加饱满，如图6-21所示（配套资源:\效果文件\第6章\衣服.jpg）。

▲ 图6-21　查看调整色阶后的效果

扫一扫 实例演示

STEP 01 在Photoshop中打开素材文件（配套资源:\素材文件\第6章\鞋子.jpg），如图6-22所示，选择【图像】/【调整】/【曲线】菜单命令。

▲ 图6-22 打开素材图片

经验之谈

在"曲线"对话框中单击选中"预览"复选框，可预览设置后的效果，撤销选中即可查看原素材效果，用户在进行设置时可通过该复选框对比设置效果。

STEP 02 打开"曲线"对话框，在"通道"下拉列表中选择"RGB"选项，在"输入""输出"对话框中输入数值，或直接拖动曲线进行调整，如图6-23所示。

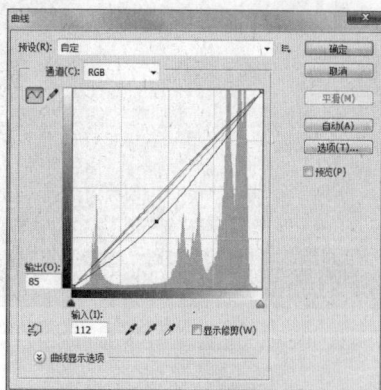

▲ 图6-23 调整RGB通道曲线

STEP 03 在"通道"下拉列表中选择"绿"选项，在"输入""输出"对话框中输入数值，或直接拖动曲线进行调整，调整后单击 确定 按钮，如图6-24所示。

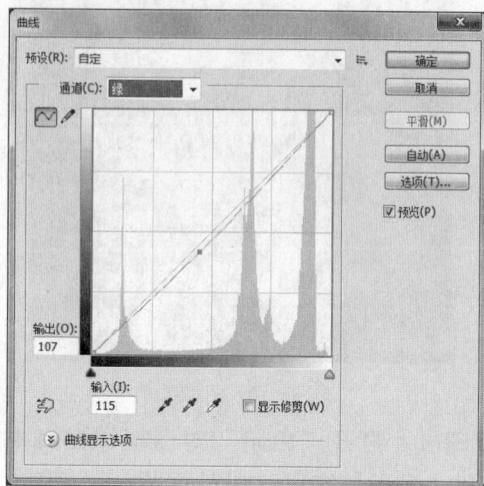

▲ 图6-24 调整绿色通道曲线

STEP 04 返回Photoshop界面即可查看调整曲线后的图片效果，可以明显看到图片的颜色更加鲜明，如图6-25所示（配套资源:\效果文件\第6章\鞋子.jpg）。

▲ 图6-25 查看调整曲线后的效果

6.2.8 为图片添加水印

如果担心自己的商品图片被盗用，可以为图片添加水印，水印主要分为文字水印和图片水印两种模式，下面分别进行介绍。

- **文字水印**：在Photoshop的工具箱中选择文字工具，在商品图片中输入水印内容，然后选择文字图层，在"图形样式"对话框中设置文字的样式和透明度，设置完成后调整水印的位置即可，如图6-26所示。

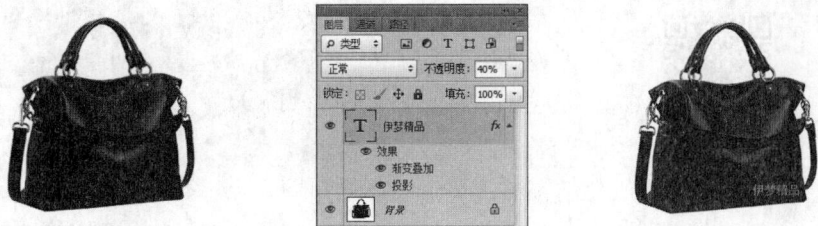

▲ 图6-26 设置文字水印

- **图片水印**：在Photoshop中打开商品图片和水印图片，将水印图片拖动到商品图片中，并调整水印图片的大小、位置和透明度即可，如图6-27所示。

▲ 图6-27 设置图片水印

6.2.9 为商品图片添加边框

为商品图片添加边框的方法为：双击"图层"面板中的商品图层缩略图，打开"图层样式"对话框，单击选中"描边"复选框，在"填充类型"下拉列表中选择描边类型，如"颜色""渐变""图案"等，再进行相应设置即可，如选择"图案"选项，再在"图案"下拉列表中选择所需图案，并通过"缩放"数值框调整图片的缩放比例，最后通过"结构"栏调整描边的大小、位置和不透明度等即可，如图6-28所示。

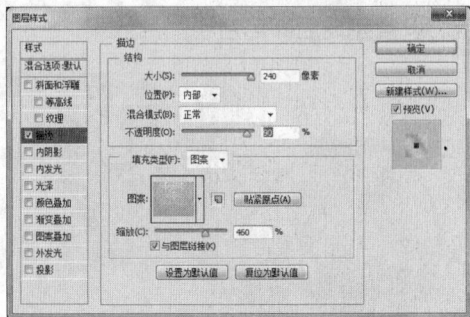

▲ 图6-28 添加边框

6.2.10 使图片更加清晰

由于各种客观拍摄原因使商品图片不够清晰时，可以通过Photoshop对图片进行处理，使图片更加清晰。下面使用Photoshop处理图片清晰度，其具体操作如下。

扫一扫 实例演示

STEP 01 在Photoshop中打开素材文件（配套资源:\素材文件\第6章\饰品.jpg），如图6-29所示。

▲ 图6-29　打开素材文件

STEP 02 按"Ctrl+J"组合键复制背景图层，设置图层混合模式为"柔光"，不透明度为"50%"，如图6-30所示。

▲ 图6-30　复制图层并进行设置

STEP 03 按"Ctrl+Alt+Shift+E"组合键快速盖印图层，选择【滤镜】/【其他】/【高反差保留】菜单命令，打开"高反差保留"对话框，在"半径"数值框中输入"4.5"，单击 确定 按钮，如图6-31所示。

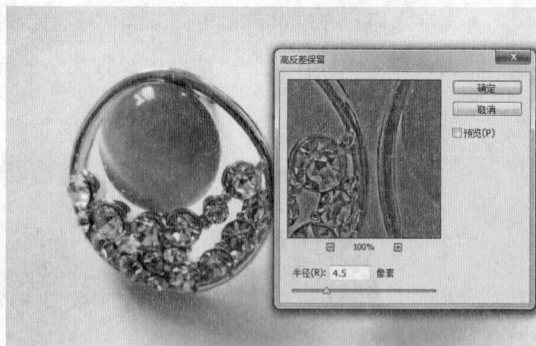
▲ 图6-31　设置高反差保留

STEP 04 在"图层"面板中选择该图层，设置其混合模式为"柔光"，再次按"Ctrl+Alt+Shift+E"组合键盖印图层，如图6-32所示。

▲ 图6-32　设置图层样式

STEP 05 若边缘效果依然不够清晰，还可以选择【滤镜】/【锐化】/【USM锐化】菜单命令，打开"USM锐化"对话框，在其中设置锐化数值，单击 确定 按钮，如图6-33所示。设置完成后即可查看图片效果。

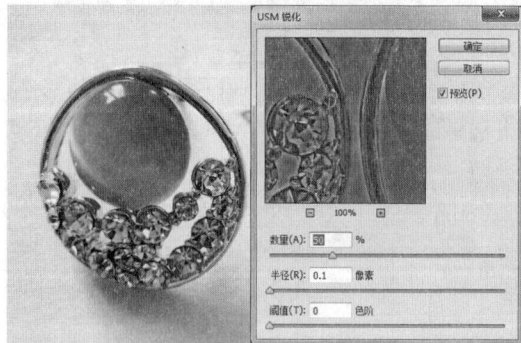
▲ 图6-33　设置USM锐化

部分图片不清晰的原因是图片过于放大，此时可适当将图片缩小，保证其清晰度。此外，在通过 Photoshop 对图片的清晰度进行调整后，还应该观察图片调整后的效果，对图片中的不妥之处进行优化。

6.2.11　抠图

抠图是在制作网店商品主图、海报或详情页内容时经常会使用的操作，为了商品图片的美观，通常需要将商品主体从单调的背景中抠取出来，放置到其他好看合适的背景中，从而提高商品的美观度和买家的购买欲。

1. 使用快速选择工具抠图

当需要抠取的商品主体图颜色单一且和背景差别明显时，直接使用快速选择工具即可完成抠图，其方法为：选择快速选择工具，单击需要抠取的图片部分或拖动鼠标选择需要抠取的图片区域即可，如图6-34所示。在使用快速选择工具抠图时，可通过其属性栏设置取样大小、容差等，如果抠取了多余的选区或少抠取了一部分图像区域，可以在其属性栏中单击"添加到选区"、"从选区中减去"按钮来增加或减少选区。

▲ 图6-34　快速抠取图像

2. 使用套索工具抠图

磁性工具和套索工具是一种非常便捷的抠图方式，对于边界较明显、基本的几何形状等图片区域，则可以通过磁性工具和套索工具进行抠取。下面介绍在Photoshop中使用套索工具抠图的方法，其具体操作如下。

扫一扫 实例演示

STEP 01 在Photoshop中打开素材文件（配套资源:\素材文件\第6章\笔记本.jpg、笔记本背景.jpg），如图6-35所示。
STEP 02 选择磁性套索工具，在笔记本左侧边缘处单击，然后沿着笔记本的边拖动鼠标，此时磁性套索工具将自动吸附笔记本边缘位置，如图6-36所示。

▲ 图6-35　查看素材文件

▲ 图6-36 使用磁性套索工具抠取笔记本

STEP 03 在使用磁性套索工具的过程中，可以单击鼠标左键确定锚点，如果图像区域的边缘是直线，可以按住"Alt"键并单击，将磁性套索工具切换为多边形套索工具，用于创建直线选区，在创建直线选区时，移动鼠标到下一个锚点的位置并单击即可，如图6-37所示。

▲ 图6-37 使用多边形套索工具抠取笔记本

STEP 04 按照相同的方法选择合适的套索工具继续完成选区的创建，然后单击起始点锚点，将选区闭合，如图6-38所示。

3. 使用背景橡皮擦工具抠图

背景橡皮擦工具是一种非常智能的擦除工具，具有自动识别图像边缘的功能，被擦除的部分将变为透明区域，当商品主要区域与背景颜色差异明显、边缘清晰时，即可用橡皮擦工具擦除背景。边缘与背景的对比度越高，擦除效果越好。下面介绍在Photoshop中使用背景橡皮擦工具抠取图像并替换背景的方法，其具体操作如下。

STEP 01 在Photoshop中打开素材文件（配套资源:\素材文件\第6章\网球.jpg、网球背景.jpg），如图6-40所示。

在使用磁性套索工具▣时，也可以通过单击鼠标左键来确定锚点。

▲ 图6-38 完成选区的创建

STEP 05 创建完成后，选择笔记本选区并将其拖动到"笔记本背景.jpg"文件中，调整笔记本的大小、位置，还可以根据实际情况对图片进行细微变形，为了使图片与背景更融洽，建议为图片添加倒影、投影或阴影等效果，如图6-39所示（配套资源:\效果文件\第6章\笔记本.psd）。

▲ 图6-39 更换背景

扫一扫 实例演示

▲ 图6-40 打开素材

STEP 02 在Photoshop工具箱中选择背景橡皮擦工具 ，在其工具属性栏中设置"画笔大小"为"150像素"，将"容差"设置为"25%"，单击"取样：一次"按钮 ，拖动或单击鼠标去除图片的背景，如图6-41所示。

▲ 图6-41 去除背景

STEP 03 使用相同的方法将背景橡皮擦的容差调整为"13%"，再次擦除网球下方的阴影部分，如图6-42所示。

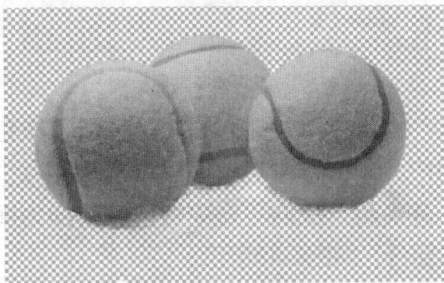

▲ 图6-42 擦除阴影部分

STEP 04 观察发现网球被擦除了需要保留的图像部分，选择历史画笔工具 ，将画笔大小调整为"20像素"，在误擦除的部分涂抹，恢复原图像部分，如图6-43所示。

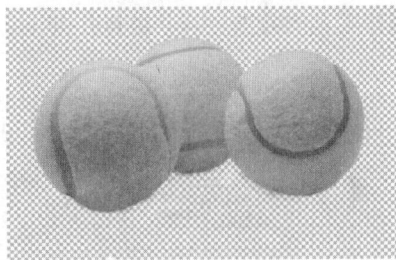

▲ 图6-43 恢复误擦除部分

STEP 05 如果图像边缘阴影颜色比较重，可以选择仿制图章工具 ，按住"Alt"键并单击鼠标，对临近的区域进行取值，然后在需要应用取值区域图像效果的地方单击，对图像细节进行修复，如图6-44所示。

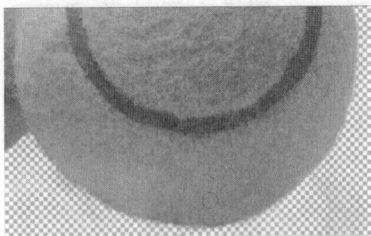

▲ 图6-44 恢复误擦除部分

STEP 06 处理完成后，将网球选区拖动到"网球背景.jpg"文件中，调整网球图片的大小、位置，加投影效果，如图6-45所示（配套资源:\效果文件\第6章\网球.psd）。

▲ 图6-45 更换背景

💬 **经验之谈**

在抠图的过程中，为了更好地保留原图像的边缘，建议结合多种工具对边缘进行调整。

4. 抠取背景单一的图片

对于背景单一的图片，可以选择很多种抠取方式，比如通过"色彩范围"命令抠取、使用魔棒工具抠取，或者使用魔术橡皮擦工具抠取等，下面介绍在Photoshop中使用"色彩范围"命令和魔棒工具的方法，其具体操作如下。

STEP 01 在Photoshop中打开素材文件（配套资源:\素材文件\第6章\吹风机.jpg、吹风机背景.jpg），在工具箱中选择魔棒工具，在图片背景中单击鼠标左键，即可选择整个背景区域，如图6-46所示。

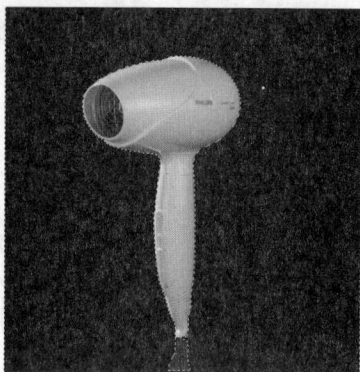

▲ 图6-46 打开素材

STEP 02 选择【选择】/【反向】菜单命令，将选区转换为图片主体，如果发现漏选或多选的部分，可在其工具属性栏中单击"添加到选区"按钮、"从选区中减去"按钮对选区进行增加或减少操作，如图6-47所示。

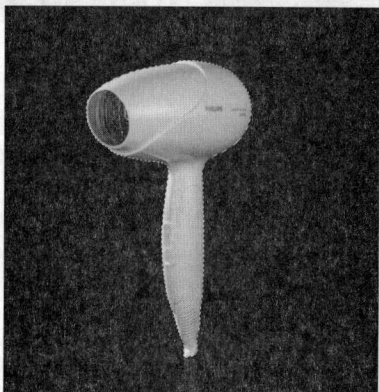

▲ 图6-47 调整选区

STEP 03 在Photoshop中继续打开素材文件（配套资源:\素材文件\第6章\吹风机1.jpg），选择【选择】/【色彩范围】菜单命令，打开"色彩范围"对话框，在其中单击"习惯工具"按钮，然后再单击图片的背景区域进行取样，并拖动"颜色容差"栏的滑块来调整颜色容差，如图6-48所示。

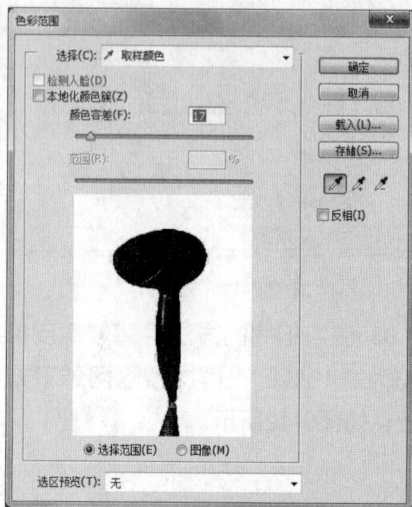

▲ 图6-48 选择颜色范围

STEP 04 设置完成后单击确定按钮，返回Photoshop中对选区进行增加和减少操作，并使用"反向"命令将选区转换为图片主体部分，如图6-49所示。

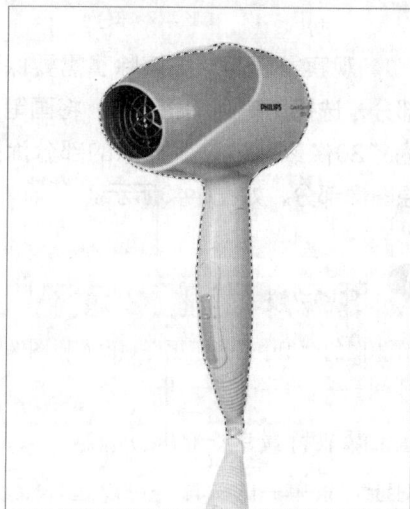

▲ 图6-49 调整选区

淘宝网店运营全能一本通——开店、装修、推广、物流、客服（视频指导版）

108

STEP 05 处理完成后，将两个吹风机的选区拖动到"吹风机背景.jpg"，调整图片的大小、位置，并添加投影效果，如图6-50所示（配套资源:\效果文件\第6章\电吹风.psd）。

经验之谈

在抠取图像时，注意对图片进行分析，不同形状、不同背景、不同性质的图像，所使用的抠取方式也不相同，在完成图片的抠取后，为了保持边缘的真实感，还可适当设置一下羽化效果。

▲ 图6-50　更换背景

5. 使用钢笔工具抠图

钢笔工具是一种十分精确的抠图工具，非常适合抠取边缘清晰平滑的对象，适用范围比较广，是常用的图像抠取方式之一。下面介绍在Photoshop中使用钢笔工具的方法，其具体操作如下。

扫一扫 实例演示

STEP 01 在Photoshop中打开素材文件（配套资源:\素材文件\第6章\唇膏.jpg、唇膏背景.jpg），在工具箱中选择钢笔工具，在其工具属性栏的下拉列表中选择"路径"选项，然后在图片中选取一个边缘点进行单击，确定所绘路径的起点位置，如图6-51所示。

▲ 图6-51　确定路径起点

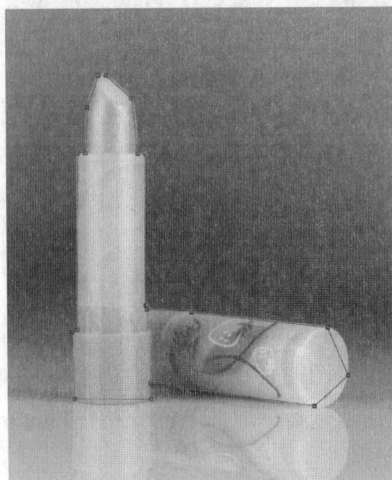

STEP 02 沿着唇膏图片的边缘依次单击，为图片添加锚点，添加到起始点时，再次单

击起始点锚点，即可闭合路径，如图6-52所示。在添加锚点时，尽量在放大图片的情况下进行添加，并尽量将锚点添加在边缘靠内的位置。

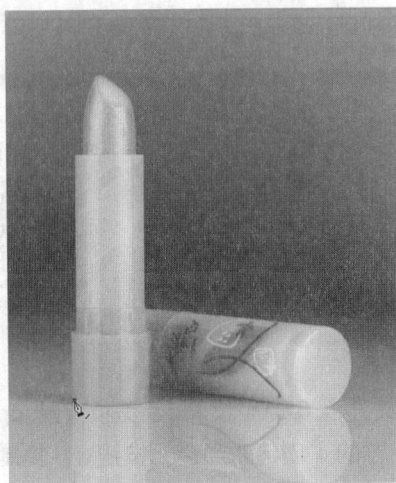

▲ 图6-52　确定路径起点

STEP 03 闭合路径之后，选择转换点工具，单击锚点为其添加控制柄，拖动控制柄调整路径的平滑度，如图6-53所示。控制柄两端的锚点分别用于调整当前路径两侧线段的平滑度。

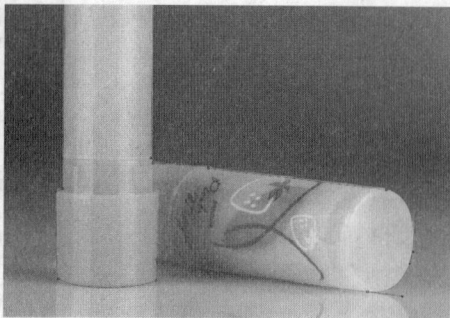

▲ 图6-53　调整路径平滑度

STEP 04 按照该方法依次调整所有路径线段的平滑度，绘制完成后按"Ctrl+Enter"组合键或在"路径"面板中单击 按钮，将路径转换为选区，如图6-54所示。

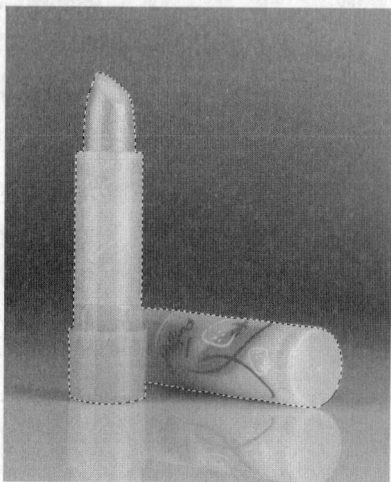

▲ 图6-54　将路径转化为选区

STEP 05 使用移动工具 将唇膏选区拖动到"唇膏背景.jpg"文件中，调整其大小、位置，并为其添加投影效果，如图6-55所示（配套资源:\效果文件\第6章\唇膏.psd）。

▲ 图6-55　更换背景

经验之谈

　　在使用钢笔工具抠图时，也可以边绘制路径边调整路径，绘制锚点后，按住"Alt"键切换到转换点工具进行调整即可。为了更好地确定抠取部分的边界，在确定锚点时通常需要将图片放大，按"Ctrl++"组合键或"Ctrl+-"组合键即可快速放大或缩小图片。

新手练兵

　　选择一张适合的图片，使用钢笔工具对其进行抠取，抠取完成后放入其他背景中。

6．使用通道进行抠图

　　通道抠图是指利用图像的色相差别或者明度差别来建立选区的一种方法，通道抠图通常比较精细，但会花费更多的时间。如抠取发丝时，一般都会使用通道进行抠取。下面介绍在Photoshop中抠取发丝的方法，其具体操作如下。

扫一扫 实例演示

STEP 01 在Photoshop中打开素材文件（配套资源:\素材文件\第6章\美妆.jpg、美妆背景.jpg），选择"通道"面板，选择"蓝"通道，将其拖动到面板下方的"创建新通道"按钮 ，复制一个蓝通道，如图6-56所示。

▲ 图6-56 复制蓝通道

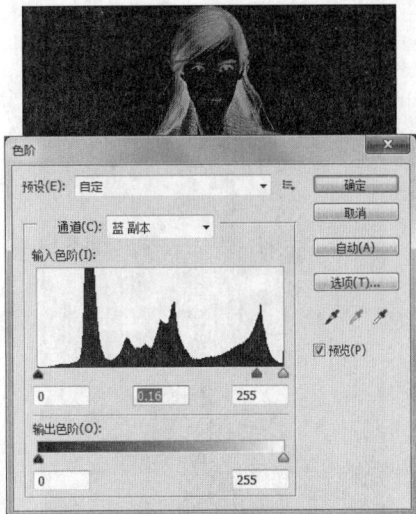

▲ 图6-58 调整色阶

STEP 02 选择复制的蓝通道，选择【图像】/【调整】/【反相】菜单命令，反相显示图像，如图6-57所示。

STEP 04 在工具箱中选择画笔工具 ✎ ，设置画笔样式为"硬边圆"，将不透明度和流量都设置为"100%"，然后将前景色设置为白色，拖动鼠标将要抠取的人物部分涂抹为白色，如图6-59所示。

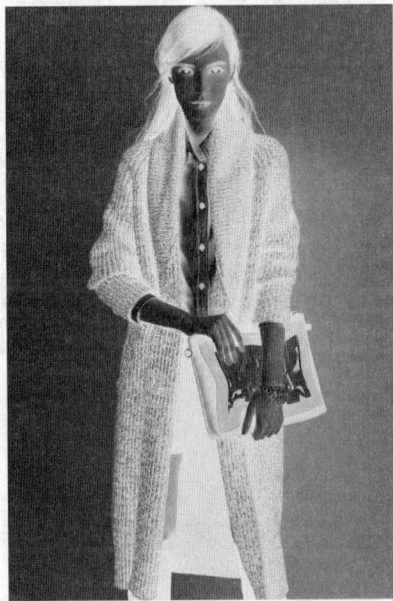

▲ 图6-57 反相

▲ 图6-59 使用画笔工具涂抹

STEP 03 选择【图像】/【调整】/【色阶】菜单命令，或按"Ctrl+L"组合键打开"色阶"对话框，在其中对相关参数进行调整，将背景调整为纯黑色，如图6-58所示。

STEP 05 涂抹完成后，按住"Ctrl"键并单击该通道，载入选区。选择"RGB通道"图层，再返回"图层"面板，可发现已为人物部分建立了选区，如图6-60所示。

▲ 图6-60　建立选区

图层中，使用移动工具 ![] 将新建的图层拖动到其他背景中，调整其大小、位置，并为其添加投影效果，如图6-61所示（配套资源:\效果文件\第6章\美妆.psd）。

▲ 图6-61　更换背景

STEP 06 按"Ctrl+J"组合键复制选区到新

💬 **经验之谈**

在选择通道时，可分别查看三个通道的对比，选择对比最明显的通道，这样更方便涂抹和抠取。在涂抹人物部分时，如果想抠取得更精确一些，可以将画笔缩小再进行涂抹，特别是在涂抹细节和头发丝部分时，可以边涂抹边与RGB通道的图层进行对比，使涂抹部分更加精确。

6.2.12　批处理图片

由于网店商品非常多，单独处理特别浪费时间，如果需要对多张图片进行相同的操作，可以通过Photoshop的图片批处理功能来实现。下面介绍在Photoshop中创建动作并批处理图片的方法，其具体操作如下。

扫一扫 实例演示

STEP 01 使用Photoshop打开一张素材图片，选择【窗口】/【动作】菜单命令，打开"动作"面板，单击"创建新动作"按钮 ![]，打开"新建动作"对话框，在"名称"文本框中输入该动作的名称，如"调整图片色调"，在"功能键"下拉列表中可以设置动作的快捷键，然后单击 [记录] 按钮，如图6-62所示。

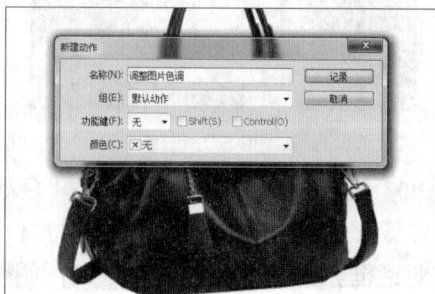

▲ 图6-62　新建动作

在 Photoshop CC 中已经默认提供了很多批处理的动作，为了便于区分，在设置动作名称时，可设置为当前操作的名称。

STEP 02 记录动作之后，在"动作"面板中将显示正在录制的红色按钮，此时即可开始进行相应操作，如选择【图像】/【自动色调】菜单命令，如图6-63所示。

▲ 图6-63　记录动作

STEP 03 操作结束后，在"动作"面板中单击"停止播放/记录"按钮■，停止动作的录制，在"动作"面板中可查看该动作。选择【文件】/【自动】/【批处理】菜单命令，打开"批处理"对话框，在"动作"下拉列表中选择动作，在"源"下拉列表中选择需要处理的图片类型，单击 选择(C)... 按钮设置图片的来源，在"目标"栏中设置图片处理后保存的方式和位置，如图6-64所示。

在批处理图片时，建议将图片单独保存在另外的文件夹中，不要覆盖原文件夹中的图片，以免误操作丢失源图片文件。

▲ 图6-64　设置图片来源和保存位置

STEP 04 单击 确定 按钮，Photoshop将自动对源文件夹中的图片进行批处理，在处理过程中，将打开一个对话框，提示对图片进行保存设置，在其中可设置图片的品质等，设置后单击 确定 按钮即可保存图片到目标文件夹中，如图6-65所示。

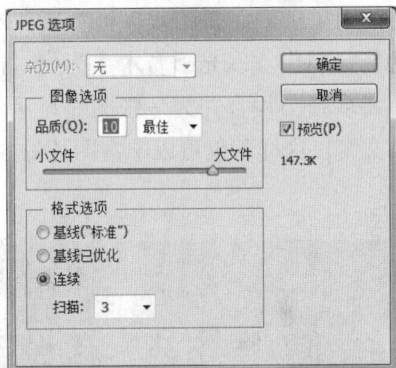

▲ 图6-65　保存图片

STEP 05 依次完成所有图片的处理后，打开目标文件夹即可查看所有图片的大小已被调整，如图6-66所示。

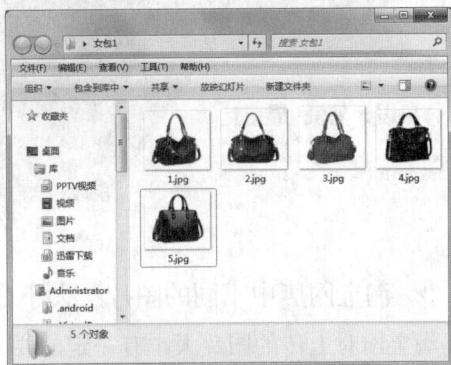

▲ 图6-66　查看处理的图片

6.3 疑难解答

商品图片的美化是图片优化的重要内容，直接关系到商品的点击率和转化率。美化商品图片的目的是吸引用户进行查看和了解，在优化商品图片的同时，还应该保证图片的清晰度和真实性，下面主要针对一些常见的图片美化知识提出相应的解答和建议。

1. 哪一类商品图片需要调色？

答：一般来说，由于光线、拍摄器材等客观原因造成的商品照片与实际商品存在色差时，需要对图片颜色进行调整，还原图片本身颜色，使图片更具真实性。如果是使用正规拍摄方式和方法，在布光合理的环境中拍摄出来的商品图片基本都是不需要调色的，但有时候可根据主图背景、详情页风格等进行色调处理，使其与主图色调相融合。

2. 商品详情页中经常会有拼图的情况，怎样进行拼图？

答：在商品详情页中，为了多角度、多方面展示商品，可以对商品进行拼图，图6-67所示为商品拼图效果。商品拼图效果可直接在Photoshop中制作，也可使用一些图形图像处理软件中的拼图功能来制作。以光影魔术手为例，通过光影魔术手系统提供的拼图模板即可快速制作商品拼图，将多张图片合并为一张图片显示。在制作详情页拼图时，也可适当保留一些空间用来添加商品文案，这样不仅可以丰富图片的内容，还可以起到对商品进行引导说明的作用。

▲ 图6-67 商品详情页拼图效果

3. 淘宝网店中不同的图片，大小分别是多少？

淘宝网对上传的图片大小有一定的要求，因此在制作和上传图片之前，首先需对图片的大小进行了解，表6-1所示为淘宝网中常见的图片尺寸及具体要求。

表 6-1 淘宝网中常见的尺寸及具体要求

图片名称	尺寸要求	文件大小	支持图片格式
店标	建议：80 像素 ×80 像素	建议：80KB	GIF、JPG、PNG
宝贝主图	建议：800 像素 ×800 像素	小于 3MB	GIF、JPG、PNG
店招图片	默认：950 像素 ×120 像素 全屏：1920 像素 ×150 像素	建议：不超过 100KB	GIF、JPG、PNG
全屏海报	建议：1920 像素 ×400~600 像素	建议：小于 50KB	GIF、JPG、PNG
轮播图片	默认：950 像素 ×460~650 像素	建议：小于 50KB	GIF、JPG、PNG
分类图片	宽度小于 160 像素，高度无明确规定	建议：小于 50KB	GIF、JPG、PNG
导航背景	950 像素 ×150 像素	不限	GIF、JPG、PNG
页头背景	不限	小于 200KB	GIF、JPG、PNG
页面背景	不限	小于 1MB	GIF、JPG、PNG

6.4 经典案例——商品美化，成就销量神话

作为一名出售保温杯的网店卖家，小赵深知商品美化的重要性。

小赵刚创建自己淘宝店铺的时候，深信质量才是王道，店铺中的每一件商品，他都详细描述了参数、性能、功能等数据，事无巨细。他相信买家在看过了商品的信息后，一定会信任自己的商品，并购买自己的商品。

但是结果却出乎他的意料。数据显示，小赵商品的转化率远低于同行水平，买家在商品页停留的平均时长也非常短，跳出率很高。这一点让小赵非常不解，保温杯不同于服装等"以貌取胜"的商品，小赵觉得对于这类商品，买家应该更注重商品的实用性和功能性，自己的主图和商品详情页都很好地迎合了买家的需求，为什么无法得到好的效果。

不得已，小赵决定从同行的优秀店铺中"取取经"。经过一番对比，小赵终于找到了原因。同行做得好的店铺，不管是主图还是详情页图片，图片的美化效果都非常好，不仅商品清晰明亮，连页面排版都有条有理，简洁大气，文案搭配恰到好处，一上来就吸引了买家的目光。引起了买家的兴趣后，才慢慢讲述商品的参数和性能，让买家一点点逐渐了解到所需的信息，甚至通过场景拍摄，还向买家展示了商品的使用环境，增加了买家购买的理由。反观自己的商品，图片清晰度不高，美化程度不够，而且参数太多，非常影响买家的阅读体验，从第一眼的印象上就被对手比了下去。

吸取了这次的教训后，小赵很快对主图和详情页图片进行了美化，很快改善了店铺的情况，将店铺销量提了上去，销售额甚至远超同行的其他店铺。

总结："爱美之心人皆有之"。不管是什么商品，首先都应该做到图片清晰、色调饱满。一些对美化度要求不高的商品，但并不代表它不需要美化，只要是用于网店销售的，都要以能够带给买家舒适的视觉感觉为第一要求，这样才能吸引买家进一步了解商品，从而产生购买行为。

6.5 高手进阶

（1）使用Photoshop CC对素材图片（配套资源:\素材文件\第6章\玉.jpg）的曝光度、对比度、色调进行调整，使图片色调更饱满，颜色更鲜明，效果如图6-68所示（配套资源:\效果文件\第6章\玉.jpg）。

▲ 图6-68 调整图片曝光度、对比度和色调

（2）在Photoshop中打开素材图片（配套资源:\素材文件\第6章\茶具.jpg、茶具背景.jpg）中的茶碗进行抠取，然后将其放入"茶具背景.jpg"文件中，调整茶碗的大小、位置，调整图片的亮度和饱和度，使图片颜色与背景更融合，然后为其添加倒影效果，效果如图6-69所示（配套资源:\效果文件\第6章\茶具.psd）。

▲ 图6-69 抠图并更换背景

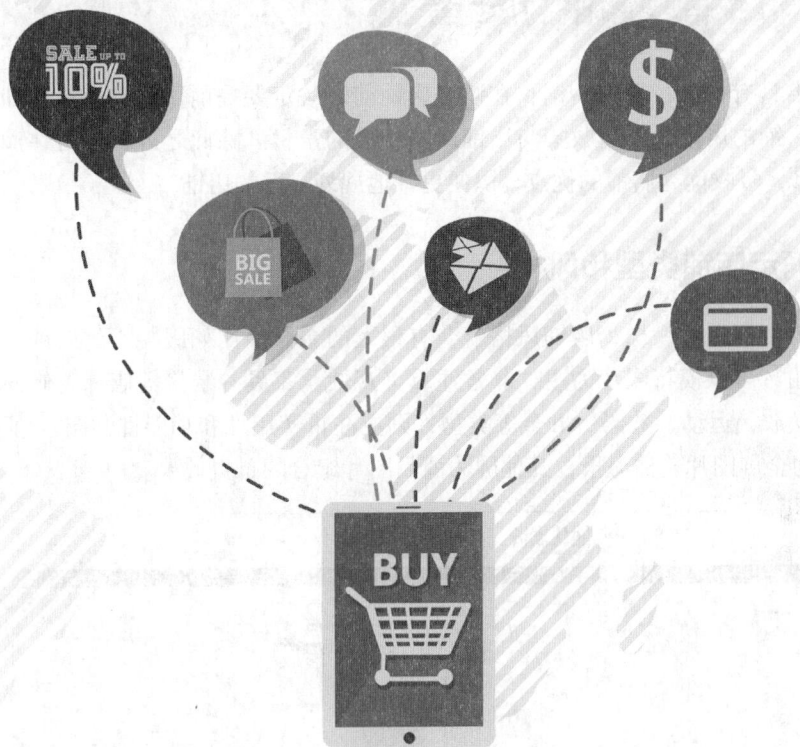

第 7 章
网店的设计与装修

设计与装修网店是网上开店必不可少的一步，好的店铺装修不仅可以体现店铺风格，方便买家操作，还能获得买家的好印象和认同感，是店铺成功经营中非常重要的一个因素。本章主要介绍店铺装修准备、获得图片空间、制作店招和导航、制作详情页和制作其他店铺模板等内容，通过本章的学习，让读者能熟练掌握店铺设计和装修的相关知识。

7.1 店铺装修前期准备

为了打造出具有自己特色的店铺，在装修店铺前，一定要提前做好准备。比如需要根据自己的商品确定店铺的风格，然后收集与店铺风格相关的素材。除此之外，还可在淘宝网上浏览其他店铺的装修，吸收优秀店铺的优点，以便更好地规划自己的店铺。

7.1.1 确定店铺类型和风格

店铺所出售的商品不一样，店铺风格就会有很大的差异。比如服装类的店铺，其装修风格一般都比较华丽，多以模特图片为主，非常注重美观性。家具、装修等店铺装修，则比较注重物品的搭配和摆放，运动、数码、五金等类型，则更注重实用性和功能性。图7-1所示为现在比较主流的首屏为全屏图片轮播海报，其他屏为商品图片组合的首页效果。

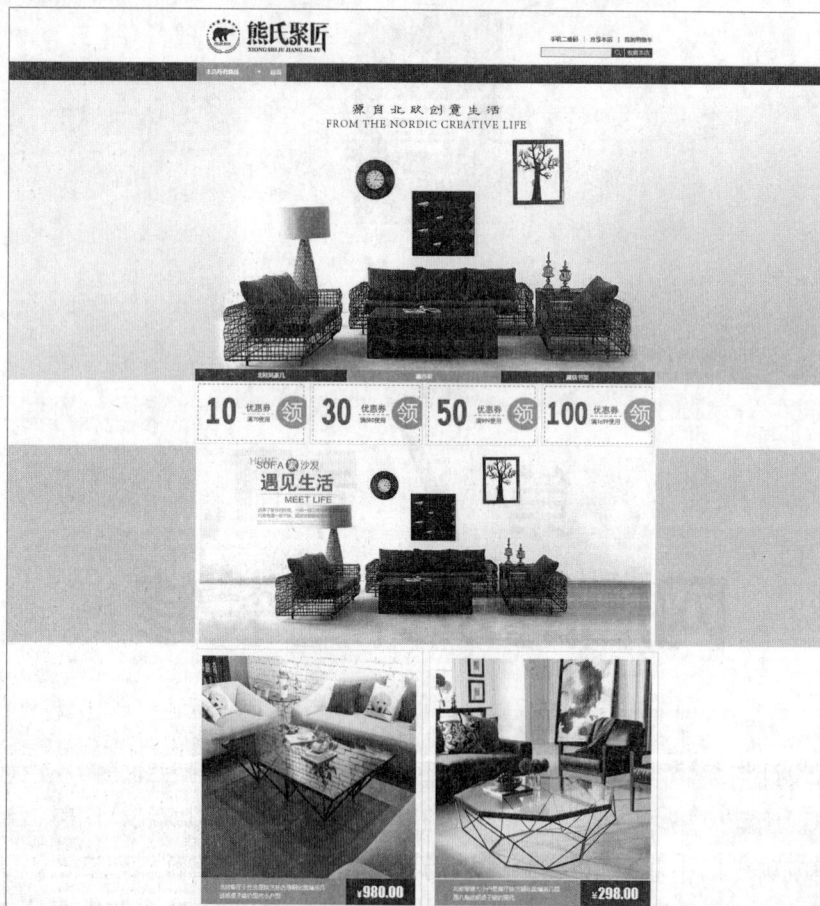

▲ 图7-1 家具店装修风格

图7-2为数码产品的店铺首页，主要是全屏海报+轮播图片+产品类别和参数的形式，更体现产品的功能性。

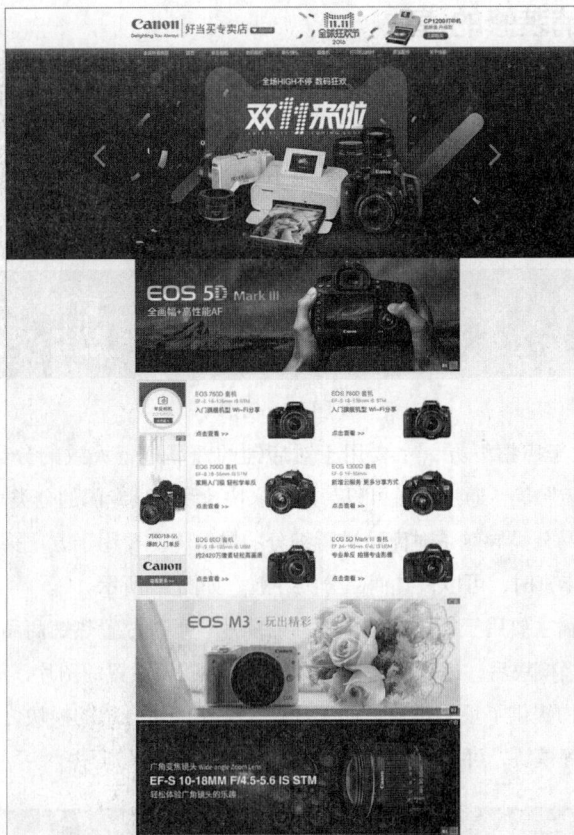

▲ 图7-2 数码产品装修风格

7.1.2 收集素材

　　收集素材也是装修店铺的一项重要工作，可以简化装修过程。在明确了店铺的类型和装修方向之后，就可以通过各种素材网寻找与自己店铺风格相适应的素材，主流的素材网一般包括素材中国、昵图网、千鸟网、花瓣网等。图7-3所示为素材中国网站中的模板素材。

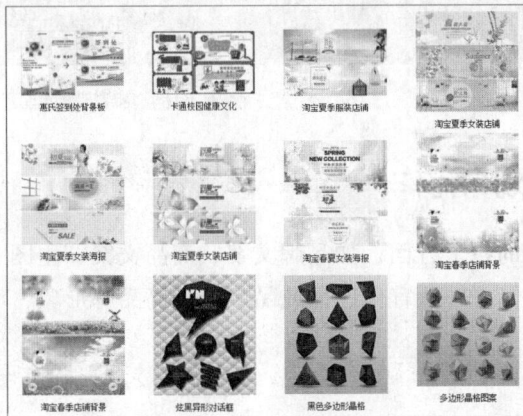

▲ 图7-3 素材中国网站中的模板素材

7.1.3　认识店铺装修的模块

淘宝店铺中的模块一般包括店招、导航、商品分类导航、公告栏、图片轮播模块等，下面分别进行介绍。

- **店招**：店招就是店铺招牌，位于店铺页面的最上方，一般用以宣传店铺，包括商店的名称，也可放置少量文案和商品图片，如图7-4所示。

▲ 图7-4　店招

- **导航**：导航一般位于店招下方，主要用于对店铺的商品进行大致的分类，如服装店导航的"新品""上装""下装"等，通过导航可以帮助买家快速跳转到专门的分类页面。
- **商品分类导航**：商品分类导航是对商品进行细分的导航，主要用于方便买家精确找到所需的商品。当商品经营类目较丰富时，可以设置商品分类导航，如图7-5所示。
- **图片轮播**：图片轮播主要用于播放店铺中的商品图片，可以放置热销商品、新品、打折商品等。在店铺中添加图片轮播模块后，进入店铺主页即可自动放映所设置的图片，如图7-6所示。
- **其他模块**：淘宝网中提供了很多模块供商家选择，除了上述介绍的模块之外，还有宝贝推荐、宝贝排行榜、本店搜索等模块，可以根据实际需要进行添加和删除。

▲ 图7-5　商品分类导航　　　　　　　　　　▲ 图7-6　图片轮播

7.1.4　文案的策划与写作

文案体现在网上商店的各个方面，如品牌文案、商品文案、主图文案、商品详情页文案、推广文案等。好的文案可以更好地宣传店铺或品牌，提高品牌形象，增加消费者对品牌的好感和信任度。

1. 文案的策划

满足消费者的需求是营销的基本目的，当消费者不了解商品时，就需要通过文案对商品进行介绍。在进行文案写作之前，首先需要对文案进行策划。一般来说，策划网店文案时主要可以从以下几个面着手。

- **分解商品属性**：分解商品属性即明确商品功能，突出商品优点。要策划出好的文案，必须充分地了解商品有文案价值的属性。比如某户外帐篷的特点是安全牢固、便于安装，那么"安全牢固、便于安装"就是该户外帐篷较有文案价值的属性，在文案中突出这一点，即可吸引不会搭建帐篷或懒于搭建帐篷的消费者。

- **明确顾客群**：准确定位目标人群是文案策划的基础。由于职业、收入、性格、年龄、生活习惯、兴趣爱好等不同，消费者的消费习惯也不一样。因此，需对消费者的消费行为进行具体分析，了解消费的原因和目的，才能更贴切地针对产品的属性写出具有较强针对性的文案。比如经调查发现一部分年轻的手机用户对手机摄像头的像素要求比较高，公司在推出这类手机时就可以在时尚、外形、摄像头像素的文案上做文章。

- **分析利益点**：消费者在选择某个商品时，会考虑该商品的多个方面属性，如实用性、便利性、操作感、安全性等。为了让消费者可以在层层考量中选择我们的产品，就需要直白地将利益点分析给消费者。分析利益点也是强调商品优点的一种手段，清楚地告诉消费者这个利益点可以带给他什么，比长篇大论地描述商品功能更有效果。

- **定位使用场景**：定位使用场景是指给消费者指明商品的使用场合。很多时候，商品不仅仅具有通用功能，在某些特殊时候或场景中使用时，可能会有意料之外的效果。所以在文案策划时，可以对这些特殊场景突出介绍，这样不仅可以增加商品的隐性价值，还可以使消费者对商品产生非常实惠贴心的想法。比如某上班族衬衫的抗皱性比较好，那么在文案中则可以描述"精选舒适抗皱面料，不怕挤公交和地铁"这样的场景。

- **明确"竞争对手"**：商品的竞争对手并不仅是指经营同类商品的经营者，还可以是环境、习俗、职业、场合等。比如太阳能电器对于电力稳定充足的地区而言，其稳定性不如电力电器，因此竞争对手不是其他电器，而是"电"，策划太阳能电器的文案时，就需要突出"不依赖电力、随时可用"这个特性。

2. 文案的写作

对于网上商品而言，文案的写作一定要搭配好看的图片，若是改进了商品，还需要实时进行更新。下面对网上商品的常用文案写作方法进行介绍。

（1）主图文案

主图文案是网上商品的主要文案之一，一般都字数精练，一目了然。好的主图文案一般需要做到三点：目标明确、紧抓需求、精练表达。

- **目标明确**：明确主图的目的，一般来说，主图的目的都是吸引消费者深入查看、点击或收藏，如图7-7所示。

- **紧抓需求**：明确消费者希望从主图文案中得到的信息，消费者希望知道什么，主图文案中就要包含什么，如价格、品质、活动等。

- **精练表达**：精确地表达消费者希望了解的信息，消费者在网上商店选择商品时，通常最先看到的都是主图，如果主图文案过多，消费者难以抓住重点提取自己所需的信息，会直接放弃阅读转而查看下一个商品，因此主图文案一定要精练，让消费者可以快速直白地初步了解商品，如图7-7所示。

▲ 图7-7 主图文案

（2）详情页文案

详情页文案与转化率息息相关，我们在出售商品时，不仅要吸引顾客查看商品，还需要促成消费者的购买行为，详情页文案即是促成消费者购买的有效手段。

与主图文案一样，在制作详情页文案时，首先应明确制作该文案的目的。详情页文案的目的主要包括以下几种。

- **引发消费者兴趣**：引发兴趣是吸引消费者关注的第一个环节，一般可通过品牌介绍、焦点图、目标客户场景设计、产品总体图、购买理由、使用体验等方面进行考虑，图7-8所示即为产品总体图及相关文案。
- **激发消费者需求**：激发消费者需求是引发消费者兴趣的进一步延伸，当消费者在是否购买之间摇摆不定时，通过激发他的潜在需求，就可以巩固他的购买行为。简而言之，激发消费者需求就是给他一个购买的理由，如图7-9所示。

▲ 图7-8 商品总体图

▲ 图7-9 激发消费者购买需求

- **获得消费者信任**：消费者购买商品的过程事实上就是对该商品的信任过程，只有获得消费者的信任，才能更顺利地卖出商品。商品的细节、用途、产品的参数展示、好评展示等都是获取消费者信任的有效手段，如图7-10所示。

- **打消消费者顾虑**：打消消费者顾虑是获取消费者信任的一种延伸，向消费者传递出购买行为没有后顾之忧的信息，同时也是进一步奠定消费者的购买欲望，商家保证、商品证书、商品价值展示、售后服务等都可以打消消费者的顾虑，如图7-11所示。
- **激发消费者购买**：通过优惠活动、促销活动等进一步激发消费者的购买欲望，表达出物超所值的信息，甚至可以诱导消费者购买，推过推荐帮助他们做出购买决定，如图7-12所示。

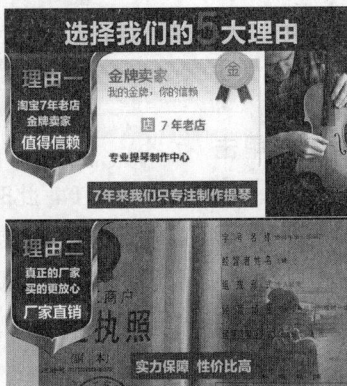

▲ 图7-10　商品参数　　　　▲ 图7-11　店铺信誉和商品证书　　　　▲ 图7-12　优惠活动

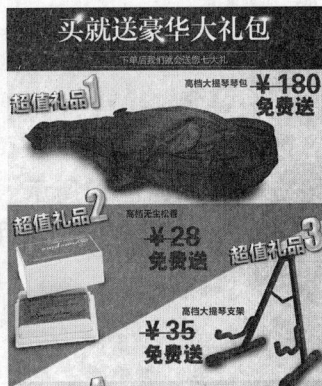

经验之谈

　　商品文案的写作既要吸引人，又要展现商品价值，突出商品卖点。同时文案对商品起着画龙点睛的作用，不可喧宾夺主遮盖了商品本身。

7.2　使用和设置图片空间

　　网上商品的图片基本都放置在图片空间，完善、充足的图片空间可以提升图片管理的效率，提高商品图片的展示速度和消费者的购物体验。

7.2.1　使用图片空间

　　装修店铺、宝贝图片等会使用大量的图片素材，这些素材都放置于卖家的图片空间，图片素材越多，占用的空间越多。很多平台都会为卖家提供免费的图片存储空间，比如淘宝网为全网卖家免费提供20GB的图片空间。进行装修或发布宝贝前，卖家可将需要使用的图片上传到图片空间，当需要使用时即可直接从中选取。下面将在淘宝网中的图片空间中上传图片，其具体操作如下。

扫一扫 实例演示

STEP 01　登录淘宝卖家中心，在左侧的列表框的"店铺管理"栏中单击"图片空间"超链接，如图7-13所示。

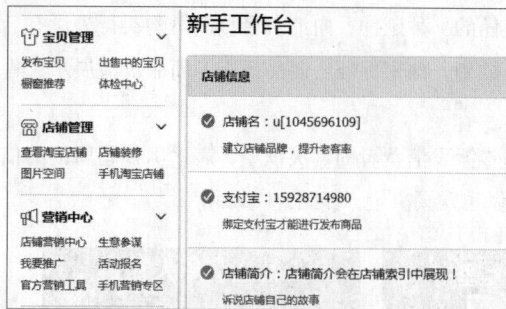

▲ 图7-13 进入图片空间

STEP 02 进入图片空间，在页面上方单击 ⬆上传图片 按钮，如图7-14所示。打开"上传图片"对话框，在其中的"通用"栏中单击 点击上传 按钮。

▲ 图7-14 上传图片

STEP 03 打开"打开"对话框，在其中选择需要上传的图片，单击 打开(O) 按钮，如图7-15所示。

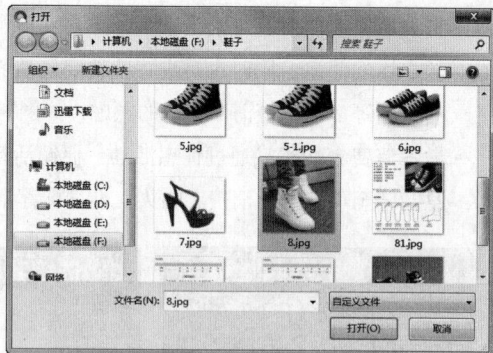

▲ 图7-15 选择图片

STEP 04 此时，将打开图片上传提示框，并显示图片上传进度，上传完成后，自动返回图片空间，即可查看上传的图片，如图7-16所示。

▲ 图7-16 查看上传的图片

经验之谈

淘宝网中上传的图片类型很多，可以新建图片文件夹对同类型图片进行分类，其方法是：在图片空间页面上方单击 新建文件夹 按钮，打开"新建文件夹"对话框，在文本框中输入"800×800"，单击 确定 按钮即可。

经验之谈

淘宝网免费的图片空间有限，如果图片空间不足，可以通过其他途径获取。如租用淘宝图片空间、租用虚拟主机等。

7.2.2 管理图片空间

在上传图片时，如果没有对图片的类别进行设置，图片会默认存放在"默认分类"下，为了便于区分不同的图片，可以对图片进行管理。

1. 替换图片

在淘宝图片空间中，可以将已上传图片替换为其他图片，其方法为：在图片空间中选择需要替换的图片，在打开的工具栏中单击 替换 按钮，打开"替换图片"对话框，在其中单击 选择文件 按钮，打开"打开"对话框，在其中选择需要替换的图片，返回"替换图片"对话框，单击 确定按钮即可完成替换，如图7-17所示。

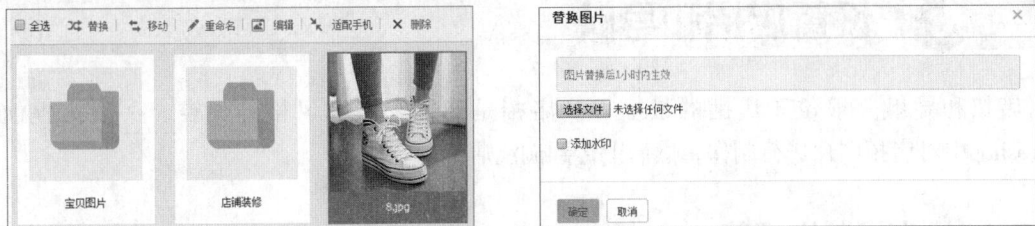

▲ 图7-17 替换图片

2. 移动图片

如果需要将默认上传到图片空间中的图片移动到其他文件夹中，可以选择该图片，在打开的工具栏中单击 移动 按钮，打开"移动到"对话框，在其中选择需要移动到的位置，然后单击 确定 按钮。返回图片空间，打开相应的文件夹即可查看被移动的图片，如图7-18所示。

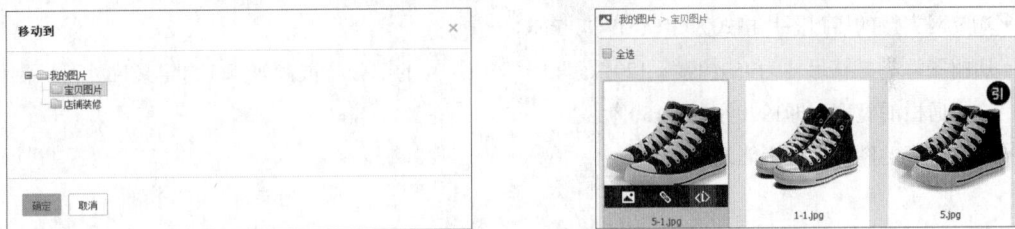

▲ 图7-18 移动图片

3. 查看引用

图片空间中已被引用的图片右上角将显示"引"字，如果对引用的图片效果不满意或引用图片不正确，可对图片进行替换，其方法为：选择被引用图片，在打开的工具栏中单击 查看引用 按钮，打开"查看引用"对话框，在其中可查看引用该图片的位置，单击 替换 按钮，打开"替换图片"对话框，单击 选择文件 按钮，打开"打开"对话框，选择需要替换的图片，返回"替换图片"对话框，单击 确定 按钮，如图7-19所示，即可替换所选择位置的图片。

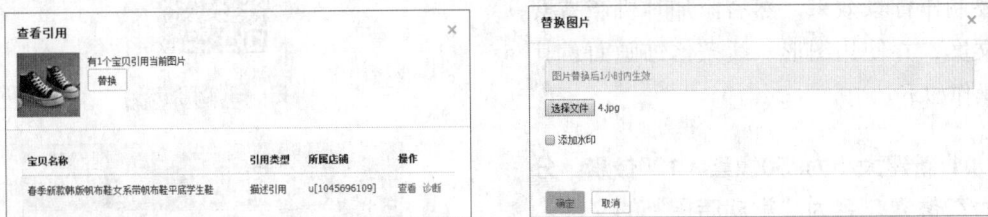

▲ 图7-19 查看引用

经验之谈

适配手机是指将图片尺寸自动调整为适应手机端大小，可以方便卖家对移动端店铺进行装修。在图片空间中选择图片，在打开的工具栏中单击 适配手机 按钮，即可将图片自动裁剪成可以适应手机端的尺寸。对于不需要的图片，可单击 ✕ 删除 按钮删除。

7.3 设置店招和导航

店招和导航一般位于店铺的最上方。店招是店铺形象和风格的代表，一般需提前在Photoshop中对店招图片进行制作，然后上传到淘宝店铺中。

7.3.1 店招制作规范

店招就是店铺的招牌，是网店装修中非常重要的一个模块。店招主要用于向买家展示店铺名称和形象，其中可以包括图案、文字等多种元素。店招的表现形式较多，可以是静态店招，也可以是动态店招。静态店招的制作和设置比较简单，可以使用图片直接制作，也可通过代码等形式进行展示。动态店招的表现内容更丰富，主要以GIF动画为主。

在淘宝网中，店招的制作有一定的规范性，下面对其注意事项进行介绍。

- 淘宝网支持的店招图片格式为GIF、JPG、PNG。
- 店招图片的默认尺寸为950像素×120像素，大于该尺寸的部分将被裁剪掉。自定义尺寸可以制作成全屏通栏的宽度，即1920像素×150像素。
- 淘宝店招的图片大小不能超过100KB。

7.3.2 设计店招

店招一般需要提前使用Photoshop进行设计和制作，制作完成后保存为JPG或PNG格式。设计店招时，需要紧密结合店铺的定位和品牌的形象特征，并将其清楚地体现出来。店铺的定位是指清楚精准地展示店铺的产品，以便快速吸引目标消费群体。品牌特征是指通过对店铺名称、标志进行个性化展示，使消费者对店铺产生基本印象，也便于店铺的宣传。

1. 设计常规店招

下面对常规的店招进行设计和制作，首先需要制作背景效果，然后添加耳机产品素材与文案，并使用图形、线条修饰画面，其具体操作如下。

扫一扫 实例演示

STEP 01 新建大小为950像素×120像素，分辨率为72像素，名为"常规店招"的文件。新建图层，选择钢笔工具 ✐，在图像中绘制如图7-20所示的形状。

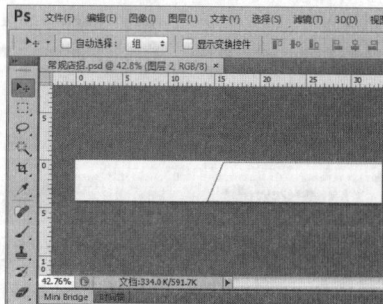

▲ 图7-20 绘制形状

STEP 02 新建图层，按"Ctrl+Shift+Enter"组合键将路径转化为选区。选择"渐变填充工具" ，单击渐变填充条，打开"渐变编辑器"对话框，如图7-21所示。设置渐变填充色分别为"#4bc6ff、#4ca1e2"，单击 确定 按钮。

▲ 图7-21 渐变编辑器界面

STEP 03 返回工作界面，从左向右在选区上拖动鼠标，创建渐变填充颜色的效果，如图7-22所示。

▲ 图7-22 渐变填充效果

STEP 04 选择"横排文字工具" ，设置字体格式为"方正兰亭粗黑_GBK、36点"，设置字体颜色为"#34b1ed"，输入"尚音阁"文本；设置字体格式为"Corbel、20点"，在其下方输入"SANGYINGE"，如图7-23所示。

▲ 图7-23 输入文本

STEP 05 选择"直线工具" ，在属性栏

设置填充颜色为"#bfbfbf"，粗细为"1像素"，取消描边，按住"Shift"键向下拖动鼠标绘制直线，如图7-24所示。

▲ 图7-24 绘制直线

STEP 06 选择"横排文字工具" ，设置字体格式为"微软雅黑、28点、黑色"，输入"品牌耳机专卖店"文本，如图7-25所示。

▲ 图7-25 输入文本

STEP 07 选择"圆角矩形工具" ，绘制颜色为"#f3002e"的圆角矩形，选择"横排文字工具" ，设置字体格式为"微软雅黑、16点、倾斜、白色"，在圆角矩形上方输入"品牌耳机专卖店"文本，效果如图7-26所示。

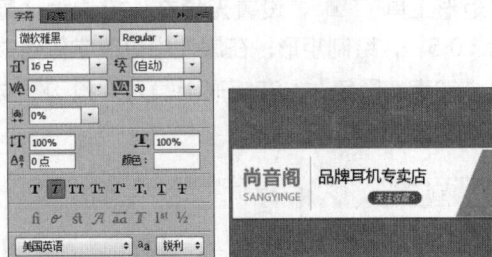

▲ 图7-26 输入文本

STEP 08 打开"耳机素材"文件（配套资源:\素材文件\第7章\耳机素材.psd），将其中的耳机素材分别拖动到"常规店招"文件中，调整各素材的位置和大小，拖动白色耳机所在图层，将其移动至渐变形状图层下方，效果如图7-27所示。

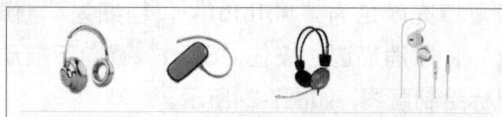

▲ 图7-27　添加素材

STEP 09 在"图层"面板中双击黄色耳机所在图层，打开"图层样式"对话框，单击选中"投影"复选框，在右侧的面板中设置投影参数，如图7-28所示。单击 确定 按钮，继续为后两种耳机添加投影。

▲ 图7-28　添加投影

STEP 10 选择"横排文字工具" T.，设置字体格式为"微软雅黑、36点、锐利、#f3002e"，在黄色耳机右上侧输入"￥99"文本，将"￥"字号更改为"20点"；选择"矩形工具" ▢.，设置无填充，描边为"黑色、0.5"，绘制矩形；在属性栏更改字体格式为"16点、黑色"，在矩形上输入"抢购"文本，如图7-29所示。

▲ 图7-29　输入文本并绘制矩形

STEP 11 选择第10步生成的3个图层，在"图层"面板底部单击"链接"按钮 ⊖，如图7-30所示。

▲ 图7-30　链接图层

STEP 12 按"Ctrl+J"组合键复制链接的3个图层，将复制的3个图层移动到下一个耳机素材的左侧，再次复制链接的图层，将复制的3个图层移动到最右侧耳机的左侧，更改价格，如图7-31所示。设置完成后选择【文件】/【存储为】菜单命令，将文件保存为JPG格式，完成常规店招的制作（配套资源:\效果文件\第7章\常规店招.jpg）。

▲ 图7-31　常规店招效果

新手练兵

　　在 Photoshop 中新建一个大小为 950 像素 ×120 像素的画布，然后设计并制作一个女装类店招。

2．设计通栏店招

　　通栏店招即宽度与显示器等长的店招，由于显示器的分辨率不一致，对通栏图片的显示完全度也不一样，为了保证店招中的主要信息在任何显示器中都能完整显示，需要在店招的左右两侧空出宽度为485像素的区域，不放置文案和图片。下面将在常规店招的基础上制作通栏店招，其具体操作如下。

扫一扫 实例演示

STEP 01 新建大小为1920像素×150像素，分辨率为72像素，名称为"通栏店招"的文件，如图7-32所示。选择【视图】/【标尺】菜单命令在工作区显示标尺。

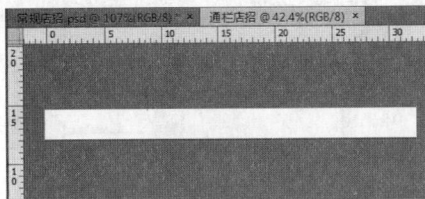

▲ 图7-32 新建文档

STEP 02 选择"矩形选框工具" ，在属性栏设置"样式"为"固定大小"，"宽度"为"485像素"，在文件灰色区域的左上角单击创建选区，从左侧的标尺上拖动参考线到选区右侧对齐，使用相同的方法在文件右侧创建参考线，如图7-33所示。

▲ 图7-33 添加参考线

STEP 03 在矩形选框工具属性栏中设置宽度为"1920像素"，高度为"30像素"的固定选区，在图像下方单击创建选区，新建图层，将新建的图层填充为"#074a77"，如图7-34所示。

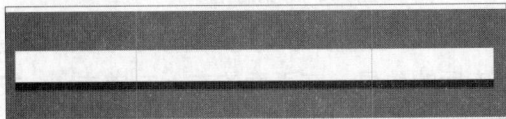

▲ 图7-34 新建并填充图层

STEP 04 全选"常规店招"文件中的图层，将其拖动到"通栏店招"文件中，选择蓝色渐变图层，按"Ctrl+T"组合键，拖动右侧的边线，延长至页面边缘，效果如图7-35所示。

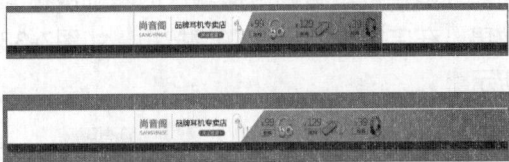

▲ 图7-35 编辑形状

STEP 05 选择"横排文字工具" ，设置字体格式为"黑体、18点、锐利、白色"，字符间距为"50"，在导航条上依次输入导航内容，在输入过程中可使用参考线控制导航内容的间距，如图7-36所示。

▲ 图7-36 输入导航内容

STEP 06 在"全部商品"导航文本下方新建图层，绘制矩形选区，填充为"#4ca2e3"，效果如图7-37所示。将文件保存为JPG格式，完成通栏店招的制作（配套资源:\效果文件\第7章\通栏店招.jpg）。

▲ 图7-37 通栏导航条效果

7.3.3 上传店招

上传店招是店铺装修中比较基础的过程，淘宝网提供了默认店招、自定义店招和BannerMaker3种店招样式。店招不一样，其上传方法也不一样。

1. 上传默认店招

淘宝网默认店招的大小为950像素×120像素，超出该大小的店招，将

扫一扫 实例演示

无法完整显示。下面介绍设置默认招牌的方法，其具体操作如下。

STEP 01 登录淘宝账号，进入"卖家中心"页面，在左侧列表中单击"店铺管理"栏中的"店铺装修"超链接，进入店铺装修页面。在其中可查看到店铺默认的基础版页面效果，在店招右侧单击 编辑 按钮，如图7-38所示。

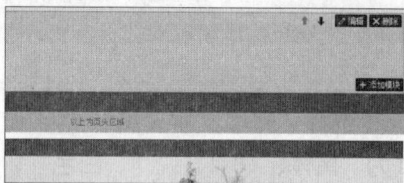

▲ 图7-38 编辑店招

STEP 02 打开"店铺招牌"对话框，单击"背景图"栏中的 选择文件 按钮选择店招图片，如图7-39所示。

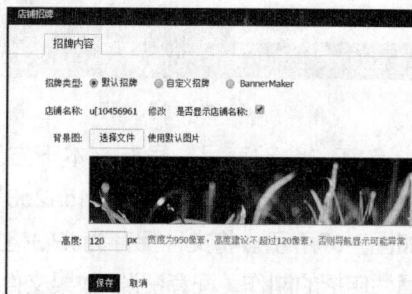

▲ 图7-39 选择图片

STEP 03 在打开的页面中可选择店招图片，如果已经上传至图片空间，则可直接在淘盘中进行选择，也可单击"上传新图片"选项卡，在打开的页面中单击"添加图片"超链接，如图7-40所示。

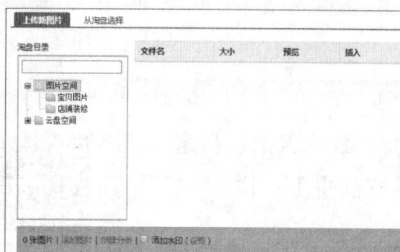

▲ 图7-40 添加图片

STEP 04 打开"打开"对话框，在其中选择店招图片，这里选择"常规店招.jpg"选项，单击 打开(O) 按钮，如图7-41所示。

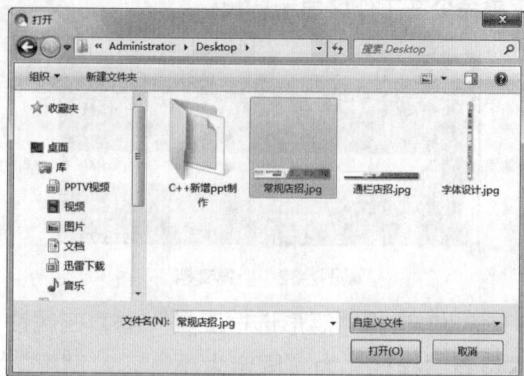

▲ 图7-41 选择店招图片

STEP 05 返回"店铺招牌"对话框，可以查看插入的店招图片，撤销选中"是否显示店铺名称"栏后的复选框，单击 保存 按钮，如图7-42所示。

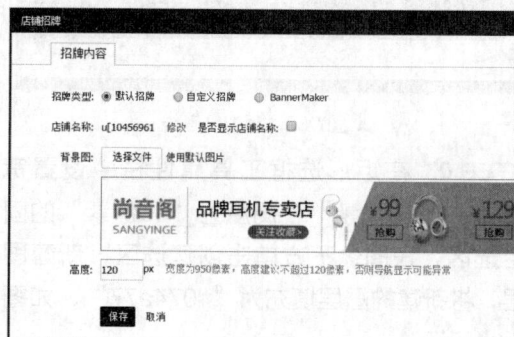

▲ 图7-42 设置店铺招牌的内容

STEP 06 返回店铺设置页面，即可看到店招上传后的效果。在页面的右上方单击 预览 按钮，即可预览店招效果，如图7-43所示。

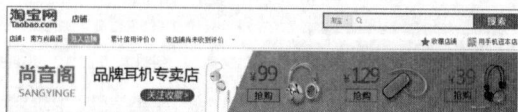

▲ 图7-43 查看店招效果

经验之谈

取消选中"是否显示店铺名称"栏后的复选框是为了不在店招中自动显示店铺名称。淘宝网默认会在各个模块中显示当前模块的名称，但是为了店铺页面的美观，通常会取消显示名称。

2. 设置背景色

由于默认照片的宽度为950像素，无法全屏覆盖店铺页面，所以在使用了默认招牌后，为了使店招和背景相融洽，不至于显得突兀，可将背景色设置为店招的主色调。其方法为：在Photoshop中将店招主色调的颜色数值分析出来，然后在淘宝装修页面左侧选择"页头"选项，在打开的页面中单击"页头背景色"栏后的色块，在打开的"调色器"对话框中输入颜色数值，然后单击 确定 按钮，如图7-44所示。需要注意的是，该方法比较适合背景色较简单的店招，否则建议使用自定义店招。

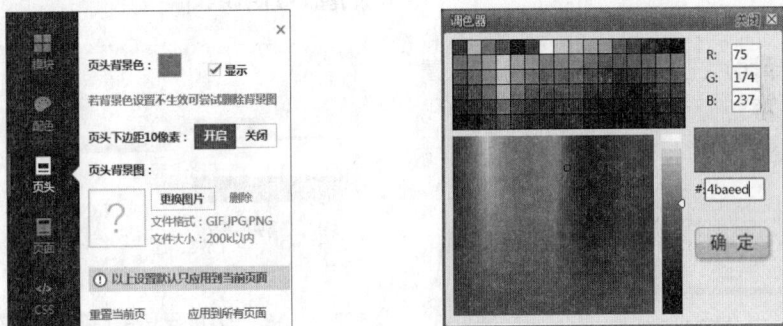

▲ 图7-44　设置页头背景色

3. 上传自定义通栏店招

自定义店招的大小一般为1920像素×120像素或1920像素×150像素，当店招高度设置为150像素时，店招图片将覆盖淘宝原有的导航区域，此时在自定义全屏店招时，同时也需要自定义导航条。此外，上传自定义店招时，还可在店招中添加跳转链接。下面介绍自定义通栏店招的方法，首先使用Photoshop进行切片，再进行设置，其具体操作如下。

扫一扫 实例演示

STEP 01 打开Photoshop，将通栏店招的图片拖动到Photoshop的工作界面中。选择矩形选框工具 ▣ ，在其属性栏中将"羽化"设置为"0"，在"样式"下拉列表中选择"固定大小"选项，在"宽度"数值框中输入"485像素"，在"高度"数值框中输入"150像素"，然后在图片上左侧绘制选区，如图7-45所示。

▲ 图7-45　绘制选区

STEP 02 将Photoshop的标尺显示出来，拖一条参考线至选区右侧，标注切片位置，如图7-46所示。

▲ 图7-46 添加参考线

STEP 03 按照相同的方法，在全屏店招图片右侧绘制一个固定大小的选区，然后拖一条参考线至选区左侧，如图7-47所示。

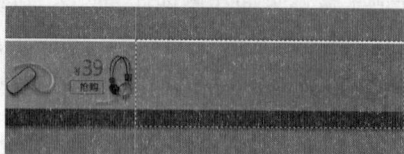

▲ 图7-47 绘制右侧选区

STEP 04 选择切片工具，在切片工具属性栏中单击 基于参考线的切片 按钮，基于参考线的位置对图片进行切片，如图7-48所示。

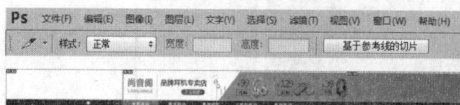

▲ 图7-48 切片

STEP 05 在Photoshop中选择【文件】/【存储为Web所用格式】菜单命令，打开"存储为Web所用格式"对话框，在"预设"栏中将图片格式设置为JPG，单击 存储… 按钮，打开"将优化结果存储为"对话框，设置切片文件的保存位置，如图7-49所示。

▲ 图7-49 保存切片文件

STEP 06 登录淘宝卖家中心，将完成切片的

图片上传到图片空间。在百度中搜索并打开"码工助手"，在网页导航中单击"在线布局"超链接，如图7-50所示。

▲ 图7-50 打开码工助手

STEP 07 切换到淘宝图片空间，将鼠标指针移到全屏店招中间部分的切片图片上，单击"复制链接"按钮，复制该图片的链接，如图7-51所示。

▲ 图7-51 复制链接

STEP 08 切换到码工助手"在线布局"页面，将鼠标指针移到按钮上，在打开的界面的"高"数值框中输入"150"，在"背景图"文本框中按"Ctrl+V"组合键粘贴刚才的图片地址，如图7-52所示。

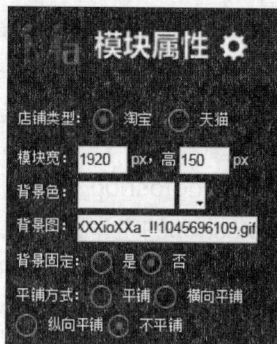

▲ 图7-52 复制图片地址

STEP 09 此时，全屏店招中间部分的切片图片将显示在码工助手中，在页面上方单击 热区 按钮，添加一个热区，打开热区的"属性面板"面板，在其中可以设置跳转链接，即单击该热

区，即可跳转到相应的网页。调整热区至合适大小，然后在"链接地址"文本框中输入跳转地址，如图7-53所示。

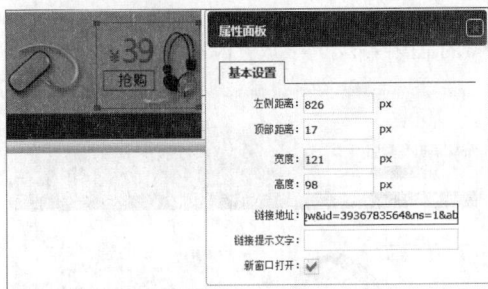

▲ 图7-53 设置热区和跳转

STEP 10 按照该方法，为其他需要添加链接的区域设置热区，并为导航部分设置热区，输入正确的导航链接，添加完成后如图7-54所示。

▲ 图7-54 完成其他热区的添加

STEP 11 单击"在线布局"页面右上方的 生成代码 按钮，在打开的对话框中单击 导出代码 按钮导出代码，然后单击 复制HTML代码 按钮，如图7-55所示。

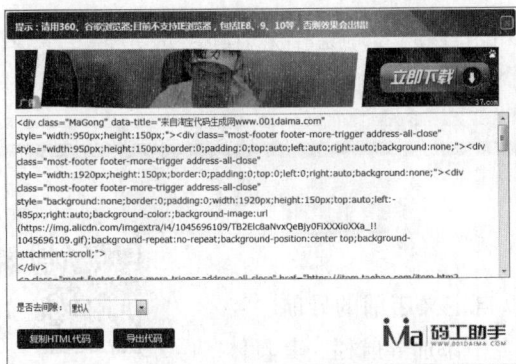

▲ 图7-55 导出并复制代码

STEP 12 切换到淘宝店铺装修页面，在店

招右侧单击 编辑 按钮，打开"店铺招牌"对话框，单击选中"自定义招牌"单选项，单击"源码"按钮，在下面的文本框中按"Ctrl+V"组合键粘贴复制刚才的代码，在"高度"数值框中输入"150"，单击 保存 按钮，如图7-56所示。

▲ 图7-56 粘贴代码

STEP 13 在页面左侧选择"页头"选项，在打开的页面中单击 更换图片 按钮，打开"打开"对话框，在其中选择通栏店招的图片，单击 打开(O) 按钮，如图7-57所示。

▲ 图7-57 选择图片

STEP 14 图片上传成功后，在页头分别设置"背景显示"和"背景对齐"为"不平铺"和"居中"，如图7-58所示。

经验之谈

切片并自定义通栏店招的原理实际上是将通栏店招中间宽度为950像素的部分单独保存起来，将其设置为普通店招。然后将全屏店招的整张图片设置为页头背景，使其与普通店招部分完全重叠，形成全屏的效果。因此这里需要使用 Photoshop 进行切片，保证两张图片的像素完全重合，不会产生位移。此外，为了不影响显示效果，在设计全屏海报时，建议左右两侧宽度为485像素的范围内最好不要放置内容。

▲ 图7-58　设置页头

STEP 15 单击 预览 按钮，预览设置后的效果，即可发现店招已被设置为通栏显示。单击设置的热区，即可跳转到相应的页面，如图7-59所示。

经验之谈

使用码工助手之前，需要先进行注册，同时网站中还提供了很多代码转化方法。在设置热区时，如果想删除热区，可选择热区，然后单击其右上角的"删除"按钮区，在打开的提示框中单击 确定 按钮即可。

▲ 图7-59　查看热区设置后的效果并跳转

经验之谈

在淘宝网中默认的导航栏样式比较单一，为了体现店铺的特色，大多数店铺选择将导航栏设置在全屏店招中，然后为其设置热区并添加链接。

新手练兵

在 Photoshop 中设计一个 1920 像素 ×150 像素的全屏通栏店招，使用切片工具对其进行切片，上传店招并设置导航区的链接，设置完成后再对导航区的链接地址进行检查。

7.3.4　设置导航条

根据前面所讲的自定义通栏店招的方法，可以自定义店铺的导航。当然，淘宝也为店铺装修提供了导航模板。下面在淘宝中添加导航栏，其具体操作如下。

STEP 01 登录淘宝卖家中心，进入店铺装修页面。在导航条上单击 编辑 按钮，打开"导航"对话框，如图7-60所示。

▲ 图7-60　编辑导航条

经验之谈

淘宝导航条中的分类是从分类导航中直接添加的，因此如果已经设置了宝贝分类，则可在"添加导航内容"对话框中直接选择。如果还未设置分类导航，则可单击"添加导航内容"对话框中的"管理分类"超链接，在打开的页面中设置商品分类导航。关于设置分类导航的方法将在下一节中进行详细讲解。

STEP 02 在"导航"对话框中单击 ➕添加 按钮，打开"添加导航内容"对话框，单击选中需要在导航栏中显示的选项前的复选框，如图7-61所示，然后依次单击 确定 按钮保存设置。

经验之谈

淘宝装修页面中的模块基本都可以删除，若是某模块被删除了，可直接从左侧列表框中拖动该模块到目标位置，但是导航条不能删除。

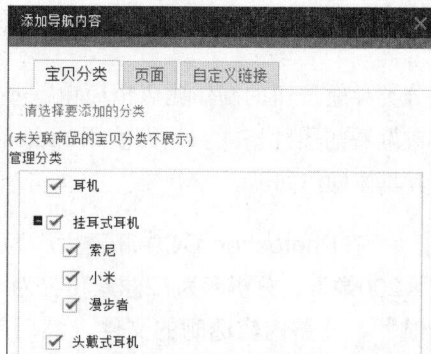

▲ 图7-61　管理分类

STEP 03 预览设置后的导航效果，即可看到已添加所设置的分类，如图7-62所示。

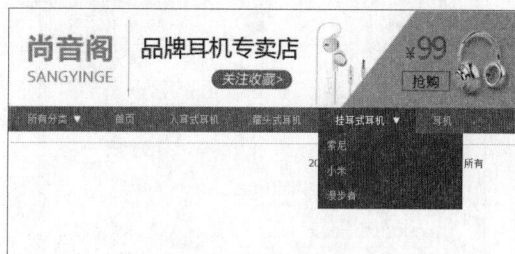

▲ 图7-62　查看导航效果

7.4　设置分类导航

为了满足卖家分类放置不同商品的要求，同时方便买家更好地搜索商品，淘宝提供了分类导航的功能，卖家可以根据自己商品的类型设置不同的分类。

7.4.1　分类导航制作规范

如果根据淘宝默认的设置添加分类导航，则分类导航全部将以文字的方式进行显示。当然为了使自己的店铺更美观更具个性化，卖家也可以自定义制作店铺的分类导航。下面对分类导航制作和设置的相关规范进行介绍。

- 为了店铺美观，可以专门为商品分类导航制作图片或图标。
- 自定义制作的分类导航，其颜色、风格等应该与店铺的整体装修风格相适应。
- 商品分类图片宽度最好不超过160像素，否则当显示器分辨率小于或等于1024像素×768像素时，容易造成店铺首页宝贝分类栏右侧的商品列表下移。
- 在商品分类中，还可以添加子分类。为了方便操作，建议先完成子分类的创建，再将商品转入到相关分类下。

7.4.2 制作分类导航按钮

分类导航按钮的制作比店招简单一些，一般可以使用Photoshop将其制作成好看的图片格式。下面使用Photoshop CC制作店铺的分类导航按钮，其具体操作如下。

STEP 01 在Photoshop CC中新建大小为150像素×200像素，分辨率为72像素，名为"分类导航"，背景内容透明的文件，然后单击 确定 按钮，如图7-63所示。

▲ 图7-63 新建文件

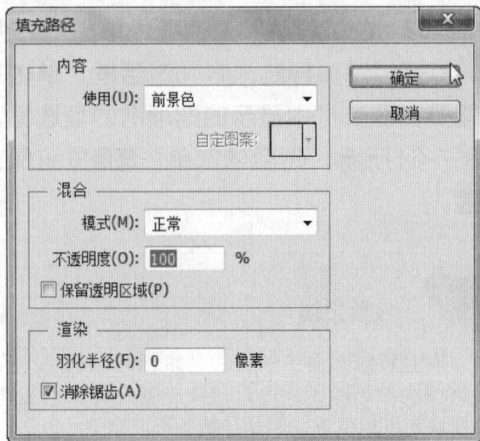

STEP 02 选择钢笔工具，在画布中绘制不规则矩形路径，首先单击鼠标左键确定锚点的位置，然后依次绘制其他锚点，并拖动鼠标调整锚点，调整成图7-64所示的效果。

▲ 图7-64 完成绘制

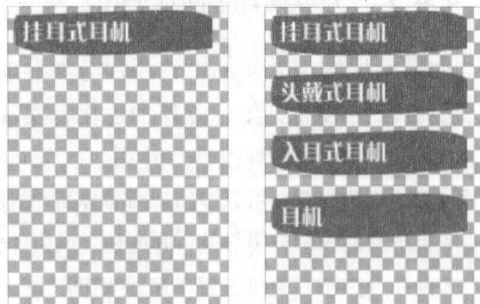

STEP 03 将前景色设置为"#4ca1e2"，使其颜色与店招保持一致，然后在路径上单击鼠标右键，在弹出的快捷菜单中选择"填充路径"命令，打开"填充路径"对话框，在

"使用"下拉列表中选择"前景色"选项，单击 确定 按钮，如图7-65所示。

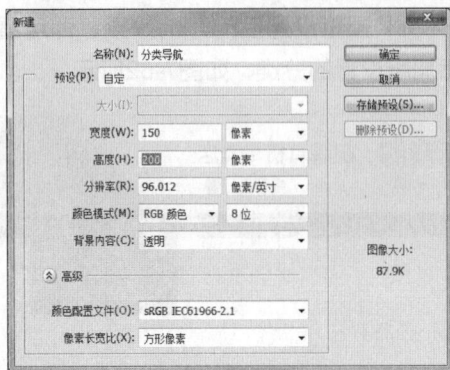

▲ 图7-65 填充路径

STEP 04 选择横排文字工具，输入文字"挂耳式耳机"，设置文本格式为"方正粗倩简体、11点、白色"，并调整文字的位置。选择不规则矩形形状，按"Ctrl+J"组合键复制图层，制作其他分类按钮，效果如图7-66所示（配套资源:\效果文件\第7章\分类导航按钮.psd）。

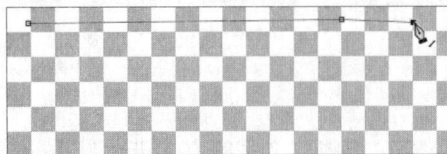

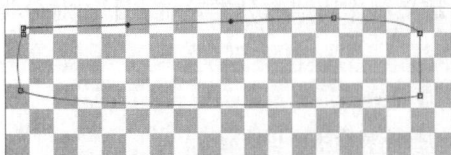

▲ 图7-66 输入和设置文字

STEP 05 选择切片工具，对图片进行切片，切片效果如图7-67所示。

▲ 图7-67　图片切片

经验之谈

淘宝分类导航的图标样式可以是多种多样的，在分类导航按钮上可以设置文字，也可以添加图片。

STEP 06 选择【文件】/【存储为Web所用格式】菜单命令，打开"存储为Web所用格式"对话框，在"预设"栏中将图片格式设

7.4.3　设置分类导航按钮

制作完分类导航之后，即可将分类导航图标分别上传到相关类别下。下面在淘宝网中上传分类导航图标，其具体操作如下。

STEP 01 将切片后的图片上传到淘宝图片空间。在卖家中心单击"店铺管理"栏中的"宝贝分类管理"超链接，进入宝贝分类管理页面，在页面上方单击 ✚添加手工分类 按钮，新建一个商品分类，在其中输入分类名称，如图7-69所示。

▲ 图7-69　新建商品分类

STEP 02 按照该方法依次新建其他商品的分类，如图7-70所示。

置为PNG，单击 存储 按钮，打开"将优化结果存储为"对话框，设置切片文件的保存位置，如图7-68所示（配套资源:\效果文件\第7章\分类导航按钮\）。

▲ 图7-68　保存图片

扫一扫 实例演示

经验之谈

淘宝中的宝贝分类只能创建二级类目，建议卖家不要将分类设置得太复杂和细化，主类目尽量简单明了、通俗易懂。

▲ 图7-70　新建其他分类

STEP 03 单击"挂耳式耳机"分类下的 添加子分类 按钮，在文本框中输入子分类名称，如7-71所示。

经验之谈

子分类的内容可以根据主类目进行细分，一般要求类目清晰、内容明确。子类目的内容可以稍微详细一些，方便买家查看和筛选。

▲ 图7-71 设置子分类

STEP 04 单击"耳机"分类后的"添加图片"按钮，在打开的对话框中单击选中"插入图片空间图片"单选项，在打开的对话框中选择对应的图片，如图7-72所示。

▲ 图7-72 选择图片

STEP 05 按照该方法依次添加其他分类导航的图片，设置完成后的效果如图7-73所示。

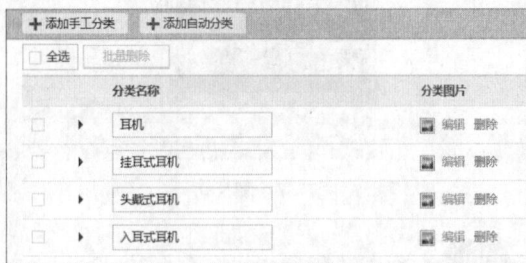

▲ 图7-73 设置其他分类

STEP 06 设置完成后单击页面右上角的 保存更改 按钮，返回店铺装修页面即可预览设置后的分类导航效果，如图7-74所示。

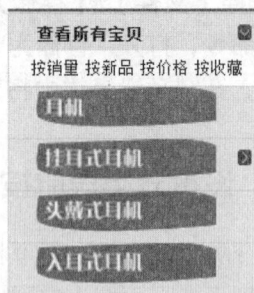

▲ 图7-74 预览分类导航效果

新手练兵

在淘宝中对凉鞋创建分类，可从款式、材质等方面进行细分。

7.5 添加店铺其他装修模块

淘宝提供了非常丰富的装修模块，如图片轮播、宝贝排行、宝贝分类、宝贝搜索、客服中心和公告栏等，卖家可以根据自己店铺的实际装修需要来选择模块。

7.5.1 图片轮播模块

图片轮播模块是首页中比较常见的一种模块，与店招一样，卖家也可以根据需要设置常规轮播效果和全屏轮播效果两种样式。

1. 制作常规轮播模块的图片

常规轮播模块的图片大小一般为750像素×250像素，使用Photoshop CC制作出合适的轮播图片后，即可将其上传。下面在Photoshop中打开素材制作全屏海报，输入文本并进行设置，然后将其上传到淘宝店铺中，其具体操作如下。

STEP 01 在Photoshop中新建一个750像素×250像素，分辨率为72像素，名称为"全屏海报"的文件，打开素材文件（配套资源:\素材文件\第7章\轮播图片.jpg），将其拖动到"全屏海报"中，按"Ctrl+T"组合键变换图片，然后按住"Shift"键等比例调整图片大小。此时画布没有被完全覆盖，选择未覆盖区域，将其背景色填充为原图的适应背景，效果如图7-75所示。

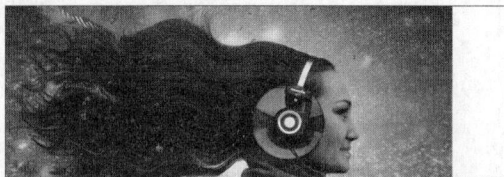

▲ 图7-75　调整图片

STEP 02 选择横排文字工具 T，在图片右侧输入"两届VGP金奖音质"，在文字工具属性栏中设置文本格式为"黑体、22点"，颜色为"#1f1f20"。设置完成后，依次使用文字工具输入其他文本，并设置文本格式，如图7-76所示。

扫一扫 实例演示

💬 经验之谈

若想使图片中的文案搭配得好看，需要掌握一定的技巧性，一般来说，大小对比、颜色对比是比较常用的排版手段。

▲ 图7-76　输入并设置文本

STEP 03 选择矩形工具 ▢，在文本下方绘制一个矩形，将前景色设置为"#118ebe"，按"Alt+Delete"组合键为矩形填充前景色，效果如图7-77所示。

▲ 图7-77　绘制并填充矩形

STEP 04 在矩形形状上输入横排文本"立即抢购"，设置文本格式为"黑体、20点"，文本颜色为"#fdfeff"，如图7-78所示，设置完成后将图片保存为JPG格式。（配套资源:\效果文件\第7章\全屏海报.jpg）

▲ 图7-78 全屏海报效果

扫一扫 实例演示

2. 设置常规轮播模块

常规轮播模块的设置方法比较简单，在设置轮播图片之前，首先需要将图片上传至图片空间。下面介绍设置常规图片轮播模块的方法，其具体操作如下。

STEP 01 将制作的图片轮播模块的图片上传到图片空间。在图片轮播模块上单击 ✎编辑 按钮，打开"图片轮播"对话框，单击"图片地址"栏后的 🖼 按钮，在打开的列表框中选择轮播图片，也可在图片空间复制图片地址，粘贴到"图片地址"文本框，如图7-79所示。

▲ 图7-79 选择图片

STEP 02 单击 添加 按钮，继续添加其他轮播图片，如图7-80所示。

▲ 图7-80 添加其他图片

💬 **经验之谈**

轮播图片不宜放置太多，4张左右就比较合适了。在"图片轮播"对话框的"操作"栏中可以对图片的位置进行调整，也可删除当前图片。

STEP 03 单击"显示设置"选项卡，单击选中"不显示"单选项，在"切换效果"下拉列表中选择"渐变滚动"选项，然后单击 保存 按钮，如图7-81所示。

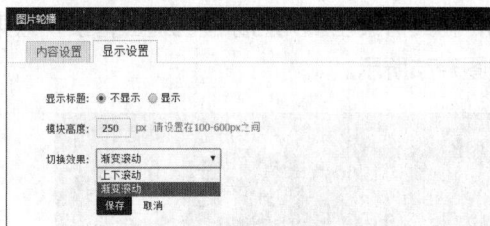

▲ 图7-81 设置轮播切换效果

STEP 04 单击设置完成后返回店铺装修页面即可预览图片轮播效果，如图7-82所示。

▲ 图7-82 预览图片轮播效果

3. 制作全屏轮播图片

全屏轮播图片效果是可以覆盖整个屏幕的一种效果，因此全屏轮播图片的宽度要制作成1920像素，高度一般以400~800像素为最佳。制作全屏轮播图片时，首先要在Photoshop中新建一个画布，比如新建大小为1920像素×500像素，分辨率为72像素的文件，然后将素材文件拖动到该文件中，对素材图片的大小、背景、文案等进行设计和制作，如图7-83所示。在制作全屏海报时需注意，由于显示器的分辨率大小不一样，而为了保证全屏图片在任何显示器中都能完整地显示出图片中的重要信息，通常需要对图片的两边进行"留白"，即全屏图片左右两侧宽度为360像素的区域中不放置人物或商品图片，也不放置文案。

▲ 图7-83　全屏轮播图片

4. 设置全屏轮播图片

与通栏店招的设置一样，全屏轮播图片的设置也需通过代码完成。下面在淘宝装修页面中添加自定义模块，然后通过代码制作全屏轮播效果，其具体操作如下。

扫一扫 实例演示

STEP 01 将图片轮播模块的图片制作完成并上传至图片空间。进入店铺装修页面，在左侧列表中拖动"自定义模块"至右侧页面中，如图7-84所示。

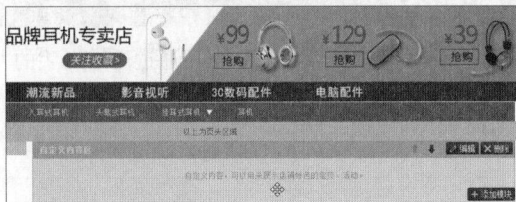

▲ 图7-84　添加自定义模块

STEP 02 打开"码工助手"网页，并进行登录，在网页导航中单击"全屏轮播"超链接，打开全屏轮播页面，如图7-85所示。

▲ 图7-85　打开码工助手

STEP 03 打开"全屏轮播"页面，在"店铺类型选择"栏中单击选中"淘宝专业版"单选项，在"轮播风格选择"下拉列表中选择"缩略图风格"选项，在"轮播图"栏的"图片地址"文本框中输入图片地址（可从图片空间复制地址），在"链接地址"文本框中输入需链接到的地址，单击 增加一组 按钮增加下一组，效果如图7-86所示。

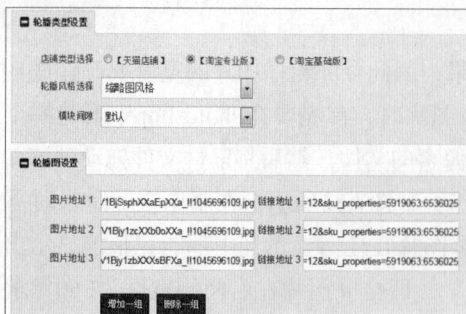

▲ 图7-86 设置图片地址

STEP 04 单击"动画内容设置"选项卡，在其中可以对轮播图的播放效果进行设置，如图7-87所示。

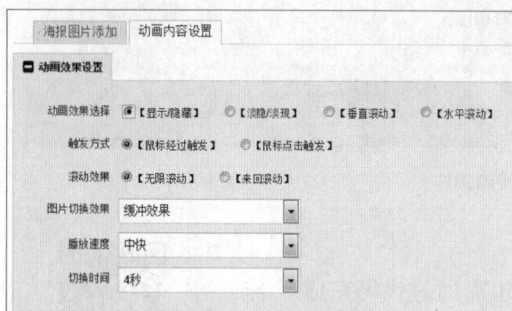

▲ 图7-87 设置动画效果

STEP 05 单击 生成代码 按钮，在下方的文本框中将自动生成代码，单击 复制内容 按钮复制生成的代码，如图7-88所示。

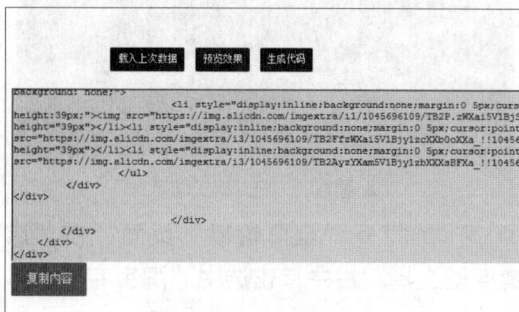

▲ 图7-88 复制代码

STEP 06 返回淘宝装修页面，单击自定义模块右上角的 编辑 按钮，打开"自定义内容区"对话框，单击选中"不显示"单选项，再单击"源码"按钮◇，将复制的代码粘贴到下方的文本框中，然后单击 确定 按钮，如图

7-89所示。

经验之谈

淘宝网也提供了全屏轮播的功能，但属于收费模块，卖家在购买之后即可使用。

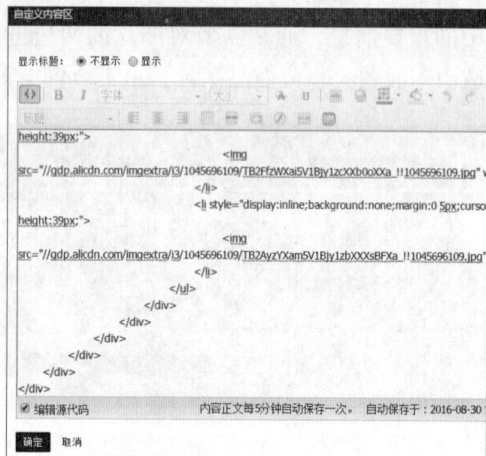

▲ 图7-89 粘贴代码

经验之谈

使用码工助手还可以制作全屏海报，其制作方法与全屏轮播类似，但是更加简单，都需要通过自定义模块来实现。

STEP 07 返回店铺装修页面即可预览全屏轮播图片的效果，如图7-90所示。

新手练兵

设计并制作全屏海报，然后通过码工助手的"全屏海报"将其转换为代码，再使用淘宝自定义模块上传至淘宝店铺。

▲ 图7-90　预览全屏轮播效果

7.5.2　客服中心

客服中心是网上商店的必备模块，顾客与商家的联系基本都是通过在线客服实现的。下面在淘宝装修页面中设置客服中心，其具体操作如下。

扫一扫 实例演示

STEP 01 在淘宝装修页面中拖动客服中心模块至右侧页面，在客服中心模块上单击 ✎编辑 按钮，打开"客服中心"对话框，在"工作时间"栏中设置工作时间，如可以将工作日和休息日分开设置，也可撤销选中其后的复选框不显示休息日的工作时间，如图7-91所示。

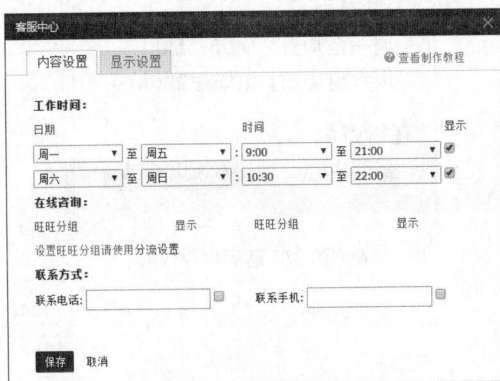

▲ 图7-91　设置工作时间

STEP 02 在"在线咨询"栏中单击"分流设置"超链接，打开"分流设置"页面，如果是第一次设置客服分流，将打开提示框提示可设置分流数量，单击选中其中的复选框，单击 确定 按钮。然后在"分流设置"页面中单击 ⬛新建员工 按钮，填写员工基本信息，如图

7-92所示。

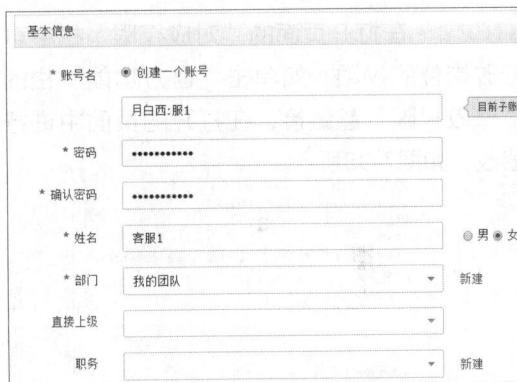

▲ 图7-92　新建员工信息

STEP 03 单击页面右上方的 确认新建 按钮，完成岗位的新建并可查看新建后的岗位。在该页面中，可对岗位的基本信息和权限进行修改，单击"修改权限"超链接，如图7-93所示。

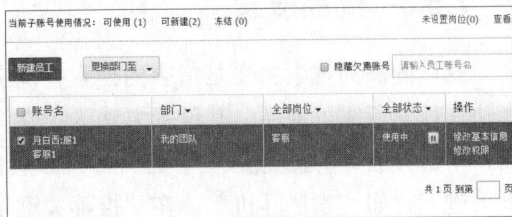

▲ 图7-93　查看新建的岗位

经验之谈

淘宝店铺中的客服分流设置也可直接进行设置和编辑，其方法是：在卖家中心后台的"店铺装修"栏中单击"子账号管理"超链接，在打开的页面中即可进行员工新建、员工管理、客服分流等设置，需要注意的是，子账号管理不仅可以添加和管理客服人员，还可以管理仓储、财务、运营等。

STEP 04 打开权限修改页面，在"选择岗位"栏的第二个下拉列表中选择"客服"选项，单击 保存 按钮，如图7-94所示。

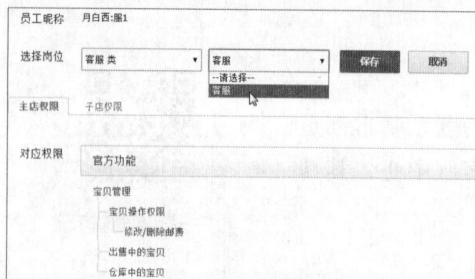

▲ 图7-94　设置岗位

STEP 05 在打开页面的"对应权限"栏中可修改岗位的权限，如单击"官方功能"栏的"修改权限"超链接，在打开的页面中进行修改，如图7-95所示。

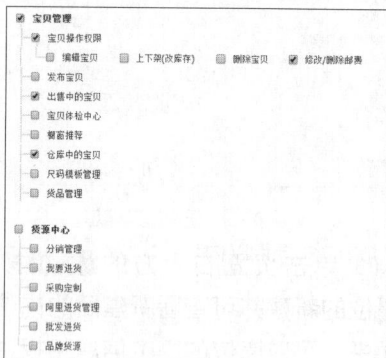

▲ 图7-95　修改权限

STEP 06 返回淘宝装修页面，在"客服中心"对话框中单击"显示设置"选项卡，在"模块标题"文本框中可以改变模块标题，也可撤销选中其后的复选框不显示客服中心的名称，设置完成后单击 保存 按钮，如图7-96所示。

▲ 图7-96　设置客服中心名称

STEP 07 返回装修页面即可查看设置后的客服模块效果，如图7-97所示。

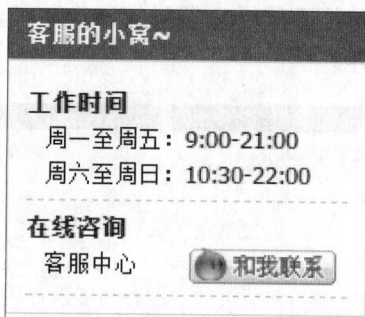

▲ 图7-97　客服模块效果

7.5.3　商品搜索

这里的商品搜索主要是指店内搜索，淘宝网具有宝贝搜索功能，通过该功能可以帮助消费者快速搜索所需的商品。其设置方法为：在淘宝装修页面左侧拖动"宝贝搜索"模块至右侧页面，单击右上方的 编辑 按钮，打开"搜索店内宝贝"对话框，在"预设关键字"文本框中可预设关键字，如"索尼耳机"，在"推荐关键字"文本框中也可设置推荐的关键字，如"挂耳式耳机"等，设置完成后单击 保存 按钮即可，如图7-98所示。

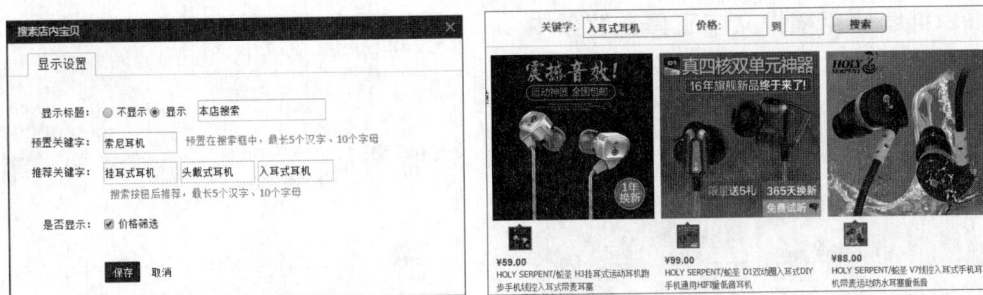

▲ 图7-98　添加商品搜索模块

7.6 设计商品详情页

商品详情页是由文字、图片、视频构成的，向买家介绍宝贝属性、使用方法等详细情况的页面，是卖家向消费者推荐商品的关键页面，它的主要作用是完成订单，是关乎店铺转化率的关键页面。

7.6.1　商品详情页制作规范

美观漂亮的商品详情页可以为商品增色、吸引消费者关注、增加商品的售出概率，而为了使制作出的详情页规范完整，还需遵循以下注意事项。

- 商品详情页的风格应该与店标风格、店招风格等相适应，不能相差太大，以免页面整体不协调。
- 商品详情页的内容一般都比较多，为了避免消费者浏览详情页时加载过慢的问题，建议不要使用太大的图片。
- 商品详情页主要通过浏览器进行浏览，因此要保证图片链接正确，其设计也应该符合HTML语法要求，防止出现浏览错误的问题。
- 在店铺管理页面中直接制作商品描述十分不方便，因此建议先通过Photoshop制作好商品详情页再进行上传。
- 商品详情页的宽度和高度没有具体要求，但是宽度一般在750像素以内。

7.6.2　制作商品详情页

商品详情页的内容较多，因此建议分开制作各屏内容，或制作好全部内容之后进行切片，下面在Photoshop中首先制作详情页的首屏海报，再制作细节展示、参数展示等模块，其具体操作如下。

STEP 01 在Photoshop中打开背景素材（配套资源:\素材文件\第7章\详情页海报背景.jpg），选择横排文字工具 T ，输入文本"爆款"，设置文本格式为"方正韵动中黑简体、33点"，文本颜色为"#f4af29"，如图

7-99所示。

▲ 图7-99　输入并设置文本

扫一扫 实例演示

STEP 02 继续使用横排文字工具在背景中输入文本"新品"，然后设置文本格式为"方正韵动中黑简体、20点"，文本颜色为"#3d3c3b"，如图7-100所示。

▲ 图7-100 继续输入和设置文本

STEP 03 选择"爆款"文字图层，在图层空白处双击，打开"图层样式"对话框，在左侧列表框中选择"投影"选项，在右侧对文本的投影效果进行设置，参数如图7-101所示，然后单击 确定 按钮。

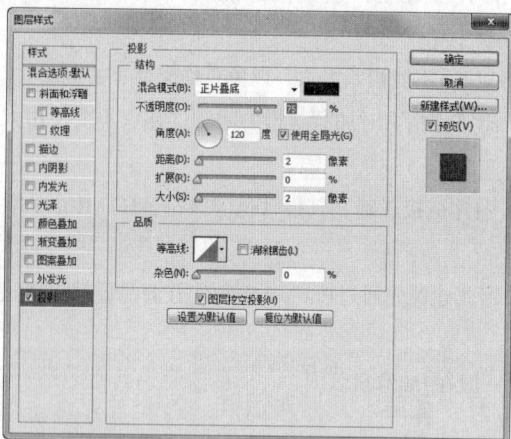

▲ 图7-101 设置投影

STEP 04 选择"新品"文字图层，在图层空白处双击，打开"图层样式"对话框，在左侧列表框中选择"描边"选项，在右侧对文本的投影效果进行设置，先将描边颜色设置为白色，其他参数如图7-102所示，然后单击 确定 按钮。

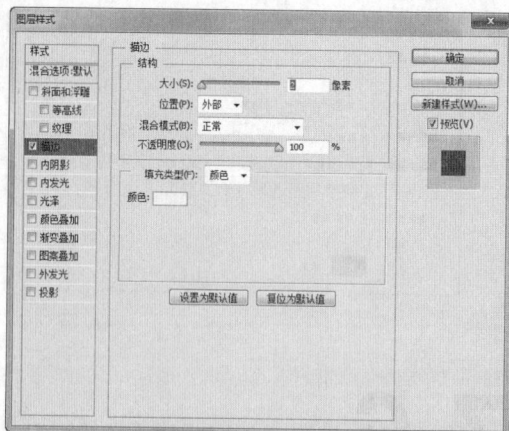

▲ 图7-102 设置描边

STEP 05 设置完成后，即可分别为文本添加投影和描边效果，如图7-103所示。

▲ 图7-103 查看文本效果

STEP 06 继续选择横排文字工具T，输入文本"专业品质 高清原音"，然后设置文本格式，如图7-104所示。

▲ 图7-104 继续输入并设置文本

STEP 07 选择"专业品质 高清原音"文字图层，按"Ctrl+T"组合键变形文字，在其上单击鼠标右键，在弹出的快捷菜单中选择"斜切"命令，将该文字图层调整为稍微倾斜的样式，效果如图7-105所示。

▲ 图7-105 文字倾斜

STEP 08 按"Enter"键确定变换，继续输入并设置文字的字体、大小和位置，效果如图7-106所示。

▲ 图7-106 输入并设置其他文本

STEP 09 新建一个图层，使用矩形选框工具 📷 在文本内容的下方绘制一个矩形选区，将前景色设置为"#7ab80e"，按"Alt+Delete"组合键为选区填充前景色，如图7-107所示。

▲ 图7-107 填充选区

STEP 10 在选区中输入文本并设置文本格式，在图层空白处双击，打开"图层样式"对话框，在左侧列表框中选择"投影"选项，在右侧对文本的投影效果进行设置，投影颜色为"#ddd70e"，其他参数如图7-105所示，然后单击 确定 按钮。效果如图

7-108所示。

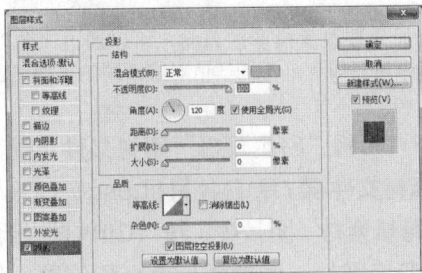

▲ 图7-108 设置投影

STEP 11 打开"蓝色耳机"素材图片（配套资源:\素材文件\第7章\蓝色耳机.png），将其拖动至"详情页海报背景"图片中，按"Ctrl+T"组合键变换图片，调整图片大小和位置，如图7-109所示。

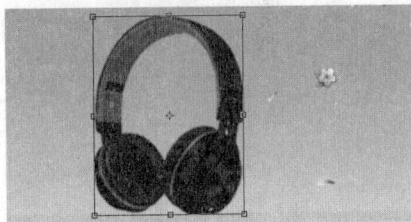

▲ 图7-109 调整图片

经验之谈

由于这里制作的是详情页的首屏海报，商品是海报的主体，因此图片的大小和位置必须要合适，图片要清晰。

STEP 12 在"蓝色耳机"图层空白处双击，打开"图层样式"对话框，为图片设置"投影"效果，将投影颜色设置为"#8d8d8d"，其他参数如图7-110所示。

▲ 图7-110 设置投影

经验之谈

如果要改变投影的方向，可以通过"角度"数值框进行设置，不同数值对应不同的方向。

STEP 13 将"白色耳机"素材文件（配套资源:\素材文件\第7章\白色耳机.png）拖入"详情页背景素材"图片中，按"Ctrl+T"组合组合键变换图片，调整图片大小和位置，然后在"蓝色耳机"的"投影"效果图层上单击鼠标右键，在弹出的快捷菜单中选择"拷贝图层样式"命令，如图7-111所示。

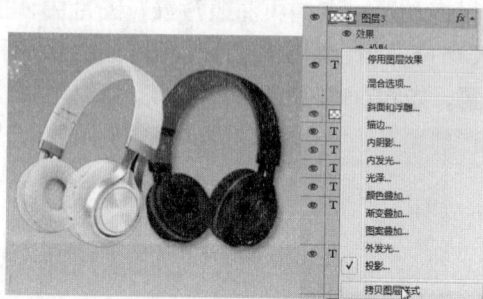

▲ 图7-111 拷贝图层样式

STEP 14 将"白色耳机"图层上单击鼠标右键，在弹出的快捷菜单中选择"粘贴图层样式"命令，将蓝色耳机的图层样式粘贴到"白色耳机"图层中，完成海报的制作，效果如图7-112所示。

▲ 图7-112 查看海报效果

经验之谈

为图片添加投影是为了使图片看上去更加具有立体感和光影感，除了投影之外，也可选择为图片制作阴影和倒影效果。

STEP 15 将图片保存为"商品详情页.jpg"（配套资源:\效果文件\第7章\商品详情

页.jpg），然后重新新建一个750像素×800像素的文件，使用矩形选框工具■在画布上方绘制一个矩形，绘制完成后将其颜色填充为"#2e2f39"，如图7-113所示。

▲ 图7-113 绘制并填充选区

STEP 16 新建一个图层，使用矩形工具■绘制一个矩形，然后再选择渐变填充工具■，在其工具属性栏中单击渐变下拉列表，打开"渐变编辑器"对话框，将色标的颜色均设置为白色，将第2个不透明度色标的不透明度设置为"0%"，如图7-114所示。

▲ 图7-114 设置渐变填充

STEP 17 单击 确定 按钮，在矩形选区中自上而下进行拖动，为矩形选区图层设置渐变填充，然后按"Ctrl+T"组合键调整该图层大小，如图7-115所示。

▲ 图7-115 调整大小

STEP 18 绘制一个横向的形状，将其颜色设置为白色，调整形状的大小，将其与竖向形状连接起来，如图7-116所示。

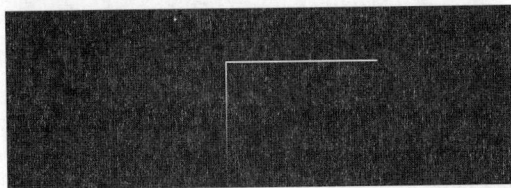

▲ 图7-116　绘制横向形状

STEP 19 同时选择两个形状，按"Ctrl+J"组合键复制图层，调整复制图层的位置，并将其不透明度设置为"40%"，如图7-117所示。

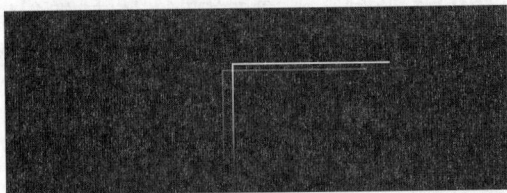

▲ 图7-117　复制图层

STEP 20 同时选择4个形状图层，按"Ctrl+J"组合键复制图层，再按"Ctrl+T"组合键变换形状，在形状上单击鼠标右键，在弹出的快捷菜单中选择"水平翻转"命令，然后调整图层的位置，如图7-118所示。

▲ 图7-118　复制并翻转图层

STEP 21 选择横排文字工具T，输入文本"细节展示"，设置文本格式为"方正大黑简体、48点"，文本颜色为"#f7f7f9"，效果如图7-119所示。

▲ 图7-119　输入文本并设置格式

STEP 22 继续使用横排文字工具T输入文本"THE DETAIL SHOW"，设置文本格式为"Segoe Print、18点"，文本颜色为"#f7f7f9"，效果如图7-120所示。

▲ 图7-120　输入并设置英文文本

STEP 23 将"蓝色耳机"和"白色耳机"素材文件拖入当前图像中，调整图片的大小，并将蓝色耳机放置于白色耳机之下，如图7-121所示。

▲ 图7-121　调整图片大小和位置

STEP 24 选择白色耳机，按"Ctrl+T"组合键变换图形，然后在图片上单击鼠标右键，在弹出的快捷菜单中选择"旋转"命令，旋转图片至合适角度，如图7-122所示。

▲ 图7-122　旋转图片

STEP 25 选择蓝色耳机图层，按"Ctrl+J"组合键复制图层，按"Ctrl+T"组合键变换图层，单击鼠标右键，在弹出的快捷菜单中选择"垂直翻转"命令，然后将垂直翻转后的图层垂直移动到原图层下方，如图7-123所示。

▲ 图7-123　垂直翻转并移动图层

STEP 26 为该图层新建一个蒙版图层，然后选择渐变填充工具 ，打开"渐变编辑器"对话框，将两个色标的颜色都设置为黑色，将第一个不透明度色标的不透明度设置为"100%"，将第二个不透明度色标的不透明度设置为"0%"，单击 确定 按钮，如图7-124所示。

▲ 图7-124　设置渐变效果

STEP 27 在蒙版图层上自下而上拖动鼠标，创建图层的渐变效果，为原图层制作倒影效果，如图7-125所示。

▲ 图7-125　倒影效果

STEP 28 使用相同的方法复制白色耳机的图层，并为其制作倒影效果，如图7-126所示。

▲ 图7-126　制作白色耳机的倒影效果

STEP 29 绘制一个圆角矩形，将其颜色填充为"#10374e"，在圆角矩形上输入文本"01"，然后调整圆角矩形和文本的位置，如图7-127所示。

▲ 图7-127　绘制圆角矩形并输入文本

STEP 30 在圆角矩形下方绘制一条直线，颜色为"#10374e"，粗细为"1像素"，然后在直线形状上输入文本并设置其文本格式，如图7-128所示。

▲ 图7-128　绘制直线并输入文本

STEP 31 选择横排文字工具 T，拖动鼠标绘制一个文本框，在其中输入描述文案，并设置文本格式，如图7-129所示。

▲ 图7-129　输入文案并设置文本格式

STEP 32 绘制一个矩形选区，将其颜色填充为"#2e2f39"，复制蓝色耳机图层并对其进行垂直翻转，删除不需要的图片部分，如图7-130所示。

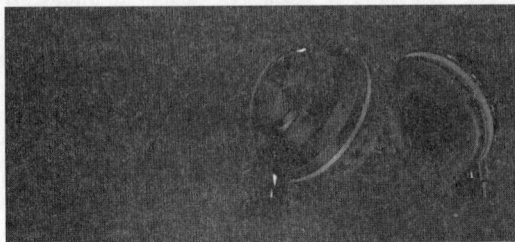

▲ 图7-130　绘制选区并编辑图片

STEP 33 绘制一个圆角矩形，将其颜色填充为白色，在圆角矩形下方绘制一条直线，颜色为白色，粗细为"1像素"，效果如图7-131所示。

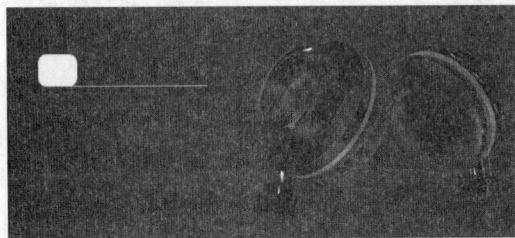

▲ 图7-131　绘制形状

STEP 34 输入标题文案和描述文案，并设置文本格式和位置，设置后的效果如图7-132所示。

▲ 图7-132　输入文本并设置

STEP 35 选择【图像】/【画布大小】菜单命令，打开"画布大小"对话框，在"高度"数值框中输入"2400"，在其后的下列表中选择"像素"选项，在"定位"栏中单击 按钮，然后单击 确定 按钮扩展画布高度，如图7-133所示。

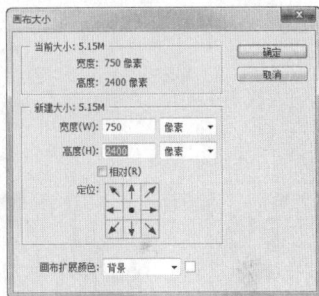

▲ 图7-133　扩展画布

STEP 36 使用相同的方法制作页头部分，或复制已制作的页头部分，将其颜色更改为不同透明度的黑色渐变效果，如图7-134所示。

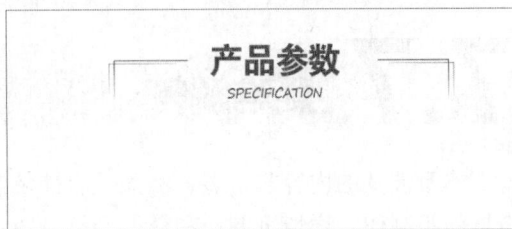

▲ 图7-134　制作页头部分

经验之谈

　　详情页的制作方式多种多样，可将细节图放置于第一屏，也可将大图放置于第一屏。详情页可以包含的内容很多，如细节图、大图、使用场景图、属性图、参数图等，卖家根据实际情况进行选择即可。

STEP 37 继续制作详情页的其他部分，如图7-135所示（配套资源:\效果文件\第7章\详情页.psd）。

▲ 图7-135　详情页效果

7.7　疑难解答

　　本章涉及的内容非常多，涵盖了店铺装修准备、文案设计、图片管理、店招制作及上传、全屏海报制作、详情页制作和分类导航、图片轮播等板块的设置等，下面主要针对文案设计、店铺装修的一些疑难问题提出解决方案。

　　1.　文案写作有哪些技巧?

　　答：网店商品的文案写作都比较简洁，一般不需要太多的文字描述，但必须在有限的文字中表达出更多有效的信息，下面对文案写作的常用技巧进行简单介绍。

- **利益诱惑**：通过给出一定的利益诱导消费者购买，如赠品、优惠等。
- **巧用数字**：在商品文案中，尽量用阿拉伯数字，比如月销10000件比月销1万件的力度更强，价格用阿拉伯数字，也可以让消费者一目了然。
- **感情渲染**：通过寻求消费者的感情认同点来销售商品，特别是在做中老年产品时，文案突出表达"给亲人健康，还亲人年轻"等主题，寻求消费者的认同点。比如某商品文案"父亲，请你慢点老"即可很好地引发消费者感情共鸣。
- **理想描述**：通过文案描述出消费者希望的场景。比如女装描述"显瘦修身"，美妆产品"持久不晕染"。
- **"恐吓"表达**：给消费者描述出不安全产品会造成的后果，再说明我们的商品在这方面的优势和特点。
- **主动提问**：通过提问激发消费者查看和了解的兴趣，如"你想不想知道30天闪电瘦的方法？"
- **事件借势**：将网络上发生的热门词汇或事件引用到商品文案中，可以寻引起消费者的认同感和好感度。
- **巧妙对比**：通过与其他商品的巧妙对比来凸显商品的优点，如南孚电池的"一节更比六节强"。
- **名人效应**：现在很多的文案都采用了名人效应，比如"×××同款"等。

2. 详情页文案的写作有什么注意事项？

答：商品详情页文案在商品详情页中一般出现在产品亮点介绍、设计诠释、细节描述和功效介绍等地方。总的来说，需要注意以下要点。

- **统一叙述风格**：商品详情页中需要进行文案描述的部分不止一处，文案写手在进行描述时要先统一文案的用语风格，不能前面使用轻快幽默的语言，后面又使用严肃沉闷的表述方式。这不仅会降低买家的阅读兴趣，还会让人觉得莫名其妙。它与文章写作相似，只要保证文章风格统一、用语通俗易懂，能够表达宝贝的特点即可。
- **确定核心点**：核心点就是商品详情页文案的主要表述中心，主要指宝贝亮点。明确宝贝的核心竞争点能更好地组织语言，从中心点展开文字描述，突出产品的优势。
- **个性化的语言**：在网店发展如此迅速的环境下，很多店铺的商品详情页文案也千篇一律，没有自己的特色和亮点。如果你能独树一帜，创造独特的语言描述风格，不仅会吸引买家，还能引领文案潮流，成为真正的赢家。

3. 在进行店铺装修时，需要注意哪些色彩处理问题？

答：不同的色彩作用于人的视觉器官，通常会产生不同的色彩心理反应。颜色可以象征一年四季、象征冷暖，不同的颜色表达的感情不同。对于网店而言，色彩搭配也有一定讲究。总的来说，网店色彩的整体搭配应该和谐，局部可以做一些比较强烈的对比色。下面对一些常见的色彩搭配进行介绍。

- **暖色调**：红色、橙色、黄色等色彩，这些颜色表达出的感情一般以温馨、和煦、热情、积极为主，同时由于颜色明亮，也会使人的心情愉悦。
- **冷色调**：青色、蓝色、紫色等色彩，这些颜色表达出的感情一般以清凉、宁静、雅致为主，使人感到冷静温和。

- **对比色调**：指将色性相反的颜色搭配起来，例如红和绿、黄与紫等，由于对比强烈，这种对比搭配会产生强烈的视觉效果，使人感到亮丽、鲜艳。但是这种搭配非常挑剔，如果搭配不好，也容易落于俗艳。

4. 网店主色调选择

颜色搭配是网店装修中非要重要的一项内容，好的颜色搭配可以使进店顾客眼前一亮，产生第一眼的好印象。网店的主色调选择一般需与商品类型相适应，比如出售数码类商品，则稳重大气的冷色调更适合，巧妙的黑白搭配也可以体现出不错的科技感效果。比如服装、化妆品之类的店铺，则店铺装修可以随着季节的变化而变化，体现出商品的季节性。而有些店铺，比较强调个性和特色，可将店铺设计的更具有视觉冲击力，在颜色的选用上可以采用暖色调，或者对比色调。需要注意的是，不管采用什么色调，颜色种类都不宜过多，否则容易杂乱，主题不突出。在进行店铺颜色搭配时，还要注意背景色深浅的变化，背景色与文字的对比搭配等，若是背景色为深色，则文案颜色以浅色为主，反之则以深色为主。

7.8 经典案例——店铺装修成就大生意

韦一满是淘宝大学讲师，淘宝优秀店铺设计师，独立研发并教授了《宝贝图片处理美化》《店铺装修的功能和使用》等多门淘宝大学课程，为成千上万的淘宝卖家设计了店铺装修方案，在网店装修这个行业中是名副其实的皇冠级金牌卖家。

然而刚开始经营淘宝的时候，韦一满却并没有这么"志得意满"。

韦一满最初决定成为淘宝卖家的时候，选择了服装行业，因为姐姐在做批发生意，自己刚好可以搭个顺风车。韦一满的店铺名称叫"格格坞"，负责网店装修的是她自己，她的老公杨格则负责网页技术。店铺虽然开始经营了，但生意却很不景气，加上夫妻二人平时也有工作要做，无法投入太多精力到店铺中，这种现状难免让人有点泄气。

不过一次偶然的机缘巧合，让"格格坞"终于迎来了柳暗花明。

韦一满的店铺装修都是自己亲自操刀设计的，花了很多功夫，店铺形象在同行业中显得非常独特别致，就是这份独特，将一个淘宝卖家带到了韦一满面前。这个卖家非常欣赏韦一满的店铺装修，想委托她为自己的店铺进行设计，结果经由韦一满设计的这家店铺，短短一个多月就从2心升到了2钻。这让韦一满意识到网店设计对网店人气拉动所起到的巨大作用，同时这个巨大的商机，也让韦一满下决心将"格格坞"转型为网店装修设计。

韦一满搜索了当时在淘宝网做网店装修设计的卖家，发现只有寥寥几人。最先委托她装修店铺的那位卖家也给她介绍了不少生意。"格格坞"的生意慢慢做起来了，但很快韦一满又面临了新问题。韦一满的店铺装修是定制设计，做了一段时间后发现要按照客户的要求不停修改方案，不仅非常耗时，并且价格也比较贵，为了能够及时交出设计方案，她经常通宵加班，但依然无法很好地满足客户的需求。韦一满在认真考虑之后，决定对"格格坞"进行二次转型，将定制设计转变成了以成品设计为主。

直接提供成品设计让客户可以自己选择喜欢的方案，不仅价格降低了，所耗时间也更少。

两年后，"格格坞"从同行中脱颖而出，成了淘宝名副其实的皇冠级卖家。韦一满说，"设计是一个需要靠脑力吃饭的行业，设计不仅需要敏锐的思路，最重要的就是要有创造力"。现在的"格格坞"拥有了自己的设计室，创办了公司，不仅线上装修设计声名远播，线下设计也做得红红火火。

总结：店铺装修是网店的"门面"，在店铺装修上落后于其他店铺，则在到店访问的顾客数量上将占不到什么优势。淘宝的买家千千万万，竞争环境十分激烈，任何方面的不足都可能导致店铺的落后。

7.9 高手进阶

（1）根据本章所学知识为空调设计一则文案，包括主图文案和详情页文案，要求详情页文案内容包括功能、外观、材质、特色等。

（2）制作大小为800像素×800像素的图片，将其上传到淘宝图片空间中，并新建"主图"文件夹，将上传的图片移动到该文件夹中。

（3）利用素材（配套资源:\素材文件\第7章\茶叶店招.psd）制作一个"茶叶"店铺的通栏店招，可参考如图7-136所示的效果，制作完成后将其上传到淘宝店铺中（配套资源:\效果文件\第7章\茶叶店招.psd）。

▲ 图7-136 茶叶店铺的店招效果

（4）利用素材（配套资源:\素材文件\第7章\茶叶全屏海报.psd）制作一个大小为1920像素×500像素的全屏海报，参考效果如图7-137所示，制作完成后通过码工助手生成代码，然后将全屏海报上传到淘宝店铺中（配套资源:\效果文件\第7章\茶叶全屏海报.psd）。

▲ 图7-137 茶叶店铺全屏海报效果

（5）收集一些好看的茶叶图片，制作成全屏轮播图片，制作完成后通过码工助手生成代码，然后将全屏轮播图片上传指淘宝店铺中。

第3篇 运营推广

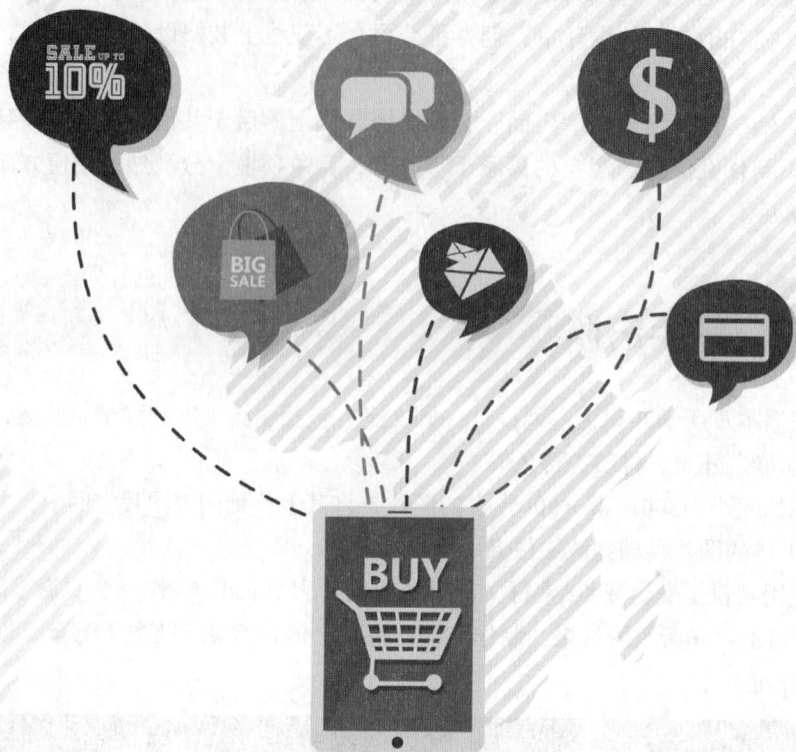

第8章
免费推广店铺

店铺流量即店铺的访问量，店铺访问量直接关系着店铺的销量，因此要想取得不错的销量，必须对店铺进行推广。作为网店经营者，必须懂得推广店铺的方法。本章主要介绍店铺流量的来源、在淘宝论坛中宣传店铺、运用网络资源宣传店铺和运用站外平台宣传店铺的方法，通过本章的学习，读者可以掌握推广店铺的常用方法和技巧。

8.1 店铺流量的来源

　　网店获取流量的途径非常多，主要可分为站内流量和站外流量两大类别。站内流量是指由淘宝网本身带来的流量，是买家主要的流量渠道，如站内搜索、直通车、智钻、聚划算等都属于站内流量。站外流量是指在淘宝网以外的其他互联网上获取的流量，如从淘宝论坛、微博、微信等站外获取的流量即属于站外流量。

8.1.1 站内搜索

　　站内搜索是指通过当前网站的搜索引擎搜索本网站中的内容，对于淘宝卖家而言，站内搜索是非常重要的一个流量来源，这是因为淘宝用户在通过淘宝购买商品时，大多数时候都是通过关键词搜索寻找商品的，图8-1所示即为通过选词助手查找出来的耳机类目的关键词搜索数据，从该表中可得知，耳机、运动耳机、游戏耳机都是用户的热门搜索词。

行业相关搜索词					日期 ∨ 2016-09-28~2016-09-28	指标 ∨ ⅏ 下载
搜索词	全网搜索热度 ⬆	全网搜索热度变化 ⬆	全网点击率 ⬆	全网商品数 ⬆	直通车平均点击单价 ⬆	操作
耳机	33,804	⬆5.72%	96.69%	1,437,935	0.94	☆收藏
运动耳机	1,911	⬇10.03%	162.17%	289,978	1.6	☆收藏
游戏耳机	1,001	⬇12.65%	109.39%	94,799	2.93	☆收藏
通用耳机	112	⬆9.80%	281.25%	379,793	1.13	☆收藏
二手耳机	96	⬆5.49%	239.58%	4,091	0.53	☆收藏

▲ 图8-1　站内搜索数据

经验之谈

　　流量分为免费流量和收费流量，一般来说，获取流量最主要的方式是推广，不论是站内推广还是站外推广，都可分为免费推广和付费推广两种模式，淘宝网为卖家提供了很多有效的推广方式。

8.1.2 付费推广

　　付费推广是一种比较有效的推广方式，可以帮助卖家获取更多有效流量，淘宝网内部的付费推广模式主要有直通车、智钻、淘宝客、达人等，其中直通车是一种特定类目下店铺爆款常用的推广方式，智钻是一种广泛获取店铺流量的推广方式，淘宝客和达人则是卖家支付佣金，由专门人员提供推广服务的推广方式。直通车和智钻并不是任何店铺都可以申请的，必须是店铺达到淘宝网指定的最低标准才可开通，如直通车的开通标准为信用等级大于等于两颗心，店铺动态评分各项大于等于4.4分。淘宝客和达人作为一种主动向的人为推广方式，一般在申请推广时，淘宝客或达人也会根据店铺的综合能力来决定是否接受推广。图8-2所示为淘宝直通车和智钻推广页面。

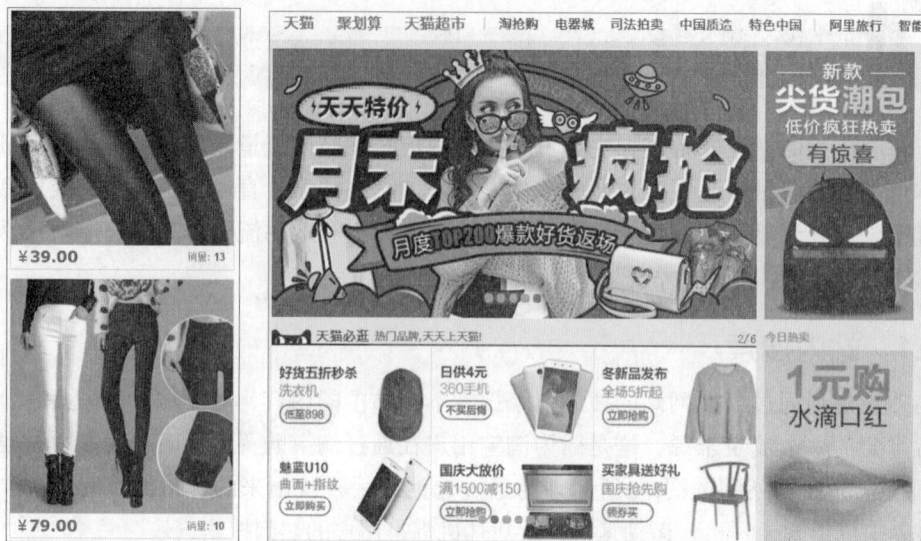

▲ 图8-2 淘宝直通车和智钻推广页面

8.1.3 参与活动

除了通过站内搜索和推广来获取流量外，使用淘宝网提供的一些营销活动进行推广，也是常见流量的来源之一，如聚划算、淘金币、天天特价等，如图8-3所示，如果店铺满足活动参与条件，则可通过淘宝的活动入口申请参与，申请通过后，即可在活动区域获得展示机会，被买家浏览。

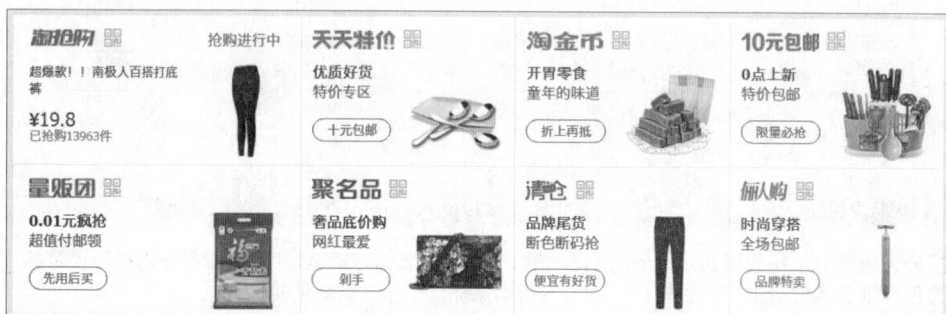

▲ 图8-3 参与活动

8.1.4 会员营销

会员营销是指通过对会员关系进行管理，从老顾客中再次获得流量，当店铺通过其他方式带来了流量和人气之后，需要进一步留住这些流量，让其产生持续的购买行为，最好还可以通过会员的广告效应，扩大会员营销流量的影响范围，刺激新的会员流量的产生，这种现象是所有淘宝卖家都希望达成的。

会员营销流量一般都是店铺内最稳定的流量，通常转化率都比较高，可以快速带来销量，对店铺而言非常有利，因此网店经营者应该重视会员关系管理，尽量巩固和提升会员营销流量。

8.1.5　其他流量

淘宝站内流量是卖家主要的流量渠道，当然除了店内流量外，一些站外平台也可以为店铺带来流量，如折800、返利网、美丽说等，这些站外平台经常会通过策划活动的方式对商品进行营销，网店卖家也可申请参与这些网站的活动，对自己的商品进行推广，图8-4所示为折800网站的商品页面，单击具体的商品页面即可跳转到对应的商品地址中查看商品详情。

通过贴吧、论坛、微博、微信等自营销手段也可推广商品并获取流量，除此之外，交换友情链接、通过在其他网站投放广告等方式也可为店铺带来流量，获取流量的方式非常多，卖家需根据自己的实际情况进行选择。

▲ 图8-4　折800网站的商品页面

8.2　在淘宝论坛中宣传店铺

淘宝论坛是一个淘宝店铺推广论坛，在论坛中不仅可以查看与经营店铺相关的新闻和技巧，还可与其他淘友发帖交流，发表见解、寻找潜在客户、宣传店铺等。

8.2.1　发帖

淘宝论坛是淘宝网的官方论坛，可与淘宝网共用账户，不需另外注册。登录到淘宝论坛后，可对自己的个人信息进行设置，在其中也可加入一些营销信息，进行自我营销和宣传。在淘宝论坛中，一般通过发帖的方式宣传店铺，下面介绍在淘宝网中发布帖子的方法，其具体操作如下。

扫一扫 实例演示

STEP 01 进入淘宝论坛（https://index.bbs. taobao.com/home.html），选择相应的板块，将鼠标指针移动到"行业板块"选项卡上，在打开的下拉列表中单击"淘宝女装"超链接，如图8-5所示。

▲ 图8-5 选择板块

STEP 02 进入淘宝女装页面，在其中可以查看与淘宝女装相关的帖子，在页面右侧单击 发表帖子 按钮，打开帖子编辑页面，在其中分别输入标题和正文内容，再在"版面"下拉列表中设置帖子的分类，如"营销渠道"，如图8-6所示。

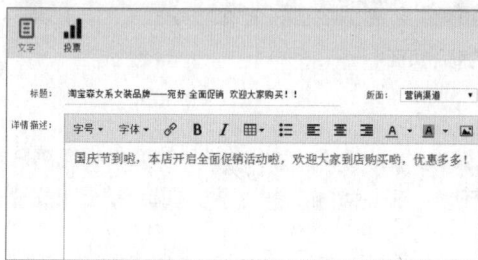

▲ 图8-6 输入内容

STEP 03 单击"插入/编辑图片"按钮，打开"插入图片"对话框，单击 本地上传 按钮，打开"打开"对话框，在其中选择需插入帖子中的图片，然后单击 打开(O) 按钮，如图8-7所示。

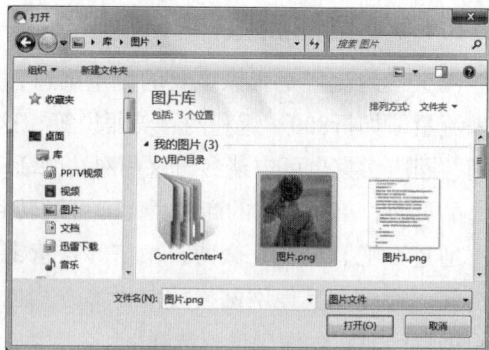

▲ 图8-7 选择插入的图片

STEP 04 返回"插入图片"对话框查看图片上传进度，上传成功后单击 确定 按钮完成上传。单击"插入/编辑链接"按钮，打开"插入链接"对话框，在其中可输入店铺链接和显示文字，如图8-8所示。设置完成后单击 确定 按钮完成链接的插入。

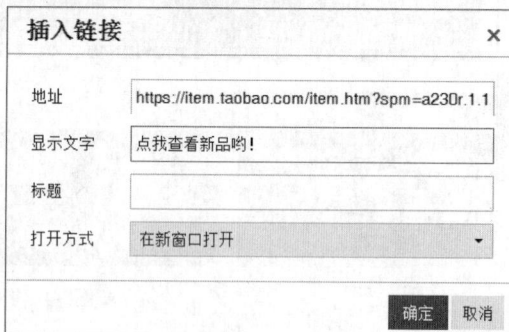

▲ 图8-8 插入链接

STEP 05 返回编辑页面，在其中单击 发表 按钮，即可完成帖子的发布，如图8-9所示。

▲ 图8-9 发布帖子

经验之谈

在内容编辑页面提供了"文字"和"投票"两个选项，可根据实际需要进行选择。

经验之谈

"插入链接"对话框中的"显示文字"指链接的显示文字，设置了显示文字后，链接将以文字的形式进行显示。

8.2.2 回复帖子

在淘宝论坛上查看帖子时，可以通过回复帖子的方式与其他淘友进行讨论，回复帖子的方法为：打开需要交流的帖子，在帖子下方单击 回复本帖 按钮，在打开的对话框中输入回复内容，输入完成后单击 立即回复 按钮即可，如图8-10所示。在回复帖子时，通过回复框上方的工具栏可设置文本格式，也可插入图片和链接。

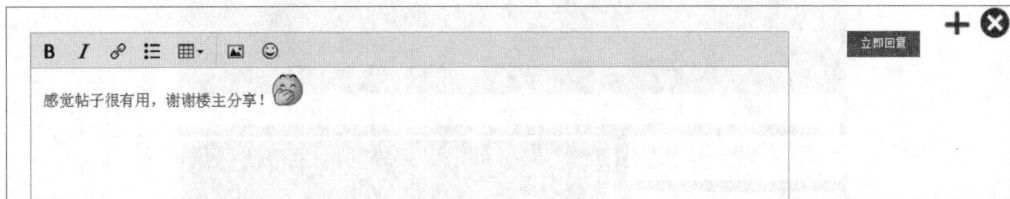

▲ 图8-10　回复帖子

经验之谈

在论坛上发布帖子时，可以提前查看一下当前板块的版规，根据版规发布帖子，以防帖子被管理员删除。帖子内容要言之有物，内容充实，排版要规范整齐，才能博得阅读者的好感。

8.3 运用网络资源宣传店铺

运用网络资源宣传店铺是店铺推广的主要手段，而免费的网络推广手段主要是通过自媒体来实现的，如微博、微信、QQ邮件等形式。

8.3.1 微博推广

微博是一个公开的社交平台，通过微博可以达到实时发布和显示消息的目的，微博的用户数量非常大，因此很多人选择将微博作为推广平台。

1. 注册和关注店铺

使用微博进行推广时，首先需要注册一个微博账号，然后引导买家关注店铺微博，通过微博不时为买家推送各种活动信息，吸引其前来购买。在注册微博时，微博名称最好设置为店铺名称，也可在其中添加店铺的类目和品牌等。此外，微博的个性域名最好与店铺有联系，如店铺的全拼等。这样设置一方面能使微博粉丝一目了然地看到微博品牌，记住店铺名称；另一方面关键词对搜索引擎友好，搜索品牌的关键词排名将更靠前。

在注册微博的过程中，微博会引导用户进行个人标签设置，作为一个网店推广微博，在设置个性标签时，可选择与自己的商品、行业相关的标签，在设置好标签后，微博通常会主动推荐标签相同的用户，通过该推荐可拓宽社交圈，与性质相同的微博进行友好互动。

微博设置是微博注册中非常重要的一个环节，特别是对于需要推广品牌的官方微博而言。一般来说，微博设置中都包括个人资料、个性设置等内容，在个人资料中可以对店铺进行简单描述，展示网店的属性和文化，为店铺建立起良好的形象，还可添加店铺的链接，方便粉丝直接进入。图8-11所示为一个推广微博的主页内容。

▲ 图8-11　店铺页面

经验之谈

新浪、腾讯、搜狐等都是现在主流的微博平台，这些平台都提供了微博认证功能，可以针对个人、企业、媒体、网站等进行认证，通过认证的微博名称后会有一个"V"标志，认证微博不仅可以提升微博的权威性和知名度，同时也更容易赢得粉丝的信任。

2. 转发抽奖

转发抽奖是指通过店铺的官方微博与粉丝进行互动，从转发当前微博的粉丝中抽取一名或几名用户赠送奖品。转发抽奖是一种十分常见的推广方式，通过转发抽奖不仅可以将店铺或活动推广至粉丝的粉丝，扩大影响范围，还可累积更多的粉丝，吸引更多的关注量。转发抽奖一般都是以关注+转发的形式实现的，如图8-12所示。

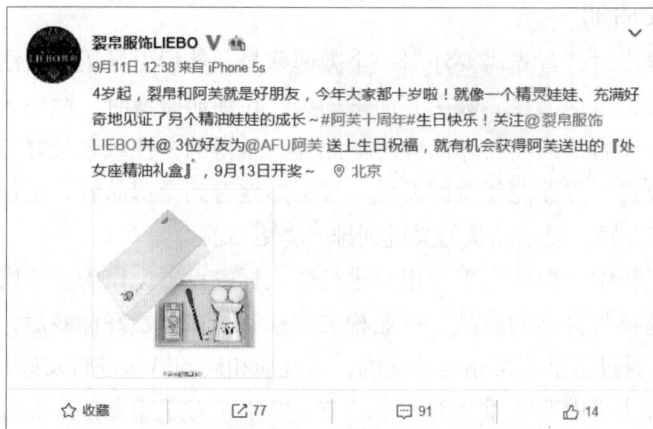

▲ 图8-12　转发抽奖

3. 晒图有奖

晒图有奖是指通过店铺官方微博策划和组织的一种活动形式，通过邀请买家上传商品图片并@官方微博的方式参与到活动中来，官方再对参加活动的买家图片进行评比或投票，选出人气最高的商品图片，颁发相应的奖品。晒图有奖可以使买家体会到购买商品后的参与感，既可以宣传商品，又能培养买家忠诚度，是非常有效的一种微博推广方式，图8-13所示为官方微博策划的晒图抽奖活动。

▲ 图8-13　晒图有奖

4. 发布话题

发布话题是指在微博上发布的特指某个描述对象的主题，如"2016年××上新"等，通过微博平台发布话题后，话题将以超链接的形式进行显示，单击该话题即可打开相关话题页面，当然微博用户在搜索相关关键词时也可搜索到该话题信息。一般来说，活动、品牌名等都可以设置为专门的话题，官方微博要有意识地引导粉丝针对话题进行讨论，这样不仅可以起到醒目显示话题的作用，当话题的发送量达到一定数量时，微博官方还将对话题进行推送，展示给更多的微博用户查看，建议店铺官方微博在发布微博时尽量带上相关话题，图8-14所示为带话题发布的微博内容。

▲ 图8-14　发布话题

8.3.2　微信推广

微信是一个用户基础非常大的即时通信软件，主要应用于移动端设备上。随着智能手机、平板电脑等移动端电子设备的普及与发展，使微信受众的数量越来越大，甚至拓展到中老年人的群体中，这种广泛大众化和较强即时性的特点，使微信推广具有非常大的发展空间和可观的推广效果。微信与微博不同，微信推广主要依靠微信朋友圈和微信公众平台等方式。

1. 微信朋友圈推广

微信朋友圈是微信推广中比较常见的一种方式，图片、活动、店铺宣传等都可以发送到朋友圈中进行推广，但是朋友圈中的内容一般只能由微信好友查看，因此局限较大。为了扩大商品在朋友圈的影响范围，店铺可以通过策划活动、会员管理等方式，引导和邀请买家添加店铺的微信号，再通过淘宝网制作手机宣传海报，发送至朋友圈增加点击量。

扫一扫 实例演示

无线设备的普及使无线端客户成为淘宝网店中非常重要的一类客户来源，淘宝网为此提供了无线端装修功能，在其中可对无线端店铺进行装修操作，同时也可在其中制作手机海报并生成链接，再将该链接共享到微信中，下面在淘宝网中制作手机宣传海报并分享到微信中，其具体操作如下。

STEP 01 进入淘宝卖家中心，在"店铺管理"栏中单击"手机淘宝店铺"超链接，在打开的页面中单击"立即装修"按钮 🔧，如图8-15所示。

▲ 图8-15 装修无线店铺

STEP 02 在打开的页面左侧选择"手机海报"选项，打开"手机海报"页面，在该页面中提供了很多淘宝预设的手机海报模板，选择自己所需的模板，如图8-16所示。

💬 **经验之谈**

手机海报的类型多种多样，有节庆、新品搭配、单品介绍、品牌推广等，卖家可根据实际需要进行选择。

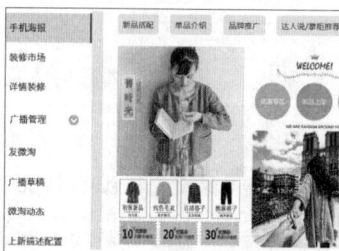

▲ 图8-16 选择海报模板

STEP 03 打开手机海报的制作页面，在其中可以对海报中各个板块进行更换，如选择如图8-17所示的图片模块，在页面右侧点击 更换图片 按钮。

▲ 图8-17 选择图片模块

💬 **经验之谈**

在手机海报模板中选择某个图片模块后，在右侧的页面中可以查看该模块的宽度和高度，更换的图片大小必须以该尺寸为准。

STEP 04 打开"选择图片"对话框，在其中选择所需图片，对原海报模块的图片进行更

换，如图8-18所示。

▲ 图8-18　更换图片

STEP 05 选择海报中的文字模块，在右侧的页面中可以修改该文本模块中原本的内容，并可设置文本的大小、字体、颜色、位置等，如图8-19所示。

▲ 图8-19　设置文本

STEP 06 按照该方法对其他模块进行更换和设置，选择需要添加链接的模块，在右侧页面的"URL"文本框中可设置相应的链接地址，如图8-20所示，该地址为手机店铺的链接地址。

▲ 图8-20　设置链接

STEP 07 依次设置其他需要添加超链接的模块，设置完成后，选择需要添加播放动画效果的模块，在右侧页面中可为其设置动画效果和动画时间，如图8-21所示。

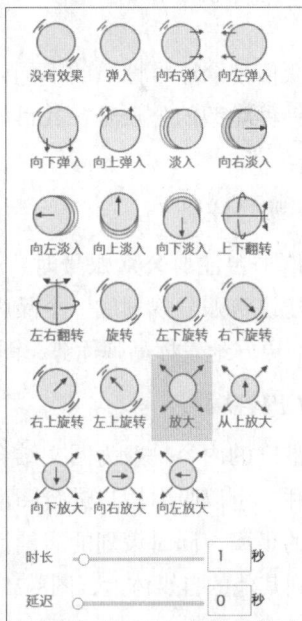

▲ 图8-21　设置动画效果

STEP 08 按照该方法依次在左侧选择手机海报的其他页，对其内容进行修改。制作完成后，在页面上方单击"发布"按钮✓ ，在打开的页面中可预览海报效果，单击 发布 按钮，对手机海报进行发布，如图8-22所示。

STEP 09 此时，在打开的页面中将生成手机海报的链接，如图8-23所示。单击"更改图片"超链接可为饰品设置图片封面，单击 复制链接 按钮，将链接复制并分享到微信朋友圈，即可以视频的形式展示自己的店铺。

▲ 图8-22 发布海报

▲ 图8-23 发布链接

2. 微信公众账号推广

微信公众平台是一种通过公众账号推广媒体信息的平台，商家通过申请公众微信服务号，在该平台进行自媒体活动，如通过二次开发展示商家微官网、微会员、微推送、微支付、微活动、微报名、微分享、微名片等，微信公众平台已经发展成一种主流的线上线下互动营销方式。

按照微信公众账号性质的不同，可将其分为个人账号和企业账号、订阅号和服务号等，但不管是哪一种类型的公众号，其目的都是为个人或者企业创造价值，而创造价值的前提则是做好推广内容。

（1）账号注册

在微信平台注册公众账号时，首先需要明确该公众号是作为个人账号还是企业账号来运营，一般建议将账号规划成一个品牌来进行运营，即在微信、微博等媒体中都使用相同的账号名称，从而更好地发挥品牌优势，图8-24所示为某服装品牌的微信公众号。

（2）内容编写

微信推广的内容一般为图文结合的形式，文字要求排版整齐，图片要求精致美观，内容要具有可读性，可以吸引用户进行阅读，比如以趣味软文的形式做推广，可引起用户的兴趣，拉近与用户的距离，同时策划的店铺活动也可通过微信公众号进行宣传。内容编写完成后，可以同时发布到其他的自媒体上，图8-25所示为某护肤品的公众号推广内容。

（3）用户互动

在微信公众号中，可以设置"购买产品""我的服务""活动推荐"等菜单，并可在菜单中分别设置相关的子菜单，为用户提供相关查询服务等，如图8-26所示。此外，发布内容后会收到部分用户的回复，此时需要多与粉丝进行互动，对粉丝的问题进行选择性的回复，以维护用户关系。对于部分类似的问题，可以设置自动回复或关键词回复，如图8-27所示。在回复中将相关文章信息添加进去，读者阅读时可直接回复关键字，不仅可以查看对应的文章，还可以查看历史文章。

▲ 图8-24　账号注册

▲ 图8-25　内容编写

▲ 图8-26　设置查询菜单

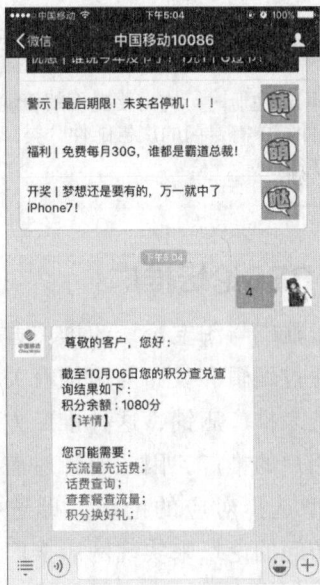
▲ 图8-27　设置自动回复

经验之谈

现在网上有很多提供微信公众号管理服务的平台，借助这些平台的功能和资源，可以更加方便地进行管理。

8.3.3　电子邮件推广

电子邮件推广是指通过发送电子邮件的方式进行推广，其推广内容的编写方法与其他推广类似。在推广时以图文结合的方式为主，也可在推广内容中添加活动信息或商品链接，对内容进行编写时要真实可靠，重点明确，最好还能迎合邮件接收者的喜好和需求，如图8-28所示。电子邮件推广宜精不宜多，否则容易有广告骚扰之嫌，反而引起用户的反感。

▲ 图8-28　电子邮件推广

经验之谈

现在很多网站注册时，均需要提供邮箱地址，通过这些邮箱地址，即可订阅和发送推广信息，以 QQ 邮箱为例，在收件箱中有专门的广告邮件分类，该分类中存放着所有已订阅的广告邮件，用户进入该分类即可查看相应的推广信息。

8.3.4　BBS论坛推广

BBS论坛推广与淘宝论坛的推广方法类似，主要是通过编辑和发布与店铺有关的帖子或链接地址来推广店铺，这种推广方式主要是对潜在用户的推广，因此要针对需要推广的客户类型选择对应的论坛，即选择目标客户经常访问的论坛来实现网店推广的目的。在论坛进行推广时，注意设置推广账号的头像和签名档，不论是发帖还是回帖都要注重帖子的质量，帖子内容尽量图文结合，排版精美，将店铺活动和商品以积极的方式推荐给论坛的用户，图8-29所示为在论坛上推广商品。

▲ 图8-29　论坛推广

经验之谈

交换友情链接也是一种店铺推广方式，通过与其他网站或店铺交换友情链接，可以形成一个小的网络圈子互相增进彼此的影响力，是一种双方互赢的模式。在交换友情链接时，一般要尽量选择相同大类、不同小类的店铺链接，避免圈内竞争。

8.4 运用站外平台宣传店铺

淘宝网站内推广的很多项目都对店铺的资质有所要求，且部分项目还需花费一定的推广资金，因此网店经营者也可通过站外平台来宣传自己的店铺，累积和提升自己的资质和人气，如折800、返利网、卷皮网等。

8.4.1 折800

折800成立于2011年，是一家专注商品超低折扣特卖的网站，其注册用户超过8000万，日均成交百万单，与淘宝网中的店铺合作良好，很多淘宝网店的经营者都选择通过参加折800的活动来推广宣传自己的商品。与淘宝网的活动一样，折800网的活动也是需要申请的，网站策划活动供店铺经营者报名参加，参与活动的商品即可获得在网站中进行展示和出售的机会，图8-30所示为折800网站的活动页面。作为淘宝网的店铺经营者，可以实时关注折800网站的活动方案，根据活动参与条件对比自己的商品，然后选择具有良好竞争力的产品参与活动。

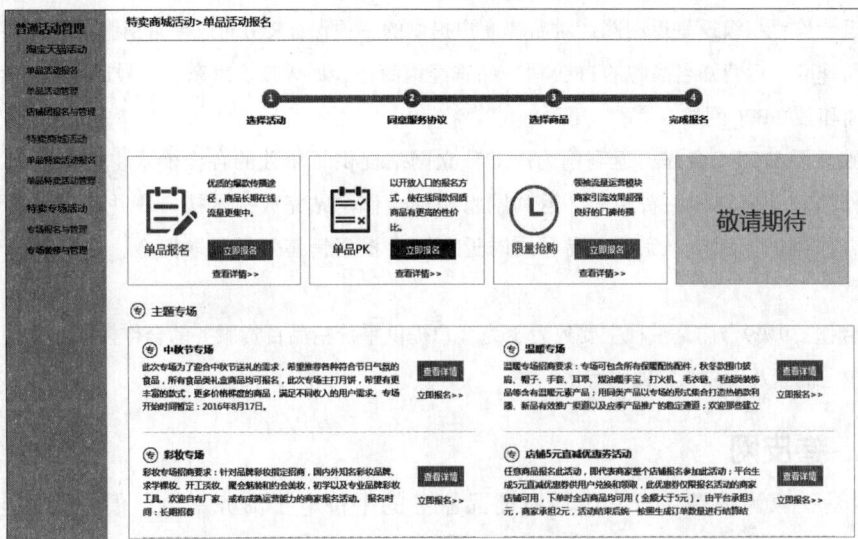

▲ 图8-30 折800网站促销活动页面

8.4.2 返利网

返利网成立于2006年11月，是一个市场规模和用户活跃度都比较领先的 "返利导购"平台，拥有数量庞大的注册会员基础，合作电商网站超过400家，覆盖了国内主流的B2C电子商务平台，包括天猫、淘宝、京东、苏宁易购、1号店、亚马逊、聚美优品等，其合作模式主要分为超级返合作、B2C独立网站CPS合作、9块9合作等，图8-31所示为返利网首页及活动分类。

▲ 图8-31 返利网首页

下面分别对返利网的主要合作模式进行介绍。

- **超级返合作**：超级返是返利网针对品牌商户提供的一项保证ROI的效果营销服务，主要合作对象为知名品牌商、运营知名品牌的TP公司、品牌经销商等，如天猫、京东、一号店等知名B2C、POP平台店铺和独立B2C网站。

- **B2C独立网站CPS合作**：返利网为B2C独立网站提供了单独的合作模式，合作网站与返利网签订合作协议并交纳相关费用后，返利网将协助合作网站完成技术接口，并提供专属页面引导会员去合作网站下订单、完成交易，同时返利网会根据销售效果收取佣金，并将部分佣金返还给会员。

- **9块9合作**：9块9合作是一种主要致力于为客户提供平价精品百货服务的合作模式，主要合作对象为知名淘宝商家及优质天猫商家等。

8.4.3　卷皮网

卷皮网是一家为消费者日常生活所需品服务的平价电子商务平台，倡导价格与品质的平衡，主打平价、品质、生活，以创新"平价零售"模式为消费者提供服饰、居家、母婴等平价优质商品。卷皮网的活动类型主要包括卷皮特卖（POP）、卷皮折扣、品牌折扣、九块邮等模式，淘宝店铺经营者可以直接通过卷皮网首页的免费报名通道参与活动报名，从而为自己的店铺引进更多的流量和销量，图8-32所示为卷皮网报名平台。

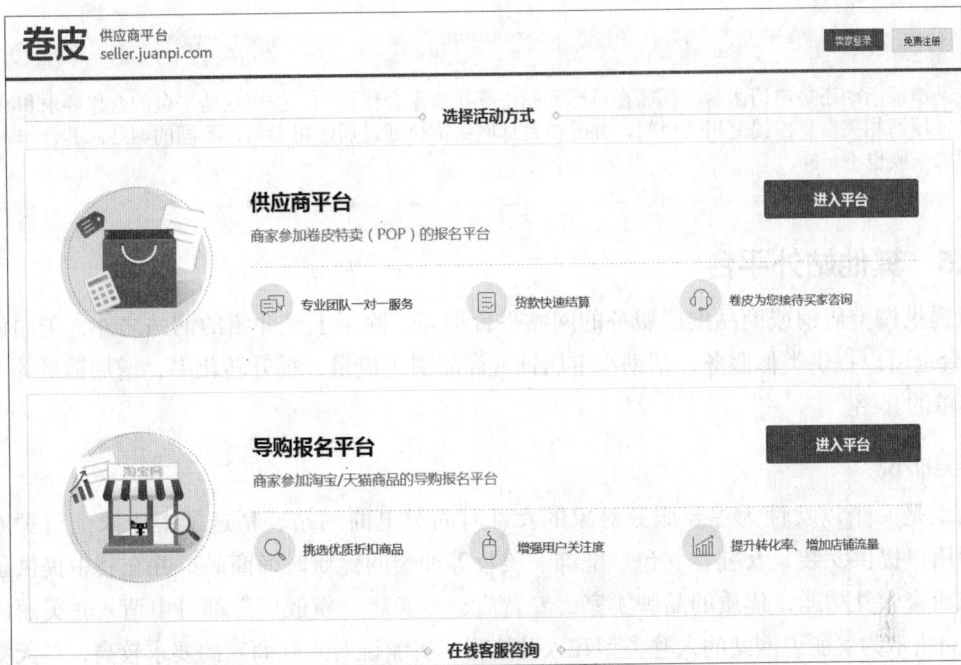

▲ 图8-32 卷皮网活动报名平台

8.4.4 参与团购

　　团购即团体购物，从商家的角度来讲，团购是一种薄利多销的营销策略，以低于零售价格的方式出售商品，不仅可以使商家赢得销售量，还能让买家得到价格折扣，实现买卖双方的共赢。现在提供团购服务的网络平台有很多，常见的包括糯米网、美团网、大众网等，这些知名团购网站中涵盖了数量非常多的类目和商品，图8-33所示为大众网的合作页面。

▲ 图8-33 大众网合作页面

不论是申请活动还是申请团购，都需在目标网站中寻找商家合作途径，按照这些平台的合作要求和准则进行申请，填写相关信息，提交相关材料，并等待目标网站审核通过后才可参与，不同的网站，其合作方式和合作要求一般也不一样。

8.4.5 其他站外平台

可以提供淘宝店铺或商品推广服务的网站平台很多，除了上述介绍的网站之外，美丽说、U站等平台也可以提供类似服务，帮助淘宝店铺或商品引进流量，提升转化率，增加销量等，下面进行简单的介绍。

1. 美丽说

美丽说是一个以女性为主要服务对象的女性时尚类电商网站，精选了上千家优质卖家供应商，为用户提供女装、女鞋、女包、配饰、美妆等种类的优质时尚商品，并在其中提供了商家推广和商家入驻功能，优质的品牌卖家、专营店、专卖店、旗舰店等都可申请入驻美丽说平台，图8-34所示为美丽说网站的入驻类型和入驻流程。美丽说对入驻商家的要求较高，与天猫类似，入驻不同的类目需要交纳不同数目的保证金，同时还需按销售额的百分比支付佣金给美丽说网站，不同类目其佣金收取的百分比也不一样，因此比较适合具有一定人气和资质的品牌和店铺。

▲ 图8-34　美丽说入驻流程

不论是什么推广平台或合作网站，都会对店铺或商品有一定的要求，优质商品，或是已具有相当人气的商品更容易申请成功，网店在经营初期的时候应该选择适合的方式进行推广，前期要注意积累商品人气，提高店铺的资质和形象。

2. 淘宝U站

U站与美丽说类似，主要是将资讯和分享导购汇聚集成一个社会化的网络导购平台，其目的在于为用户提供一个可以跳转到淘宝商铺的链接，店铺经营者可以借助这种平台级的服务自行创建导购小站，分享导购内容，从而获得盈利收入，如图8-35所示。需要加入U站的买家可以在U站首页中单击"商家报名"超链接，与在线客服进行交流，了解U站申请和建站的相关信息。

▲ 图8-35　U站中心

8.5 疑难解答

网店推广是店铺经营过程中非常重要的一个方面，不论是在店铺发展初期还是中期，都需要合理地使用推广策略来扩大店铺影响力，下面笔者将对店铺推广中的一些主要问题提出解决方法，供大家参考和选择。

1. 微信公众号的推广技巧有哪些？

答：为了更好地进行微信公众号的推广，需要对用户喜好、内容编写、推广渠道等有一定程度的了解，下面对微信公众号的常用推广技巧进行简单分析。

（1）分析用户喜好

微信公众账号的推广内容若是没有迎合用户的喜好，则很难引起足够的关注量，难以达到预期的推广效果，因此在做推广内容之前，首先必须根据推广所面向的用户群体进行喜好分析，并对具有某种特点的内容进行掌握，如文章主题积极的、实用的、方便记忆的、有价值的、有趣味性的、有创意的等。

（2）内容安排

微信公众号推广是基于移动端电子设备进行的推广方式，用户用在移动电子设备中的时间多为碎片时间，每次浏览信息的时间不长，但是次数较多，且内容的多少要受移动电子设备屏幕大小所限，因此微信公众号推广内容的编写不同于PC端。

- **内容的定位**：在微信公众号中发布的内容和数量都不能太多，推送内容以3~4个栏目为最佳。根据推送主题来整理内容，如操作类内容需提供具有实操指导性的图文；资讯类内容则需提供最新且最具实用性和趣味性的动态；活动类内容需提供具有参与性活动流程等。

- **确定标题**：现在很多用户都订阅了很多公众账号，要想从众多公众账号中脱颖而出，标题就一定要新颖，具有创意，从而提高吸引用户阅读的兴趣。
- **内容摘要**：微信公众号的推广一般都是以图文结合的方式。因为移动电子端用户具有时间碎片化的特征，所以推广内容切忌文字内容太多，可以通过一句摘要，引导用户的阅读欲望。
- **排版要求**：微信公众号推广内容的排版一般以小段落为主，切忌出现大段文字，因为大段文字容易引起读者的倦怠感和疲劳感。
- **引导关注**：微信内容可以被已有用户分享到其他地方，因此一般需要在推广内容中带入公众号信息，如在文章的最后可以附带公众号或二维码信息，然后通过提示信息引导用户关注。

（3）推送时间

根据移动端用户的使用习惯，用户看公众号的时间多为上下班途中、中晚餐时间、睡前时间等，当然，也可避开公众号信息发布的高峰期，具体发布时间应该根据运营人员的分析总结而定。

2. 有可以供淘宝卖家自主维护和发展的推广渠道吗？

答：淘宝达人是活跃于淘宝网上的达人，拥有众多粉丝，因此淘宝达人平台也成为很多商家推销商品的一个渠道。一般来说，店铺可以支付佣金的形式和淘宝达人合作，让其为自己推广商品，也可自己申请淘宝达人，对自己的账户进行维护和发展，发布一些用户比较关注和感兴趣的内容，积累粉丝基础再进行商品推广。开通淘宝达人的方法为在淘宝首页的"我的淘宝"下拉列表中选择"淘宝达人"超链接，在该页面中查看是否满足达人申请资格，如图8-36所示，满足注册条件后即可申请开通。

▲ 图8-36　申请淘宝达人

8.6 经典案例——借助自媒体的"东风"推广店铺

晓晓是个在淘宝网中经营美甲产品的小卖家，生意一直是平平淡淡的。看着其他店铺天天参加活动，生意源源不断，晓晓也不是不羡慕，但是她店铺小，销量低，成本根本不足以支撑她参加太多付费推广活动，只能在各大店铺的"环伺"中挣扎求生。

付费推广"做不起"，那么只能从免费推广活动中寻找机会。晓晓是个90后女孩，微博、微信都玩得转，甚至微博上还有不少粉丝。既然其他人都可以通过微博和微信来进行营销，自己为何不试试呢？有了这个打算后，晓晓开始有意识地发一些自己做的美甲图片到微信和微博上，每隔几天就设计一些不同的美甲风格，再搭配上对应的文字，"今天给自己做了暗黑向的指甲，像不像白雪公主的继母""我的指甲里藏着一片星空"。由于晓晓的美甲效果做得很不错，很多粉丝看到后都纷纷转发，很多人甚至直接在评论里寻求美甲方法。晓晓意识到，现在就是推广自己产品的最好时机。她将美甲方法整理出来，其中详细介绍了操作步骤，使用了哪些指甲油，以及使用了哪些工具和技巧等，并在最后附带上产品信息和店铺信息，就这样，她的淘宝店铺迎来了非常多的优质流量。

自媒体营销不仅为晓晓的店铺带来了流量，同时也让晓晓意识到，很多买家在买了美甲产品后，都不太懂得如何进行使用，做出来的指甲效果也很普通。为了更好地解决这个问题，晓晓创建了一个微信公众号，引导买家进行关注，每天在公众号中分享美甲技巧，回复买家的问题，也通过微信公众号发布一些活动，与买家进行互动。

这些举措，让晓晓美甲店铺的销售额直线上升。有时做出了比较受大众欢迎的美甲效果，那么相关产品很快就能卖光。

晓晓说："以前与买家沟通少，根本不知道为什么产品卖不出去，等到真正跟买家开始互动了，才知道买来不会用也是阻碍很多买家进行消费的一个重要因素，既然如此，那我就帮她们解决掉这个问题，我的产品不就卖出去了吗？"

总结：店铺推广是非常灵活的，对于很多新手卖家和小卖家而言，直接与资金雄厚的大卖家进行竞争，非但收不到良好效果，还很容易被残酷的竞争环境所"吞噬"。既然正面竞争没有出头之日，不如在其他地方做出特色，提供一些其他店铺没有但自己有的东西，更好地与买家进行互动，了解和满足他们真正的需求，以诚信为本，慢慢前行，才能厚积薄发。

8.7 高手进阶

（1）在淘宝论坛中编辑并发布自己的商品推广帖。

（2）以品牌名或店铺名来命名新浪微博，在微博中发布话题，并与粉丝互动，策划一条转发抽奖活动。

（3）以品牌名或店铺名申请微信公众号，编辑推广信息并将其发布到公众号中，再在推广内容最后添加公众号的二维码关注信息。

（4）制作淘宝手机海报，将手机海报链接地址分享到微信朋友圈和新浪微博。

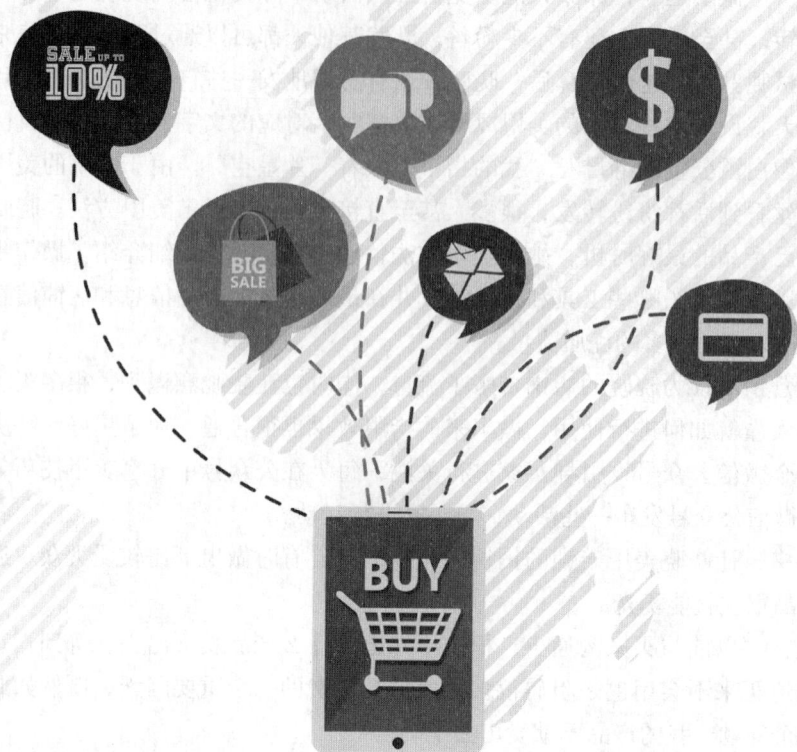

第**9**章
店内推广与促销

　　店内推广是淘宝店铺中比较主流的一种推广方式，其操作方式更加便捷和直接，对店铺流量的影响非常明显，店铺设置、宝贝推荐、免费试用、直通车、聚划算、天天特价等都属于店内推广。本章将对店内基本推广、店内促销等知识进行介绍，通过本章的学习，帮助读者掌握店内推广的方法和技巧。

9.1 店内基本推广

店内基本推广实际上是对店铺进行的设置，通过对店铺名称、店铺留言、宝贝推荐、友情链接等细节进行设置，来加深买家的印象，方便买家的搜索和收藏，从而起到隐性的推广作用。

9.1.1 设置店铺名称

店铺名称是店铺的标志之一，一个好的店铺名称更利于买家的记忆，对店铺的后期发展十分有利。一般来说，店铺名称的设置可以遵循以下4个原则。

- **易读易记**：店铺名称最根本的原则就是必须易读易记，只有这样才能充分实现识别和传播的功能，生涩文字慎重使用。
- **简洁新颖**：简洁新颖的店铺名称更易于引起买家的注意，也更便于记忆。
- **呼应商品**：如果想让店铺名称更独特更有个性，那么可以让名称与商品属性、用途、特点等相呼应，使买家产生联想，这样不仅可以宣传店铺，还能从侧面对商品进行介绍。
- **积极健康**：店铺名称要积极健康，使人产生愉快的感觉，这样容易带给买家好的第一印象，反之则容易使买家产生抗拒和抵触。

9.1.2 回复买家评论

买家评论区是买家评价商品的地方，也是消费者在购买商品时非常关注的一个区域，对店铺转化率的影响非常大，而作为卖家，可以在回复买家评价的过程中，巧妙地对店铺进行简单介绍，包括优惠信息、最新活动、商品购买和使用注意事项等，如图9-1所示。这种方法可以让买家在查看评论区时，更多地了解到商品的特征和店铺的服务，与买家进行互动，帮助部分新买家打消顾虑，从而赢得更多订单。

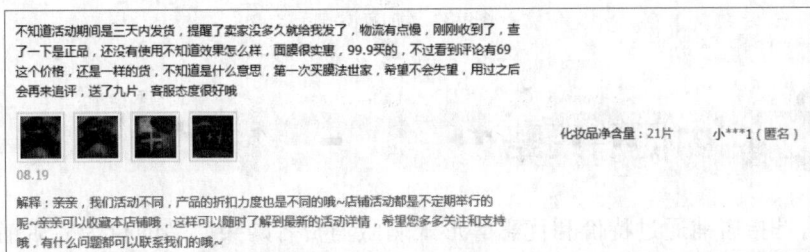

不知道活动期间是三天内发货，提醒了卖家没多久给我发了，物流有点慢，刚刚收到了，查了一下是正品，还没有使用不知道效果怎么样，面膜很实惠，99.9买的，不过看到评论有69这个价格，还是一样的货，不知道是什么意思，第一次买膜法世家，希望不会失望，用过之后会再来追评，送了九片，客服态度很好哦

化妆品净含量：21片　　小***1（匿名）

08.19

解释：亲亲，我们活动不同，产品的折扣力度也是不同的哦~亲亲可以收藏本店铺哦，这样可以随时了解最新的活动详情，希望您多多关注和支持哦，有什么问题都可以联系我们的哦~

▲ 图9-1 回复买家评论

9.1.3 设置宝贝推荐

设置宝贝推荐是进行店内推广中常见的一种方式，当买家在查看了商品详情后，通过宝贝推荐可以继续查看类似产品或配套产品，如图9-2所示。从卖家的角度来看，宝贝推荐不仅可以将店铺流量继续引入店铺内的其他商品，带动其他商品的销量，还可以作为一种促销策略，引导买家进行搭配。

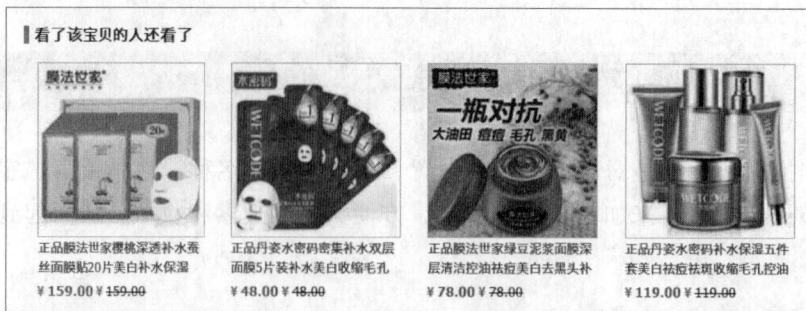

▲ 图9-2 宝贝推荐

9.1.4 交换友情链接

友情链接实际上是相互带入流量的一种合作模式，与交易量大、信誉度较高的店铺交换友情链接效果比较明显。卖家之间交换友情链接，可以形成一个互助网络圈，其相互推广的模式也可以增加双方店铺的影响力。在店铺交换友情链接的方式与装修其他板块类似，在店铺装修页面中添加"友情链接"模块，打开"友情链接"对话框，在其中添加合作店铺的链接地址即可，如图9-3所示。

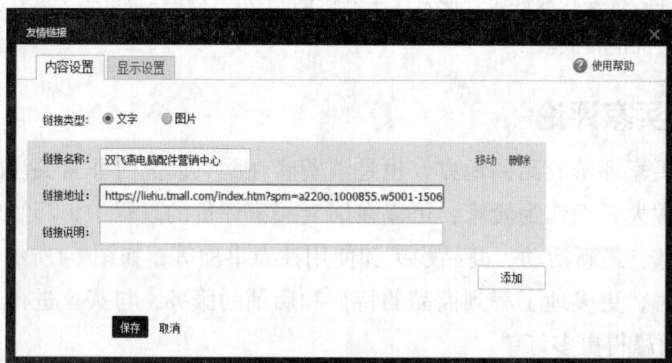

▲ 图9-3 添加友情链接

9.2 店内促销策略

网店促销是指店铺通过特价和优惠等形式刺激消费者购买商品的行为，店铺经营者想要打造爆款商品，扩大店铺产品的销量，必须策划必要的网店促销活动。策划促销活动的意义很多，如处理库存、提升销售额、推销新品、提升品牌认知度、提高店铺竞争力等，其中提高销售额、扩大店铺竞争力和影响力是策划促销活动的主要目的。

9.2.1 策划店内促销活动

网店促销活动一般都是以给消费者提供优惠的形式来刺激消费者购买，常见的促销方式包括包邮、特价、赠送赠品、赠送优惠券、抢购、会员积分等。

1. 包邮

包邮是一种刺激消费者一次性购买大量商品的促销形式，以淘宝网中某些零食店为例，当买家在店铺里购买总价格超过××元的商品时，即可享受包邮服务，这个包邮的价格设置不可过高，这样买家为了免除邮费，通常会选择足量商品，图9-4所示为包邮促销形式。需要注意的是，该方法只针对利润较少的商品，如果商品利润足够，则可以采用直接免邮的方式进行促销，这样可以留住更多的买家。

▲ 图9-4　包邮

2. 特价

特价是指在节假日、店庆、购物活动等时间段，定时或定量为部分产品推出的特价优惠，策划特价促销活动时，一般需要在商品价格上体现出价格的前后对比，活动时间以及商品数量等，让买家可以清楚地看到优惠，进而促进店铺的销量，图9-5所示为特价产品的活动宣传图。

3. 赠品

赠品是指买家在店铺消费时可获得掌柜赠送的小礼品，赠送小礼品是淘宝网店经营者常用的一种方式，其目的是维护客户间关系，赢得买家好感。除此之外，也可采用达到一定消费额度就赠送某商品的方式。赠品的方式多种多样，不仅可以带给买家福利，还可以借此推销新品，图9-6所示为购买赠送礼品促销形式。

▲ 图9-5　特价商品

▲ 图9-6　赠品

4. 优惠券

赠送优惠券是一种可以激励买家再次进行购物的促销形式，优惠券的种类很多，如抵价券、折扣券、现金券等，优惠券中一般需标注消费额度，即消费到指定额度可使用该优惠券，同时在优惠券下方还可以将优惠券的使用条件、使用时间、使用规则等进行介绍。优惠券必须清楚地显示在店铺中，或明确指示优惠券的领取地址，让到店消费的消费者可以轻松看到优惠券信息，才能发挥更好的效果，图9-7所示为某商品的优惠券。

▲ 图9-7　优惠券

5. 会员积分

淘宝的会员关系管理系统为卖家提供了会员管理的功能，通过该功能可为新老买家设置会员等级和会员优惠等，当然卖家也可将买家的消费额转化为消费积分，当积分累计到一定数量时，即可换购或抵价商品，刺激买家进行重复消费。在设计会员积分制时，需要注明积分规则，如时间范围、兑换规则、兑换方式等。

6. 抢购

抢购是一种可以刺激消费者购物行为的有效方式，现在很多网店都会不定期推出商品秒杀活动，提供固定数量的商品，在指定时间开启通道供用户抢购，如"1元秒杀""10元秒杀""前3分钟半价"等，抢购由于优惠巨大，不仅会吸引老客户，还可以吸引未使用过该商品的新客户，引起消费者的广泛关注，这样既推广了品牌，又带来了更多潜在的消费者。

9.2.2　参加免费试用

淘宝试用中心是一个由商家提供试用品供买家试用的场所，其中聚集了百万个试用机会和试用商品，试用者试用商品后可以提交全面而真实的使用报告，为消费者提供购买建议。作为卖家，则可以通过试用中心对店铺和宝贝进行宣传和推广，提高品牌影响力。

1. 试用中心报名条件

试用中心的活动可以推广品牌，提升品牌影响力，获得更多潜在客户和宝贝收藏，是比较受卖家青睐的一种推广方式，但淘宝网中也对试用中心的报名条件设置了不同的要求。

（1）店铺要求

▪ **集市店铺：** 一钻以上/店铺评分4.6以上/加入消保。

▪ **商城店铺：** 店铺综合评分4.6分以上。

▪ 店铺无严重违规及售假处罚扣分。

（2）商品要求

▪ 试用品必须是原厂出产的合格全新且在保质期内的产品。

▪ 试用品总价值（报名价×数量）需不低于1500元，价格不得虚高。

▪ 试用品免费发送给消费者，消费者编写试用报告，商品无需返还卖家。

▪ 大家电入驻菜鸟仓库、天猫物流宝及天猫国际的商品会采用名单发放的形式，不会生成订单，商家按试用后台名单发货。

- 凡是报名参加试用活动的商品，无线端系统会自动设置收藏店铺申请条件，商家无需设置，PC端系统不做申请条件设置。
- 报名包含多个sku的商品，系统会随机选择sku下单，建议双方协商发货，如果协商不了，商家需按照报名的sku发货。为避免损失，建议下架其余不期望参加活动的sku，谨慎报名。

2. 试用中心报名流程

当店铺满足淘宝试用中心的条件后，即可申请参与使用，图9-8所示即为试用中心报名流程。

▲ 图9-8　报名流程

3. 参加免费试用活动

根据实际情况和需要选择要参加的活动进行报名，申请通过后即可获得在试用中心展示的机会，下面以参加免费试用活动为例，介绍参与淘宝试用中心的方法，其具体操作如下。

▲ 图9-10　选择排期

STEP 01 进入淘宝卖家中心，在"营销中心"栏中单击"我要推广"超链接，打开推广界面，在"常用入口"栏中选择"试用中心"选项，如图9-9所示。

STEP 03 单击 我要报名 按钮进入信息填写页面，在该页面中填写试用商品基本信息，包括试用商品的链接、名称、数量、图片等，如图9-11所示。

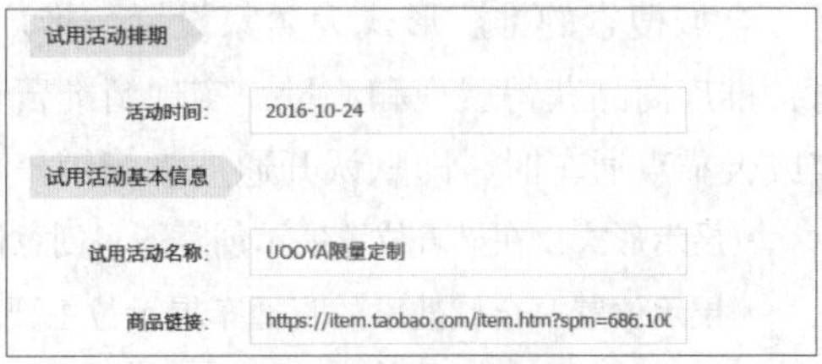

▲ 图9-9　进入试用中心

STEP 02 进入试用中心，单击 报名免费试用 按钮，在打开的页面中选择活动排期，如图9-10所示。

▲ 图9-11　填写试用商品的基本信息

STEP 04 在"填写商家信息"栏中填写商家的联系方式，包括旺旺和电话，设置完成后单击 `提交报名申请` 按钮提交申请即可，如图9-12所示。

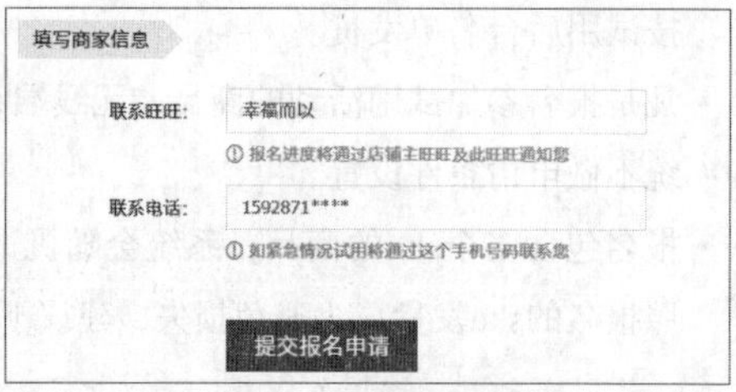

▲ 图9-12　填写商家联系信息

9.2.3　加入淘宝直通车

淘宝直通车是为淘宝卖家量身定制的一种推广方式，直通车按点击付费，可以精准推广商品，是淘宝网卖家进行宣传与推广的主要手段，不仅可以提高商品的曝光率，还能有效增加店铺的流量，吸引更多买家。

1.　了解直通车

淘宝直通车的推广形式为卖家通过设置推广关键词来展示商品获得流量，淘宝网通过直通车流量的点击数进行收费。当买家单击展示位的商品进入店铺后，将产生一次店铺流量，当买家通过该次点击继续查看店铺其他商品时，即可产生多次店铺跳转流量，从而形成以点带面的关联效应。此外直通车可以多维度、全方位提供各类报表以及信息咨询，从而可快速、便捷地进行批量操作，卖家可以根据实际需要，按时间段和地域来控制推广费用，提高目标消费者的定位准确程度，同时降低了推广成本，提高店铺的整体曝光度和流量，最终达成提高销售额的目的。直通车推广的过程如下。

- 卖家为需要推广的宝贝设置相应竞价词、出价和推广标题，淘宝直通车根据卖家的设置将其推荐到目标客户的搜索页面。
- 当买家在淘宝网中输入类似商品名进行搜索时，或按照商品分类进行搜索时，就会在直通车的位置看到相关的直通车商品展示效果。
- 当买家在直通车推广位置单击展示的商品图片进入商品出售页时，系统会根据推广时设定的关键词或类目进行费用的扣费，即展示免费，点击计费。

2.　直通车的产品分类

淘宝直通车的推广形式根据匹配技术和展现内容的不同，可以分为全域搜索、定向推广和店铺推广等类型。

（1）全域搜索

全域搜索的推广形式为卖家设置与推广商品相关的关键词和出价，在买家搜索相应关键词时，推广商品获得展现和流量，实现精准营销，卖家按所获流量，即点击数付费。当卖家加入淘宝或天猫直通车时，即默认开通搜索营销。

- **展示形式**：在显著位置展示创意图、创意标题、价格、销量，并在展现位置打上掌柜热卖标识。
- **展示位置**：全域搜索的直通车展示位主要包括关键词搜索结果页右侧掌柜热卖的12个位置；关键词搜索为结果页底部掌柜热卖的5个位置；首页搜索文字链为点击后搜索结果页中部前4个掌柜热卖位置、淘宝网热卖页面、爱淘宝页面位置（主要由站外进入爱淘宝页面），图9-13所示为搜索页面右侧和底部的直通车展示位。

▲ 图9-13　搜索页面右侧和底部的直通车展示位

- **展示规则**：淘宝直通车目前的排名规则是根据关键词的质量得分和关键词的出价综合衡量出的商品排名，质量得分是系统估算的一种相对值，主要用于衡量卖家关键词、宝贝推广信息和淘宝网用户搜索意向之间的相关性，其计算依据涉及多种类型，包括基础分、创意效果、相关性、买家体验。
- **扣费方式**：买家搜索一个关键词时，设置了该关键词的商品就会在淘宝直通车的相应展示位出现。当买家点击该推广的宝贝时，卖家即需付费，淘宝直通车根据卖家对该关键词设置的价格进行相应扣费。质量得分越高，所需付出的费用就越低。

（2）定向推广

定向推广是一种可以精确锁定目标客户群的推广方式，它可以从细分类目中抓取特征与买家兴趣匹配的推广宝贝，根据买家浏览购习惯和对应网页内容，由系统自动匹配出相关度较高的宝贝，并结合出价及宝贝推广带来的买家反馈信息进行展现，帮助卖家锁定潜在客户，实现精准营销。出价高且买家反馈信息好，则定向推广展现概率更大。同时，系统会根据宝贝所在类目下的属性特征及标题去匹配宝贝，宝贝属性填写越详细，被匹配概率越大。

- **定向推广准入要求**：淘宝店铺开通定向推广的信用级别需要一钻以上（包含一钻）。
- **扣费规则**：按点击计费，根据卖家为宝贝设置的定向推广出价，单次扣费不会大于卖家的出价。
- **展现形式**：定向推广是以一跳或二跳的形式进行展现的，即在卖家宝贝图片展示的页面点击宝贝图片，跳转到宝贝详情页或集合页，跳转到宝贝详情页则按一跳收费，跳转到集合页上，则点击宝贝展示在集合页的第一位，此时点击后才会扣费。
- **展现位置**：定向推广的展示布置在买家必经之路上的众多高流量、高关注度的展位，如PC端的阿里旺旺每日焦点掌柜热卖、我的淘宝首页（猜我喜欢第三行）、我的淘宝（已买到宝贝底部）、我的宝贝（收藏列表页底部）、我的淘宝（购物车底部）、淘宝首页热卖单品（适用于精品宝贝）等，或网易、新浪、搜狐、环球网、搜狐视频、爱奇艺、乐视网等大型媒体网站的优质位置。

（3）店铺推广

店铺推广是淘宝推出的一种通用推广方式，适合带有模糊购买意向的买家推荐的多个匹配宝贝，满足卖家同时推广多个同类型宝贝、传递店铺独特品牌形象的需求，店铺推广可以有效补充单品推广，吸引买家进入店铺中所有同类型商品的集合页面，为客户提供更广泛的浏览空间。店铺推广可以推广除单个宝贝的详情页面外的店铺任意页面，包括分类页面、宝贝集合页面和导航页面，结合设置的关键词为客户带来更多的精准流量。

- **推广投放方式**：店铺推广目前有关键词和定向两种推广投放方式，关键词推广是基于搜索营销推出的一种通用推广，用户通过"店铺推广搜索"可对店铺首页或分类集合页进行推广，通过设置与推广页面相关的关键词和出价，在买家搜索关键词时获得展现与流量，按照所获得流量付费；定向推广是基于店铺形式的定向推广，依靠淘宝网庞大的数据库，抓取与买家兴趣匹配的推广内容，定向推广可以推广除单品详情页外的店铺任意页面，如店铺首页、导航分类页、活动页面或宝贝集合页面等。
- **店铺推广准入要求**：用户首先应为正在使用中的淘宝\天猫直通车用户，同时须为四钻以上的用户，且用户店铺主营类目应符合相应开通条件。
- **扣费规则**：店铺推广关键词和推广定向都按点击计费，根据卖家推广内容设置出价，单次扣费不会大于出价。
- **展现形式**：关键词推广展现形式为当买家将鼠标指针移动到商品图片上时，将显示天猫店铺的店铺Logo或集市店的店铺等级。定向推广展现形式为图片形式或者图片+标题的形式。
- **店铺推广展现位置**：店铺推广搜索资源位置主要包括搜索结果页右侧下面3个展现位、搜索结果页店家精选"更多热卖"进入的店铺集合页、淘宝类目频道搜索结果页右下方3个展示位，店铺推广定向站内资源位置主要包括站内商搜位置、旺旺焦点图位置、淘宝交易详情页位置、收藏夹位置、淘宝收获成功页面位置、淘宝首页2屏右侧banner位置、焦点图右侧banner。

经验之谈

淘宝直通车的推广不仅支持PC端的推广服务，同时也支持移动端的推广，并且为移动端的商品推广提供了丰富的推广位置。

3. 制定直通车推广方案

根据店铺的实际情况和推广需求，淘宝卖家可以选择适合自己的直通车推广方式，在直通车页面中新建和设置推广计划。下面介绍在淘宝网中制定直通车推广方案的方法，其具体操作如下。

STEP 01 登录淘宝卖家中心，在"营销中心"栏中单击"我要推广"超链接，打开淘宝推广页面，在其中选择"淘宝/天猫直通车"选项，如图9-14所示，进入直通车推广页面。

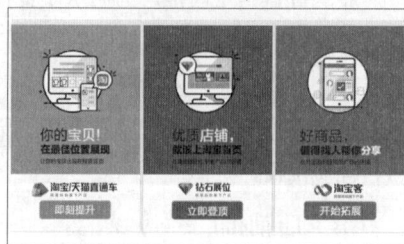

扫一扫 实例演示

▲ 图9-14 打开直通车

STEP 02 如果是第一次进行直通车推广的买家，将首先打开"淘宝直通车软件服务协议"页面，同意服务条款后才可进行推广。进入直通车推广页面后，单击 + 新建推广计划 按钮，如图9-15所示。

▲ 图9-15　新建直通车推广计划

STEP 03 打开"新建标准推广计划"页面，在"推广计划名称"文本框中输入计划的名称，单击 提交 按钮完成推广计划的新建，如图9-16所示。

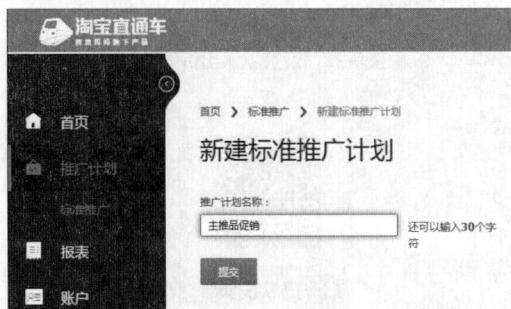

▲ 图9-16　完成新建

STEP 04 在打开的页面中将提示"已成功创建推广计划"信息，然后在"您还可以"栏中单击"宝贝推广"超链接，如图10-17所示。

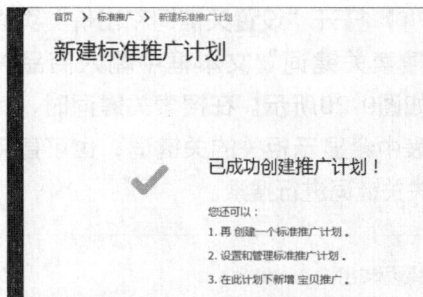

▲ 图9-17　进行宝贝推广

STEP 05 打开"选择宝贝"页面，系统将自动显示店铺中发布的宝贝，并按照"优选宝贝""优选流量""优选转化"对商品进行显示，如图9-18所示，将鼠标指针移动到所选商品的"操作"栏上，单击"推广"超链接。

▲ 图9-18　选择宝贝

STEP 06 打开"添加创意"页面，单击选中 ⊙宝贝模板 单选项，在右侧的"选择创意图片"栏中选择需要显示的图片，在"标题"文本框中输入需要显示的标题，完成后单击 下一步 按钮，如图9-19所示。

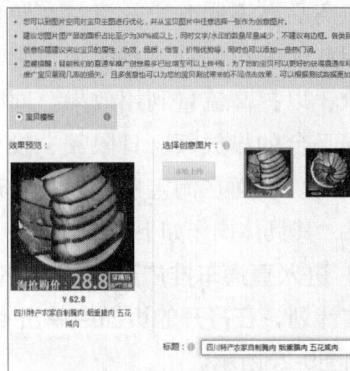

▲ 图9-19　选择创意图并添加标题

STEP 07 打开"设置关键词和出价"页面，在"搜索关键词"文本框中输入商品关键词，如图9-20所示。在搜索关键词时，其下拉列表中会显示相关的关键词，也可直接选择相关关键词进行搜索。

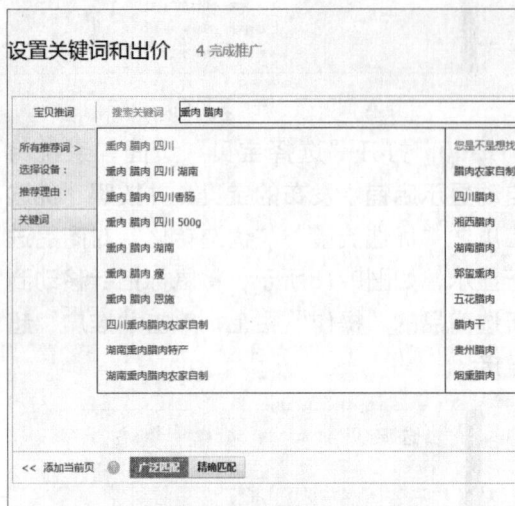

▲ 图9-20 输入商品关键词

STEP 08 搜索完成，在下方列表框中将显示类似关键词的数据信息，包括相关性、展现指数、市场平均出价、竞争指数、点击率、点击转化率等，单击需要设置为关键词的选项，将其添加到左侧的列表框中，如图9-21所示。

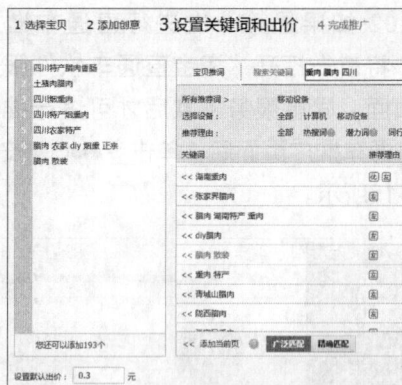

▲ 图9-21 添加关键词

STEP 09 在"设置关键词和出价"页面中，还可以对展示设备、推荐理由等进行设置，设置完成后在"设置默认出价"文本框中输入出价金额，然后单击 完成 按钮即可，如图9-22所示。

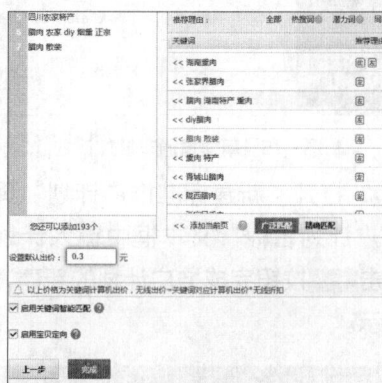

▲ 图9-22 设置默认出价的金额

扫一扫 实例演示

4. 编辑投放计划

由于商品在不同时段的流量和转化有所不同，因此卖家可以针对各时段设置不同的折扣出价，以提高流量利用效果。同时，也可对不同平台的投放额、日限额、投放地域等进行设置。下面在淘宝网中设置直通车的投放效果，其具体操作如下。

STEP 01 进入直通车推广页面，单击需要编辑的推广计划，在打开的页面中单击 设置投放时间 按钮，如图9-23所示。

STEP 02 打开"设置投放时间"对话框，在其中可设置投放时间，如单击选中 ⊙ 行业模板: 单选项，在"行业模板"下拉列表框中选择商品对应的类目，在下方的列表框中即可查看和更改行业在不同时段的折扣，如图9-24所示。

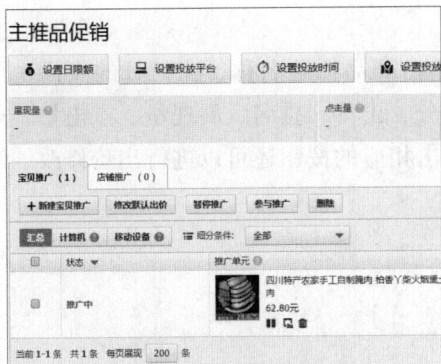

▲ 图9-23　设置投放时间段

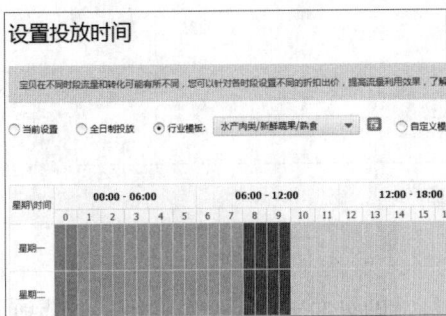

▲ 图9-24　查看投放折扣

STEP 03 单击 列表视图 按钮，切换到列表模式，在其中可查看不同时段的投放比例，将鼠标指针移动到需要修改折扣的时间段后，将出现 ✐，单击该按钮可修改当前时间段的折扣，修改完成后单击 保存设置 按钮，如图9-25所示。

▲ 图9-25　修改当前时间段

STEP 04 返回推广计划编辑页面，单击 设置日限额 按钮，打开"设置日限额"对话框，在"预算"文本框中输入每日的消耗预算，单击 保存设置 按钮，如图9-26所示。设置日限额可以限制当前计划每日的直通车消费上限。

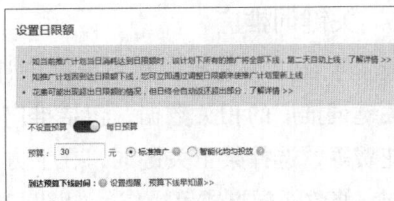

▲ 图9-26　设置日限额

STEP 05 返回推广计划编辑页面，单击 设置投放平台 按钮，打开"设置投放平台"对话框，在其中可对计算机设备和移动设备的站内和站外投放进行设置，设置完成后单击 保存设置 按钮，如图9-27所示。

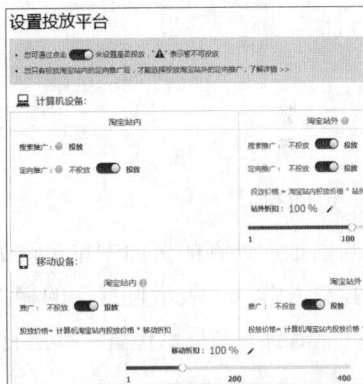

▲ 图9-27　设置投放平台

STEP 06 返回推广计划编辑页面，单击 设置投放地域 按钮，打开"设置投放地域"对话框，在其中可选中或撤销选中投放地域，设置完成后单击 保存设置 按钮，如图9-28所示。

▲ 图9-28　设置投放地域

5. 关键词推广

设置了推广计划后，在当前推广计划的页面中单击商品标题名称，在打开的页面中可以查看关键词推广的相关数据，包括推广关键词、质量分、出价、排名、展现量、点击量、点击率、花费等，选择某个关键词，在上方的工具栏中单击相应的按钮还可以进行出价修改、添加关键词、修改匹配方式等操作，如图9-29所示。

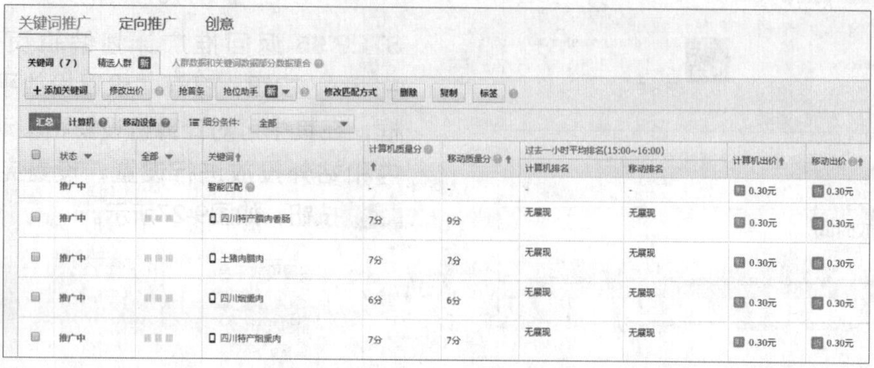

▲ 图9-29　关键词推广

6. 定向推广

在当前推广计划的页面中单击商品标题名称，在打开的页面中单击"定向推广"选项卡，可对"投放人群""展示位置"的相关数据进行查看，还可根据需要对"访客定向""购物意图定向""溢价""展示位置"等进行编辑，图9-30所示即为对"购物意图定向"进行编辑。

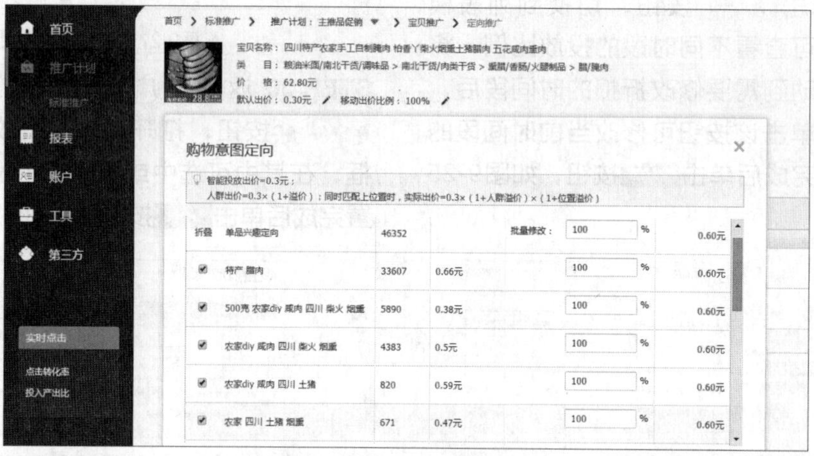

▲ 图9-30　定向推广

💬 **经验之谈**

为了使直通车推广效果更好，卖家最好做好直通车推广商品的图片优化和详情页优化，时刻关注推广商品的数据，并根据实际情况及时进行调整。如当展示量可观但点击率不高时，要注意对直通车图片进行优化，分析目标人群定位是否准确，关键词是否合理；当点击量可观但转化率不高时，要注意对商品详情页进行优化，合理控制日限额，优化关键词，进一步精确定位消费人群。

9.2.4　参加智钻

智钻（钻石展位）是淘宝网提供的一种营销工具，主要依靠图片创意吸引买家点击，从而获取巨大流量。智钻为卖家提供了数量众多的网内优质展位，包括淘宝首页、内页频道页、门户、画报等多个淘宝站内广告位，以及搜索引擎、视频网站和门户网等多个站外媒体展位。

1.　智钻的类型

智钻分为展示广告、移动广告、视频广告、明星店铺4种类型，下面分别对展示位置、创意形式、收费方式、投放方式等进行介绍。

（1）展示广告

展示网络推广是以图片展示为基础，精准定向为核心，面向全网精准流量实时竞价的展示推广平台。钻石展位展示网络推广支持按展示付费（CPM）和按点击付费（CPC），为客户提供精准定向、创意策略、效果监测、数据分析、诊断优化等一站式全网推广投放解决方案，帮助客户实现高效、精准的全网数字营销。

- 展示位置：包含淘宝网、天猫、新浪微博、网易、优酷土豆等几十家淘内淘外优质媒体的上百个大流量优质展位。
- 创意形式：支持图片、flash等动态创意，支持使用钻石展位提供的创意模板制作。
- 收费方式：在按展示付费（CPM）的基础上，增加按点击付费（CPC）的结算模式。
- 投放方式：选择资源位，设定定向人群，竞价投放，价高者得。

（2）移动广告

移动广告是通过移动设备（手机、平板电脑等）访问App或网页时显示的广告，其主要形式包括图片、文字链、音频等。随着移动电子产品的发展，移动广告在受众人数上有了非常大的提升，可以根据用户的属性和访问环境，将广告直接推送到用户的手机上，传播更加精准。

- 展示位置：网络视频节目（电视剧、综艺等）播放前/后插播视频贴片。
- 展示形式：视频格式展示，时长15秒以内。
- 定向支持：除钻展常规定向外，还可支持视频主题定向，筛选热门动漫、影视、演员相关视频节目，精准投放。
- 创意形式：可自主上传视频，也可在创意实验室中制作视频贴片。

（3）视频广告

视频广告产品介绍是钻石展位为获取高端流量打造的品牌宣传类商业产品，可以通过视频广告在视频播放开始或结束时展现品牌宣传类视频，具有曝光环境一流，广告展现力一流等优势，配合钻展位提供的视频主题定向，能够获取更精准的视频流量。

- 展示位置：主要展现在国内主流视频网站，如PPS、爱奇艺、优酷等大型视频媒体。广告主要展现在视频开始前15s视频进行播放，和视频播放暂停时的广告展现。
- 展现形式：以视频格式进行广告内容的展示，展现形式更新颖。
- 定向支持：针对视频网站提供视频主题定向，根据目前热播剧集的名称，主题进行定向。
- 创意形式：视频支持flv、MPEG等主流视频格式。

（4）明星店铺

明星店铺是钻展位的增值营销服务，按千次展现计费，仅向部分钻展位用户开放。开通明星店铺服务之后，卖家可以对推广信息设置关键词和出价，当有用户在淘宝网宝贝搜索框中输入特定关键词时，卖家的推广信息将有机会在搜索结果页最上方的位置获得展现，进行品牌曝光的同时赢得转化。

- **展示位置**：在淘宝电脑端、手淘以及UC浏览器神马搜索结果页面最上方位置。
- **展示形式**：当搜索关键字触达投放广告的词时，即可在搜索结果页最上方位置得到展示，确保获得流量的精确性。
- **创意形式**：提供多样式创意模板，PC模板和无线模板独立，模板由图片和多条文案构成，满足各类消费者的需求。
- **收费方式**：按CPM收费即千次展现的方式进行收费。

2. 智钻准入要求

智钻与直通车一样，对淘宝和天猫卖家的准入资格进行了规定，只有满足要求的卖家才可申请智钻推广服务。

（1）淘宝卖家准入要求

智钻资质管理对淘宝店铺的要求如下。

- 店铺主营类目在支持投放的主营类目范围内。
- 企业商家店铺信用等级>0，个人商家店铺信用等级一钻及以上。
- 店铺每项DSR在4.4以上（特殊类目无DSR要求或者可相应放宽，由阿里妈妈根据特殊类目的具体情况另行确定）。
- 店铺如因违反《淘宝规则》中相关规定而被处罚扣分的，还需符合以下条件。

违规类型	当前累计扣分分值	距离最近一次处罚扣分的时间
出售假冒商品	6分及以上	满365天
严重违规行为（出售假冒商品除外）	大于等于6分，小于12分	满30天
	12分	满90天
	大于12分，小于48分	满365天
虚假交易（严重违规虚假交易除外）	大于等于48分	满365天

- 未因违规被终止过钻石展位服务。
- 在使用阿里妈妈其他营销产品或淘宝服务时未因违规而被暂停或终止服务（阿里妈妈其他营销产品包括淘宝直通车、天猫直通车和淘宝客等业务）。

（2）天猫卖家准入要求

智钻资质管理对天猫店铺的要求如下。

- 店铺主营类目在支持投放的主营类目范围内。
- 店铺每项DSR在4.4以上（特殊类目无DSR要求或者可相应放宽，由阿里妈妈根据特殊类目的具体情况另行确定）。
- 店铺如因违反《天猫规则》《阿里旅行规则》中相关规定而被处罚扣分的，还需符合以下条件。

违规类型	当前累计扣分分值	距离最近一次处罚扣分的时间
出售假冒商品	6分及以上	满365天
严重违规行为（出售假冒商品除外）	大于等于6分，小于12分	满30天
	12分	满90天
	大于12分，小于48分	满365天
虚假交易（严重违规虚假交易除外）	大于等于48分	满365天

- 未因违规被终止过钻石展位服务。
- 在使用阿里妈妈其他营销产品或天猫服务时未因违规被暂停或终止服务（同上）。

3. 新建智钻推广计划

智钻计划与直通车计划一样，需要卖家根据实际情况进行新建和设置，智钻计划的新建过程主要包括选择营销目标、设置计划、设置单元、添加创意4个步骤。在"营销中心"栏中单击"我要推广"超链接，打开淘宝推广页面，在其中选择"钻石展位"选项，进入智钻推广页面，在顶部导航栏中单击"计划"选项卡，单击 + 新建推广计划 按钮，然后按照智钻的操作向导依次进行操作即可。

（1）选择营销目标

智钻营销目标以全店自定义方式为主，可以自主设置定向人群、资源位和出价，方便卖家根据店铺情况实时进行推广数据的掌握和优化，实现更精准的营销目的，满足店铺多元化的营销要求，如图9-31所示。

经验之谈

智钻的最低充值额度为1000元，一般需要卖家提前在账户中进行充值，才可以制订推广计划。

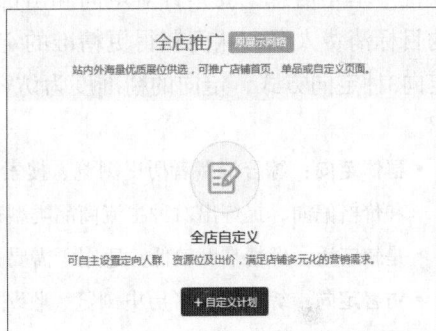

▲ 图9-31　选择营销目标

（2）设置计划

智钻推广计划包括展示网络和视频网络两种形式，通常以展示网络为主，卖家在新建计划时，需要对计划名称、付费方式、每日预算、投放日期、投放方式、投放地域、投放时间段等进行设置，如图9-32所示。投放时间和地域的设置原则一般是在"高级设置"中选择投放地域和时间，然后根据店铺顾客的地域分布和成交高峰进行选择。投放方式分为尽快投放和均匀投放两种。尽快投放指合适流量预算集中投放，即就算设置了投放几个小时的投放时间段，但也可能在1个小时内就消耗完投放预算；均匀投放指全天预算平衡投放，即将预算均匀分布到所设置的投放时段中。

▲ 图9-32　设置计划

（3）设置单元

推广单元信息主要是针对定向和出价进行的操作，通过合理定向，将推广广告展现给更精准的目标消费人群，从而获得更精准的定向流量。目前钻石展位有群体定向、访客定向、兴趣点定向3种定向方式，定向的精准度为访客定向＞兴趣点定向＞群体定向＞通投。下面分别进行介绍。

- **群体定向**：综合消费者历史浏览、搜索、收藏、购买行为，确定消费者当前最可能点击的商品类型和价格偏向，提炼出21种主流商品类型；每种产品类型有高、中、低3种价格倾向。群体定向的优点是较广泛，但精准度较低，适用于需要大流量的情况。
- **访客定向**：综合消费者历史浏览、收藏、购买等行为，确定消费者与店铺的关联关系。广告主选定店铺ID，系统可以向与选定的店铺有关联的访客投放广告。访客定向的优点是可以一次定向较精准的目标人群，适用于维护老客户，同时共享竞争对手的客户和潜在客户。
- **兴趣点定向**：兴趣点定向和群体定向的原理基本类似，但兴趣点定向更精准，可精确到叶子类目和部分二级类目，其可选择的兴趣点个数高达1500个。兴趣点定向的优点是可以一次定向较精准的目标人群，定向直达细分类目。

在填写推广单元名称和选择定向时，新手卖家建议先关闭通投和群体，优先考虑设置更精准的访客定向。在设置访客定向时，可选择种子店铺或自主添加店铺，其中种子店铺指通过输入的种子店铺，系统推荐与该店铺相似风格的相关店铺的访客进行定向；自主添加店铺指输入若干个店铺的旺旺ID，系统直接定向这些店铺的访客。自主店铺一般比种子店铺更精准，设置自主添加店铺时建议多选择几个店铺，并圈定合适的人数，其人数在10W~20W为佳。在设置兴趣点定向时，可以输入某店铺旺旺来获取相应兴趣点，一般输入自己的店铺旺旺即可，也可以直接搜索关键词，添加相应兴趣点。

设置好定向后，即可添加资源位，在添加时首先选择站内的资源位，即名称中带有"网上购物"的资源位，少而精。选择资源位最主要的两个数据是日均可竞流量和点击率（CTR），如图9-33所示。分析和选择出较好的展位后，可以加入收藏并进行投放测试，测试效果良好则可长期投放。

出价一般参考各个定向上每个资源位的建议出价即可，在投放过程中可以按照获取流量多少来调整。

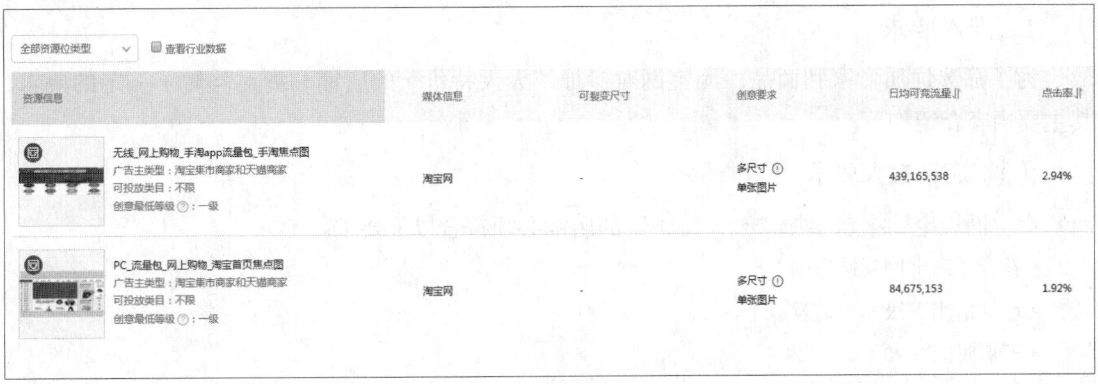

▲ 图9-33　选择资源位

　　兴趣点定向流量相对较大，建议不要将系统推荐的所有兴趣点都添加，一般来说添加与所推广产品最相关的2~3个兴趣点即可。

（4）添加创意

　　在添加创意之前，首先需要根据所选择的资源位的相应尺寸制作创意图片，因此在制作创意前，应该仔细查看资源位对应的创意要求，不符合的创意即使审核通过，也无法投放到所选资源位。在钻展后台"创意"页面中选择左侧导航栏中的"创意快捷制作"选项，系统会自动为店铺推广的商品应用快捷模板，选择"创意模板库"选项，可查看和自己行业产品相关的模板，如图9-34所示。创意制作完成后在创意管理中上传，等待审核。审核通过后，即可从创意库中选择该创意进行添加，保存推广单元。

▲ 图9-34　制作创意

9.2.5　参加淘宝"天天特价"

　　天天特价是淘宝网为集市店铺中小卖家打造的扶持平台，用于扶持有特色货品、独立货源和一定经营潜力的的中小卖家，提供流量和营销等方面的支持。天天特价频道目前有类目活动、

10元包邮和主题活动3大块。其中10元包邮为特色栏目，类目活动为日常招商，在该频道中每周还会有不同的主题性活动。天天特价类目活动只展示在类目详情页面中，并随机展示到首页。

1. 准入要求

为了筛选优质卖家和商品，淘宝网对参加"天天特价"的店铺和商品均做了一定的要求，其主要内容介绍如下。

（1）店铺准入要求

淘宝网规定，报名参加"天天特价"的店铺必须符合以下要求。

- 符合《淘宝网营销规则》。
- 店铺信用等级：三星及以上。
- 开店时间≥90天。
- 已加入淘宝网消费者保障服务且消保保证金余额≥1000元，需加入"7天无理由退换货"服务。
- 实物宝贝交易≥90%，虚拟类目（如：生活服务、教育、房产、卡券类等）除外。
- 近半年店铺非虚拟交易的DSR评分三项指标分别不得低于4.7（开店不足半年的自开店之日起算）。
- 因严重违规（B类）被处罚的卖家，禁止参加活动。
- 因出售假冒商品（C类）被处罚的卖家，禁止参加活动。

（2）商品要求

淘宝网规定，报名参加"天天特价"的商品必须符合以下要求。

- 要求商品库存≤50件，不限制上限（提示：10元包邮活动库存要求保持不变，50件≤10元包邮≤2000）。
- 最近30天交易成功的订单数量≥10件。
- 活动价格低于最近30天最低拍下价格，商品不得有区间价格（多个sku时必须是同一价格）。
- 必须全国包邮（港澳台除外）。
- 活动结束后的30天内，不得以低于天天特价活动价报名其他活动或在店铺里促销。若有违反，将按照《天天特价卖家管理细则》进行相应处罚。
- 特殊资质：①运动户外类目商品需要符合《淘宝网运动户外类行业标准》；②食品类商品需要有QS资质或中字标或授字标。
- 商品报名信息应清晰、规整，商品标题和图片符合特定的格式要求：报名商品图片为480像素×480像素，仅支持JPG格式。主题明确且美观，不拉伸变形、不拼接，无水印、无Logo、无文字信息，仅支持JPG格式，图片背景为白底，纯色或者浅色；商品图片规范。
- 报名商品标题必须在13个汉字或者26个字符内且描述准确清晰，严禁堆砌关键字。
- 所有提交报名的商品及活动页面素材须确保不存在任何侵犯他人知识产权及其他合法权益的信息。

2. 报名参加天天特价

在报名参加天天特价之前，建议卖家先对天天特价报名活动的相关要求进行了解。其报名方法为：在卖家中心的"我要推广"页面中选择"天天特价"选项，打开"天天特价"页面，单击 我要报名 按钮，在打开的页面中选择报名日期和活动，如图9-35所示，然后单击 立即报名 按钮，在打开的页面中填写相关信息即可。

▲ 图9-35　报名天天特价活动

　　报名完成后等待淘宝审核，活动开始前 2~4 天系统会发送消息通知商家审核结果。审核通过后，卖家需根据活动要求在正式活动开始前两天的下午 15 点前，对活动商品进行相关设置，包括完善商品的库存信息，恢复商品原价，取消其他平台的促销价格，对需要参加活动的商品图片进行必要的美化，设置商品全国包邮，保持商品在线状态等。

经验之谈

　　参加"天天特价"的商品，需在标题前添加"天天特价"，在活动前 2 天的下午 15 点后将锁定商品，商品锁定后不得修改标题、主图、价格、库存及包邮信息，活动期间如果商品是未售罄就下架的，系统会自动屏蔽展示直到恢复上架，活动期间（包括预热）若使用其他优惠工具打折，价格不得低于特价活动价格。

9.2.6　参加聚划算

　　聚划算是淘系规模中爆发力最强的营销平台，汇聚了数量庞大的用户流量，具有非常可观的营销效果，商家通过参加该活动，可以打造超过店铺日销数倍的营销数据，获得更多的收益。聚划算对招商商品的要求较严格，除了基础招商标准外，还对不同类目的商品做出了不同的要求。招商商品通常需要缴纳一笔保证金和基础费用，聚划算将按照不同类目的费率进行收费。

　　聚划算主要包括商品团、品牌团、聚名品、聚新品、竞拍团 5 种类型，下面分别进行介绍。

1．商品团

　　商品团是一种限时特惠的体验式营销模式，具有坑位数多、参聚概率相对较大、主团展示、流量稳定的特点，最佳的爆款营销渠道和最低的用户获取成本方式，可以帮助卖家快速规模化地获取新用户。商品团的报名流程主要包括选择活动、选择商品、选择坑位、填写商品报名、商品审核、费用冻结、上团前准备 7 个阶段。

- 选择活动：在参加商品团之前，商家首先应该查看招商公告，了解招商要求。然后登录聚划算后台（ju.taobao.com），单击右上角的"商户中心"超链接，跳转到商户中心首页，单击 我要报名 按钮。在打开的页面中查看可报名的活动，以及活动介绍、收费方案、保证金规则、报名要求和坑位规则等信息，选择适合自己的活动。
- 选择商品：选择符合审查规则的商品，无法提交的商品则为不符合审查规则的商品，单击"查看原因"可了解具体原因。

- **选择坑位**：如果商家所选商品符合所选坑位的条件，则系统将展示6周内所有坑位。如果商家的商品不符合条件，则淘宝默认不展示不符合条件的坑位，单击"显示不可报坑位"超链接即可看到具体不可报的坑位内容。
- **填写商品报名**：在该页面商家需对商品的标题、卖点、团购价格、描述、费用信息等信息进行填写，商品报名详情填写完毕后，将进入小二审核的步骤。
- **商品审核**：商品审核包括一审和二审两个阶段，一审主要有系统对商品报名价格、报名商品货值、历史成交及评论、商品DSR评分、店铺近3~6月成交排名、店铺聚划算成交额和历史单坑产出水平等进行审核；二审主要是由人工对库存、价格具有市场竞争力、商家分值择优录取、是否存在拼款、换款等信息进行审核。
- **费用冻结**：费用冻结主要包括保证金和保底佣金两部分。保证金指聚划算为了维护消费者权益，冻结商家一定的款项，确保商家根据承诺提供商品和服务，若商家出现付款后不发货，商品有质量问题等情况时，聚划算平台会将保证金赔付给消费者；保底佣金是指卖家参加聚划算，成交额未达到目标成交额（保底交易量）时需要向聚划算承担的技术服务费。当订单总金额达成或超出目标成交额（保底交易量），则全额返还（解冻）保底收费预付款，当订单总金额未达成该类目的保底佣金，则减去实时划扣的佣金之后所形成的差额部分，从保底佣金中扣除，剩余保底佣金解冻并返还卖家。
- **上团前准备**：上团前准备包括信息变更和发布两部分，信息变更是指商品从待审核至开团中可全程修改信息，信息变更提交后30分钟会审核完成，信息变更不影响发布，在发布状态下仍可以进行变更，待信息变更审核通过后即可生效；发布包括系统发布和自助发布两种模式，系统发布是指在展示开始时，系统自动对符合发布条件的商品进行发布。自助发布是指商家在商品审核通过后，自己选择发布时间并进行发布。

2. 品牌团

品牌团是一种基于品牌限时折扣的营销模式，品牌规模化出货，可以快速抢占市场份额，提升品牌认知。品牌团的报名流程主要包括品牌报名、商品报名、上团准备3个阶段。

- **品牌报名**：品牌报名包括商家报名、商家审核、素材提交3个流程。商家报名的时间为每月4日~12日，商家选取对应类目的品牌团报名入口进行报名，并在其中填写品牌名称、期望上团日期、报名类目等信息；商家审核的时间为每月13日~15日，由系统根据商家分值进行排序，择优录取，审核内容主要包括日均店铺成交额、店铺三项DSR评分、历史参聚表现、旺旺响应速度等；素材提交主要包括品牌营销Logo、品牌营销banner、品牌入口、流量入口图、无线banner、新版品牌入口、品牌主题、品牌故事介绍（PC端）、品牌故事介绍（无线端）等内容。
- **商品报名**：品牌团商品报名与商品团报名步骤相同，商品审核与商品团二审类似，若商品审核不通过，在商品审核时间截止前商家可重新补报商品。品牌团建议参团商品数为6~80款，以实际最终参加活动的商品数为准。
- **上团准备**：品牌团上团准备工作与商品团相同。

3. 聚名品

聚名品是一种精准定位"中高端消费人群"的营销模式，以"轻奢、最in潮流、快时尚"为核心定位，聚集高端品牌，佣金收费方式较灵活，具有单品团、品牌团多种玩法。聚名品的招商对象为符合聚名品规则要求的天猫旗舰店、旗舰店授权专营店、天猫国际旗舰店、全球购（需认证）、淘宝集市店铺，以佣金的形式进行收费。

4. 聚新品

聚新品是新品营销效率最高的平台，可以快速引爆新品类及新商品，快速积累新用户群体，形成良好的口碑传播。聚名品适用于高潜力、高增长的新品类、国际品牌、国内知名品牌、知名淘品牌、营销能力强且具备规模化的供应链及服务能力的大中型商家以及创新设计、创意概念、创新技术应用、属性升级的商品。聚新品采用保底+佣金+封顶的收费模式，要求商品没有销售记录或在10件以内，且备货量为30万、40万，小二根据品牌影响力、店铺日常运营能力、投放计划、销售预估、价格优势等指标进行选择。

5. 竞拍团

竞拍团是一种适合中小卖家快速参聚的营销模式，通过市场化的竞价方式，增加中小商家的参聚机会。参加竞拍团的卖家需要通过聚划算首页进入竞拍报名阶段，找到竞拍坑位入口，然后选择店铺优秀款提交商品，进入提交商品流程，填写价格和数量。审核通过后，商品即为待排期状态，并可进入竞拍大厅参与竞拍，对商品进行出价。竞拍成功后可以在保证金页面或者宝贝管理页面支付保证金。

9.2.7 淘宝客推广

淘宝客是一种按成交计费的推广模式，也是帮助卖家推广商品并获取佣金的人，淘宝客支持按单个商品和店铺的形式进行推广，卖家可以针对某个商品或是整个店铺设定推广佣金。淘宝客佣金的范围很大，佣金越高越容易得到淘宝客的关注。当交易完成后，即根据佣金设置情况从交易额中扣除佣金。

1. 淘宝客准入规则

淘宝客与智钻、直通车的计费方式不同，只有产生成交量才会付费，是一种风险较低的推广方式，需要加入淘宝客的买家，必须满足以下标准。

- 卖家信用等级在一心以上或参加了消费者保障计划。
- 卖家店铺动态评分各项分值不低于4.5。
- 店铺状态正常且出售中的商品数大于等于10件。

2. 淘宝客推广类型

为了满足不同类型的店铺的需求，淘宝客提供了多种推广方式，如通用计划、定向计划、如意投、淘宝客活动广场等，卖家可根据实际需求设置推广计划。

（1）通用计划

通用计划是保底计划，不能退出，所有淘宝客都可以参加，佣金设置最高50%，属于被动等待的合作形式，比较适合小卖家参加。通过"我要推广"页面中的"淘宝客"选项进入淘宝客首页之后，单击 按钮即可启用通用计划，启用后单击"操作"栏的"查看"超链接，在打开的页面中即可设置计划的佣金比例。当设置好整体计划后，也可在该页面中单击 +新增主推商品 按钮，继续设置单品推广计划，单品推广计划中可分别设置每件商品的佣金，最多可设置30件商品。

（2）定向计划

定向推广计划是卖家为淘宝客中某一个细分群体设置的推广计划，是一种自选淘宝客的计划，可以自动或手动筛选通过申请的淘宝客，佣金设置最高70%，属于主动选择的合作形式。定向计划的流量相对较低，但精准度和转化率相对较高，可以让卖家获取较大的有效流量。在淘宝客首页单击 ＋新建定向计划 按钮，即可创建定向计划。定向计划最多可添加10个，其设置流程包括设置活动标题、设置计划类型和审核方式、设置计划时间、设置类目佣金、设置计划描述。在设置计划名称时，可以直接将佣金加入标题中，以吸引更多优质淘客关注。在设置审核方式时，可选择淘宝客的等级，如果佣金较低，可自动审核，如果佣金较高，可手动审核。对于手动审核的计划，可在"计划详情"的"淘宝客管理"中进行查看和审核，同时还可查看淘宝客近期推广情况。在设置完计划的整体佣金后，也可设置单品佣金，其设置方法与通用计划类似。

经验之谈

定向计划的计划类型如果设置为"公开"，则所有人都可见和可申请；如果设置为"不公开"，则需手动发送链接给淘宝客。需要注意的是，定向计划设置后暂停或删除将无法恢复，可将新建的定向计划设置为长期推广。

（3）如意投

如意投是系统根据卖家的如意投设置将产品展现给站外买家的一种推广方式，按成交计费，卖家推广风险较低。参加如意投的商品，系统会根据综合评分进行排名，由阿里妈妈平台为卖家寻找淘宝客进行推广，而不需商家自己寻找淘宝客。如意投具有系统智能、精准投放、管理省心、渠道互补、流量可控等优点，主要展示位置包括中小网站的站外橱窗推广位和爱淘宝搜索页面。

如意投的展现排名规则以综合得分为主，综合得分等于宝贝综合质量分乘以佣金比例，而宝贝综合质量分主要受商品标题属性的相关性、如意投内点击率和转化率、店铺质量等因素的影响。

如意投计划的设置方法与其他计划的设置方法类似，进入淘宝客首页之后，在"如意投"选项的"操作"栏中单击"查看"超链接，即可对计划进行设置。设置完计划整体的佣金后，也可对单品佣金进行设置，最多可设置100个商品。设置好如意投计划后，在淘宝客首页的"计划管理"页面中单击 ⚙自定义字段 按钮，在打开的页面中选择相关选项，可查询当前设置佣金的情况、质量评分、行业对比等。

（4）淘宝客活动广场

淘宝客活动广场是官方为卖家和淘宝客提供的推广平台，淘宝客在该平台中推出相应活动，卖家选择适合的活动进行报名。淘宝客活动广场中每个活动的要求不一样，只有符合活动要求才可进行报名。淘宝客活动广场具有官方优选淘客资源、报名简单、效果数据可查询和可长期稳定报名等优点，佣金比例一般较高，适合推广高利润的畅销产品。

在淘宝客首页左侧选择"淘宝客活动广场"选项，即可进入淘宝客活动广场。淘宝客活动广场的报名流程包括查看活动、报名、选择商品、设置佣金和优化创意。在查看活动时，卖家主要需要关注行业类目、活动权限、活动推荐等信息。选择合适的活动并报名后，可选择主推商品，并设置商品佣金，淘宝客活动广场主推商品的数目以活动方要求为准。报名完成后，需等待淘宝客审核。淘宝客活动广场创意优化主要是对图片进行的优化，对于未设置创意优化的商品，则默认选择商品主图的第一张图片。

经验之谈

在淘宝客首页的活动类型中选择"活动计划"选项，在打开的页面中可查看活动效果的数据，包括点击率、转化率、销量、销售金额、结算佣金等。

9.3 疑难解答

本章主要介绍了淘宝推广促销的一些方法，熟悉掌握不同推广方法的应用技巧，可以帮助网店经营者更好地推广店铺。下面主要针对淘宝推广的一些技巧和方法提出建议，帮助用户更好地认识进行商品促销工作。

1. 直通车关键词的质量分是指什么？和哪些因素有关系呢？

答：直通车质量分是用于衡量关键词和商品吻合程度的分数指标，吻合程度越高，关键词的质量分就越高，质量得分越高，关键词的推广信息与搜索意向更密切，得到展示和搜索的机会就更高。直通车质量分主要包括创意质量、相关性、买家体验3个维度，其中创意质量主要体现为关键词点击的反馈情况，要求图片质量一定要好。相关性主要指关键词与类目的相关性、与属性的相关性、与标题和推广创意标题的相关性。卖家体验也受很多因素的影响，如收藏量、购物车、下单等。因此要做好直通车推广，必须做好商品标题的优化、推广标题的优化、创意图片的优化，并做好商品的相关性。

2. 不适合使用直通车进行推广的情况有哪些？

答：并不是任何产品、任何店铺都适合通过直通车进行推广，比如下面介绍的情况，使用直通车进行推广的收益可能就不太明显。

- 图片不好看的商品。图片是直通车推广中获得点击率最重要的因素，商品图片不好看，点击率较低，也会导致店铺流量低。
- 价格太高或太低的商品。价格太高的商品，一般转化率不会太高，转化率不高则由直通车带来的收益就不高；价格太低的商品，消费者会很容易怀疑商品质量，从而直接影响转化率。一般来说，价格适中的产品更适合参加直通车推广，收益也更好。
- 没有销量的产品。消费者的从众心理会在很大程度上影响他们的消费行为，销量好的商品更容易取得消费者的信任和好感，从而商品转化率就高，参与直通车推广的性价比就高。
- 中小卖家不要争夺热门关键词。淘宝网中的关键词热度越高，流量就越大，同样的，这些关键词的竞争环境更激烈，竞价更高，对于中小卖家而言，不论是激烈的竞争环境还是高昂的竞价，都不是轻易可以承受的，建议中小卖家通过锁定长尾词的方式参与竞争。

3. 直通车的竞价技巧有哪些？

答：直通车竞价是一个需要不断总结和分析的过程，盲目竞价不仅无法带给店铺足够的流量，还会花费大量的金钱。

- 关注转化数据，有技巧地调整关键词出价。在商品推广初期，可以适当限制直通车的花费。
- 删除上一月展现量大于100、单击量非常低或为0的关键词。
- 分析转化数据，找到排名靠前的关键词，提高关键词出价。
- 分析转化数据，从高到低对关键词的竞价进行整理和排序，降低转化低于2%的关键词出价。

4. 智钻投放有哪些注意事项？

答：智钻投放主要需对资源位、创意、定向和出价等因素进行分析。在选择资源位时，可以首先选择站内的资源位，即名称带有"网上购物"的资源位，预算不大时数量控制在5个以内，图9-36所示为一些流量充足、点击率相对较高、投放性价比较高的资源位。智钻创意的制作可参考创意后台的一些模板。关于定向的选择，建议新手设置访客定向时选择自主添加店铺。出价则可直接参考系统建议，再根据投放情况适当调整。

广告位名称	尺寸	推荐理由
无线_网上购物_app_淘宝首页焦点图2	640x200	流量充足、效果好、钻展最黄金的资源位
无线_网上购物_app_淘宝首页焦点图2	640x200	
PC_网上购物_淘宝首页焦点图2	520x280	
PC_网上购物_淘宝首页焦点图3	520x280	
PC_网上购物_淘宝首页焦点图4	520x280	
PC_网上购物_淘宝首页焦点图右侧banner二	170x200	流量充足、价格相对较低、性价比高
PC_网上购物_淘宝首页3屏通栏大banner	375x130	
PC_网上购物_阿里旺旺_弹窗焦点图2	168x175	

▲ 图9-36 资源位的选择

5. 哪些店铺更受淘宝客的欢迎？

答：淘宝客这种先成交再付费的模式可以有效降低卖家的推广风险，但是淘宝客与店铺之间存在双向选择关系，一般来说，佣金比例高、产品利润高、产品销量高、产品评价好的店铺更受淘宝客欢迎。

9.4 经典案例——玩转直通车，快速打造淘宝爆款

众所周知，直通车是淘宝为卖家提供的一款付费推广工具，可以给店铺带来大量的展示机会和流量。几乎所有的淘宝卖家都知道直通车，但是，却并不是所有的淘宝卖家都会玩直通车，梦宇最开始就是一个不会玩直通车的卖家。

店铺想要发展，必须要获得流量，淘宝卖家梦宇深信这一点，等到店铺信用等级一够，就迫不及待地加入了直通车推广的队伍中。刚开始玩直通车的时候，梦宇没有什么经验，全靠自己摸索，推广费用每天无底洞一样地投进去，但是却没有达到理想的推广效果，梦宇非

常苦恼。

难道其他卖家的直通车推广效果都是靠前期不断投入资金砸出来的吗？梦宇不相信，这种耗费大量成本的方法，并不是所有卖家都可以接受的，肯定是自己玩直通车的方法出了问题。梦宇花了两天时间，仔细查看了直通车中的数据，发现每项数据都非常值得分析。直通车完全依靠数据"说话"，自己之前主观草率的行为显然错了。

仔细研究了直通车的玩法后，梦宇及时改变了投入方式。既然直通车靠数据"说话"，那自己也应该用数据对商品"从头到脚"进行重新优化。梦宇设置了直通车的每日消费限额，先通过直通车数据选好了具有爆款潜力的商品，从该商品的标题着手，将两个比较热门的标题分别通过直通车进行投放测试，选择出点击率更好的标题。然后又制作了不同的直通车图片，同样通过直通车投放测试，选择了点击率更好的图片。接着梦宇收集了同类型产品的价格信息，算出不同档次的平均价格，通过直通车投放测试后，选择转化率更好的价格。最后制作不同展示效果的商品详情页，经由直通车投放测试后，选择了停留时间更长、咨询量更多的方案。短短半个月，该商品的自然流量点击量就增加了30%。

商品优化成功后，借着直通车这股"东风"，梦宇顺利地打造出了自己的爆款，又通过爆款带动店铺其他产品的销量，店铺销售额很快就有了飞速的提升。

总结：电子营销时代是靠数据说话的时代，消费者的喜好、习惯、行为等都可以通过数据展示出来，只有学会分析数据，才能玩转淘宝。淘宝的付费推广工具虽然效果很好，但是参与推广的卖家也很多，要想从众多卖家中脱颖而出，只是依靠主观直觉是不行的。

9.5 高手进阶

（1）查看买家的评论，通过回复买家评论来进行店铺或商品的推广。

（2）根据店铺情况，选择合适的商品报名参加淘宝的免费使用活动。

（3）查看店铺中的宝贝推荐情况，分析所推荐的商品是否合理。

（4）策划一场店内促销活动，对参与活动的买家实行会员积分，并根据消费额度赠送礼品或优惠券。

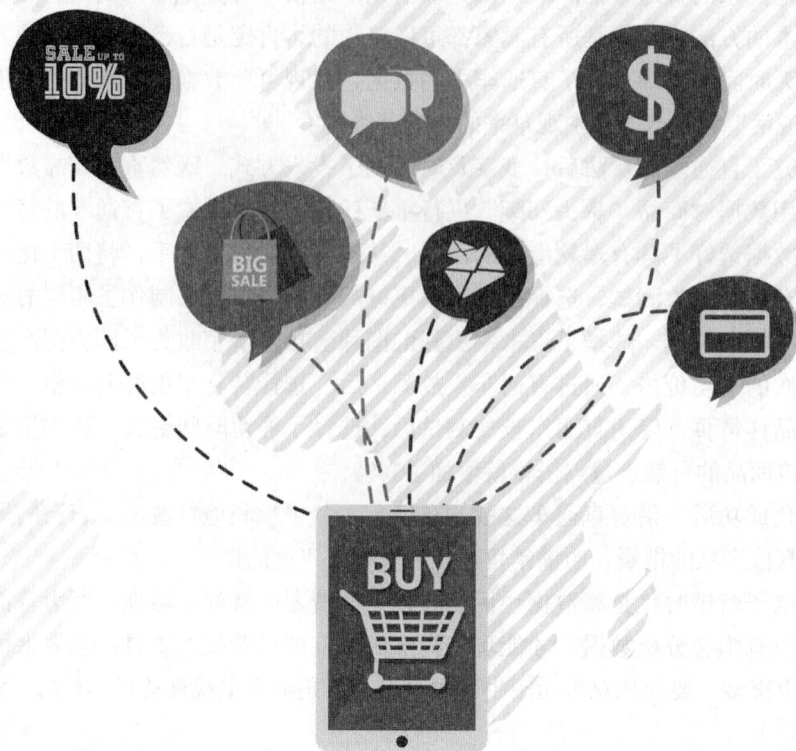

第10章
网店数据分析

网店数据分析是网店经营过程中非常重要的一个环节，网店数据既反映了网店的经营状况，也暗示了网店经营的方向，通过网店数据，网店经营者可以及时发现运营过程中的问题和商机，并快速做出正确决策。本章主要介绍网店经营现状分析、网店商品分析、客户行为分析和常用数据分析工具等内容，通过本章的学习，可以使读者熟悉网店数据分析的相关知识，并能灵活使用数据分析工具对网店数据进行分析。

10.1 网店经营现状分析

网店数据分析能力直接影响着网店的经营效果，网店经营者对数据的分析能力越强，把握市场动向的能力就越强，针对该分析结果做出的决策才会越准确，因此首先必须对网店经营的基本流量、网店运营数据有一个详细的了解。

10.1.1 基本流量分析

电子商务网站的基本流量数据大致相同，主要包括UV统计、PV统计、用户来源、关键词分析、用户地区分析、浏览路径、着陆页分析和不同时段流量统计等，各数据的含义介绍如下。

- **UV统计**：UV即网站的独立访客数，只对唯一IP访问数量进行统计，一天内同一访客多次访问网站只计算为1个访客，UV统计等同于访问网站的用户数量。
- **PV统计**：PV即页面浏览量。用户每打开网站上的一个页面就会被统计工具记录1次PV。用户多次打开同一页面，则对页面浏览量值进行累计，就算刷新页面，该页面的页面浏览量也会增加。
- **用户来源**：指用户进入网站的路径，如来自百度、搜狐等搜索引擎，来自其他网站或直接访问等。
- **关键词**：指对用户访问关键词进行的统计，即用户是通过哪些关键词进入网站的。
- **用户地区**：主要统计用户地区、地区用户数量及不同地区的用户比例等。
- **浏览路径**：指用户在网站的浏览路径，如浏览了什么网页、在某网页停留的时间以及从什么网页离开等。
- **着陆页**：记录用户进入网站的第一个页面，在其中可统计出用户进入数量和比例。
- **不同时段流量**：指在日、周等时间范围内分析不同时段的网站流量变化。

10.1.2 基本运营数据分析

分析店铺的运营数据，可以帮助经营者做出准确的经营决策，而以短时间的数据为基础进行分析，如以周为单位的经营数据为分析参考，则可以及时调整运营策略和产品线。此外，还可通过数据变化分析是否达到运营效果。

1. 基础数据分析

关键词、流量来源、访客地区、流量分布、访客退出率和流量变化等数据都是比较基本且关键的运营数据，通过对这些数据进行分析，可以帮助网店更好地找到运营方向，下面分别对这些数据的作用进行介绍。

- **分析流量来源**：通过分析流量来源，可以帮助经营者了解流量产生的效果，即哪些流量可以给网店带来更大收益。此外，对不同来源的流量进行单独分析，更便于经营者对不同推广渠道进行跟踪，同时通过跟踪结果选择合适的推广活动。
- **分析关键词**：通过对不同搜索引擎、不同网站的关键词流量进行分析，可以使经营者了解不同搜索引擎关键词带来的流量情况，为搜索引擎推广方案提供准确的数据参考。
- **分析访客地区**：了解访客的地区，也有助于运营者做出正确的营销引导，如分析流量高的地区的客户特征，可以更好地寻找目标客户群，也可对高流量地区的客户提供部分优惠，进一步扩大该地区的市场。同时，在跟踪客户信息时，还可以对新老客户进行区分，回访老客户，维护新客户，协同会员管理、邮件营销、自媒体营销等方式制订更好的营销策略，从而达到更好的营销效果。

- **分析流量分布**：分析网站中不同网页的流量情况，帮助经营者了解店铺中的热门页面，并将此作为店铺打造爆款、打造畅销品的依据之一，从而更精准地将营销费用用在合适的产品推广中。

- **分析不同时段的流量变化**：对不同时段的流量和销售情况进行监测和分析，可以帮助经营者了解网店销售的活跃期，从而更合理地安排商品的上下架时间，合理地安排运营人员的工作时间，提高网店的工作效率。

- **分析访客退出率**：分析访客退出率，即对顾客离开原因进行分析，根据顾客退出率和退出页面的数据对比，帮助经营者了解店铺产品的劣势，以便进行修正。

- **分析着陆页质量**：分析着陆页质量即是对着陆页商品销售情况进行分析，着陆页效果的好坏不仅是推广效果好坏的一种体现，也是商品转化率高低的一种展示。

2. 重点指标分析

网店经营数据中的重点指标主要包括退出率、跳出率、购物车、转化率等，这些数据从不同的方面反映了商品的各种问题，下面分别对其进行介绍。

- **退出率**：退出率是指从该页面离开网站的次数占该网页总浏览次数的比例，是对直接从该网页离开网站的流量数据进行的分析。退出率是一项综合衡量用户离开网站行为的重要指标，对于网上店铺而言，退出率高的网页则是存在问题的网页，需要重点关注，分析用户退出的可能原因。

- **跳出率**：跳出率是指当网站页面展开后，用户仅浏览了该页面就离开网站的比例，跳出率高对网店而言非常不利，需要及时找到跳出原因。影响网店跳出率的原因很多，如目标客户群定位不准确、访问页面内容不吸引顾客、页面访问存在问题、广告与访问页不符等因素都可能导致跳出率偏高。

- **购物车**：购物车收藏量也是反映商品情况的重要指标，购物车不仅可以反映买家选购商品的动向，还可以从侧面体现出商品受欢迎的程度。同时，将购物车信息与产品页面分析结合起来，还可判断产品的转化情况，如购物车指标高，但是最终的实际转化率偏低，说明产品在价格、产品描述等方面可能存在问题，需要对描述页或价格进行优化。

- **转化率**：转化率指在店铺产生购买行为的人数与到店人数的比率。转化率直接体现为营销效果，转化率的分析需要结合多个渠道的因素，如结合商品页面进行分析时，适合观察热门商品、热门品牌、商品分类等转化效果，并针对低转化率的页面进行合理、完善的调整；当结合入口页面分析时，适合观察着陆页对网店销售的影响力，并可根据其数据评估相关促销活动的实际效果。

10.2 网店商品分析

商品变化直接影响网店销售情况，在网店中会对商品情况产生影响的因素非常多，经营者除了可通过基本营销数据对商品情况进行分析之外，还可从商品销量、商品关联性、单品流量等角度对商品进行分析。

10.2.1　商品销量分析

商品销售是一个需要不断完善和优化的过程，商品在不同时期、不同位置、不同价格阶段，其销售量都会不一样，经营者需要根据不同情况进行实时调整。

一般来说，网店商品销量主要与拍下件数、拍下笔数、拍下金额、成交件数、成交笔数、成交金额、成交用户数、客单价、客单价均值、回头率、支付率、成交转化率等因素有关，经营者和客服人员需要针对不同的数据做出相应的对策，如拍下件数高，但支付率低，说明客户可能对商品存在质疑，需要客服人员与客户进行沟通以提高支付率；回头率低，则需要进行一些必要的会员关系管理，做好老客户营销。作为网店经营者，需要对每个商品的销售情况进行了解和跟踪，这样不仅可以持续完善销售计划，促进销量的增长，还可以优化库存和供应链体系，提高供应周转效率，降低成本。

经验之谈

客单价是指每一个客户平均购买商品的金额，即平均交易金额，客单价和客户流量是影响销售额非常重要的因素，因此网店除了需要增加客户流量之外，还应该尽量通过关联营销等方式提高客单价。

10.2.2　商品关联分析

商品的关联销售多体现为搭配销售，即让客户从只购买一件商品发展为购买多件商品，如通过促销组合、满减、清仓、买赠和满赠等活动刺激客户消费，从而提高销售金额，最大限度地实现销售增长。特别是在参加淘宝活动时，适当的关联营销不仅可以对店铺进行导流和分流，还可以提高客单价，充分利用有限的流量资源，实现流量利用的最大化，降低推广成本。

1.　商品关联分析

对商品关联进行分析，实际上就是分析客单价和销售额的最大化，有效的商品关联营销可以极大地促进网店的持续发展。

（1）推出促销活动

针对关联产品推出相应的促销方案或优惠方案，可以快速提高销售额。不同类目的产品，其促销方式不一样，需经营者自己选择，如食品类商品，一般以"食品+食品""食品+用具"等形式推出促销活动，日化用品可对不同类型的商品进行组合，如"洗发露+沐浴露"等形式。

（2）网店商品搭配和摆放

通过产品关联程度大小对商品进行搭配只是关联营销的一部分，商品位置的摆放也是十分重要的一个环节。一般来说，商品的摆放以方便顾客为基础，同时也可以进行相关产品推荐，或通过部分关联产品进行精准营销，如在服装类目的网店中，若当前页为某热款上衣的出售页，则在该页面下方的推荐商品中可以适当展示一些与该上衣进行搭配的其他商品，不仅给出了买家搭配建议，还可根据买家喜好快速推荐与其喜好相似的商品，还实现了商品的关联营销。

（3）发现潜在目标客户

关联商品主要由主产品和被关联产品组成，一般来说，主产品和被关联产品的目标客户群会存在一定的差异性和共性，即购买主商品的目标客户群可能不会购买被关联商品，也可能会同时购买，目标客户群的重合即是存在潜在客户的一种体现。对于不会购买关联产品的客户群，可能对关联商品兴趣不高，因此经营者可以适当地控制和调整针对该类客户的推广方案。在购买主商品的同时购买关联商品的用户群即是关联商品的潜在目标客户，在出售与关联商品类似的商品，则可面向该部分客户进行适当推广。

2. 商品关联技巧

在监测商品销售情况的基础上对商品进行组合和关联，可以有效提高网店的整体销售额。商品的关联分析一般需要建立在一定的数据基础上，基本数据量越大，分析准确率就越高，做出的决策也更有利。

（1）进行商品梳理，区分商品等级和层次

商品关联并不是盲目和随意的，必须选择合适的产品梳理规范，以提高关联分析结果的精准程度。产品梳理一般包括名称、品牌、价格、规格、档次、等级、属性等内容。一般来说，关联推荐主要应用于重购、升级和交叉销售3个方面，重购是指继续购买原来的商品，升级是指购买规格和档次更高的商品，交叉销售指购买相关商品。应用于不同方面的关联推荐，应该有不同的推荐方式，如推荐同类型商品交叉购买时，建议推荐规格、价格等相似的商品，否则若是为顾客推荐了低档次的商品，将降低销售额。

（2）合理搭配商品

产品的搭配和位置对产品关联销售会产生很大的影响，关联分析可以为用户推荐合适的搭配商品，方便买家快速找到所需产品，购买更多关联产品。需要注意的是，对关联性比较大和关联性比较好的商品进行关联，才有不错的效果，在进行关联分析时，还应该学会发现和寻找更多的关联销售机会，搭配出新颖且更受客户欢迎的产品。

10.2.3　单品流量分析

分析网店数据可以实时对店铺经营现状进行调整，在策划营销活动时，分析单品质量也可以起到非常重要的作用，通过大量的数据信息可以获取更精准的单品引流效果，打造出更适合市场的爆款。单品流量分析一般包括来源去向分析、销售分析、访问特征分析、促销分析等内容。

- **来源去向**：通过来源去向可以分析引流来源的访客质量、关键词的转化效果、来源商品贡献等，让卖家可以清楚看到引流的来源效果。
- **销售分析**：通过销售分析可以清楚商品的变化趋势，从而掌握规律、迎合变化，提高店铺转化率。
- **访客特征**：通过分析访客特征，可以了解商品访客的潜在需求，从而迎合买家的需求，达到提高销售额的目的。
- **促销分析**：通过促销分析可以量化搭配商品效果，开发和激活店铺流量，增加销售量，提高单价。

10.3 客户行为分析

客户数据是网店经营数据的一部分，分析客户行为可以从不同角度发现不同客户间的属性特征和消费行为，帮助经营者了解目标客户群，从而为维护客户和刺激客户回购提供有利的决策依据和实施建议。

10.3.1 客户购物体验分析

对淘宝网而言，客户购物体验主要体现为DSR评分，即淘宝店铺动态评分。淘宝店铺动态评分是指在淘宝网完成交易后，买家针对本次交易中的宝贝与描述相符、卖家的服务态度、物流服务质量3个方面进行的评分，每项店铺评分均是提取连续6月内所有买家给予评分的算术平均值，如图10-1所示。

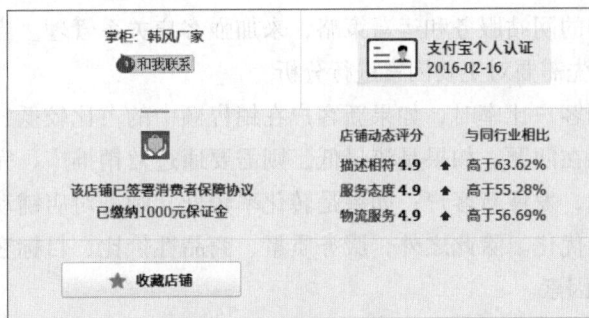

▲ 图10-1 店铺动态评分

淘宝店铺动态评分是自然搜索权重的重要影响因素之一，它不仅是店铺形象和综合实力的一种体现，更是获取买家信任和信赖的重要依据，如果店铺动态评分高于同行业店铺，将更容易获取客户的信任和选择，反之则容易引起买家的质疑和流失。同时，店铺动态评分也是淘宝官方活动要求的基本指标之一，店铺动态评分不达标，淘宝提供的很多推广活动都无法参与。

要做好店铺动态评分，需严格把控商品质量和店铺服务质量，在此基础上再进行一些个性化服务即可获得更好的效果。下面主要对做好店铺动态评分的方法进行介绍。

- **保证商品质量**：商品质量是客户对商品最基本的要求，质量好的商品才能得到客户的一致认可。同时，价格作为客户偏重的购物因素之一，也是卖家需要重视的问题，店铺商品必须定价合理，保持良好的性价比，禁止为性价比较低的商品设置虚高价格。

- **良好的服务态度**：不论是在售前、售中还是售后，都必须保持良好的服务态度，要做到这一点，需要对客服人员进行培训，提升服务态度，避免客户因对店铺服务态度产生不满而给出的差评和低分的现象。

- **提高发货速度**：物流速度是买家网上购物非常重要的一个指标，物流速度慢，将容易导致中差评和低分。作为卖家，在进行物流选择时，要尽量选择速度快、质量好的物流。

- **个性化提醒**：为了给客户留下良好的服务体验，卖家可以设置一些个性化的物流发货提醒、物流同城提醒等，免去客户登录淘宝网查询物流信息的麻烦。

- **个性化的包装和赠品**：在商品外包装盒上添加贴心提示，是获取客户好感的有效方式，如"快递小哥，这位客户对我们非常重要，请您加快配送速度哟！"类型的提示，可以给予客户被重视的感觉。此外，在寄送商品时，可以赠送一些个性化的小赠品，如方便打开包裹的小物件、方便商品使用的小物件等。
- **售后跟踪**：在商品质量、服务质量、个性化服务均表现良好的基础上，卖家需要实时对售后服务进行跟进，如评价跟进、物流跟进等，通过给买家提供一些优惠的形式请求客户给予好评和高分。

10.3.2　客户数据分析

客户是网店销售额的来源，客户数据也是销售数据的一种直接体现。在分析网店客户数据时，销售额、销售额与新客户比率、销售额与回头客比率、新老客户比例等都是需要重点关注的数据类型。

根据淘宝网的定义，半年内在某店铺仅有过一次购买行为的买家为该店铺的新客户，半年内在该店铺有两次及以上购买行为的买家则是老客户。对网店经营者而言，针对新老客户的不同需求，需要提供不同的网站服务和运营策略，来加强客户关系管理。当然，影响客户购物行为的因素很多，我们首先需要对主要因素进行分析。

在分析销售额与新客户比率时，如果新客户在销售额中的占比较低，很大程度上说明店铺流量和转化率等可能存在问题。如果是流量低，则需要通过营销推广、完善关键词、参加活动等方式为店铺引入流量，发展新客户；如果是转化率较低，则需对店铺动态评分、商品描述页内容、商品图片等进行优化。除此之外，服务质量、商品性价比、目标客户群定位不准确也是影响新客户比率的重要因素。

在分析销售额与老客户比率时，如果老客户在销售额中所占比重较低，说明客户关系管理效果不明显，需对老客户营销推广方案的合理性进行分析。一般来说，相比于新客户在商品图片和质量、信用保障、售后服务等方面的需求，老客户更关注商品的深层信息，如商品规格、参数、功能等。

在资源一样的前提下，当新客户所占比率更大但返购率较低时，经营者如果想将新客户发展为长期客户，可以适当降低引入新客户的流量成本，通过商品质量、保障措施、售后支持、信用承诺等形式稳固新客户，促进他们的重复购买；当老客户所占比率更大时，经营者应该加强商品的全面介绍，增加商品比较信息，完善和优化购物流程，从而帮助老客户以最有效、最便捷的方式完成购买。

10.3.3　客户特征分析

网店的经营范围和经营对象比较广泛，客户通常分布于不同地区、不同职业和不同阶层，但很多商品都有较固定的目标客户群体，即使是相同的产品，相同的营销手段，在针对同一区域的不同职业，或同一职业的不同地区时，都会呈现不同的营销效果，因此，需对不同地区、不同职业的买家特征进行分析，制定不同的营销方案。

1．地域分析

对客户进行地域分析主要是指对不同地域的买家数量、回购率、销售额、客单价、市场规模等进行分析，然后根据分析结果制定不同的营销策略，图10-2所示为某网店对不同地域的客户销售额分布情况进行的统计。

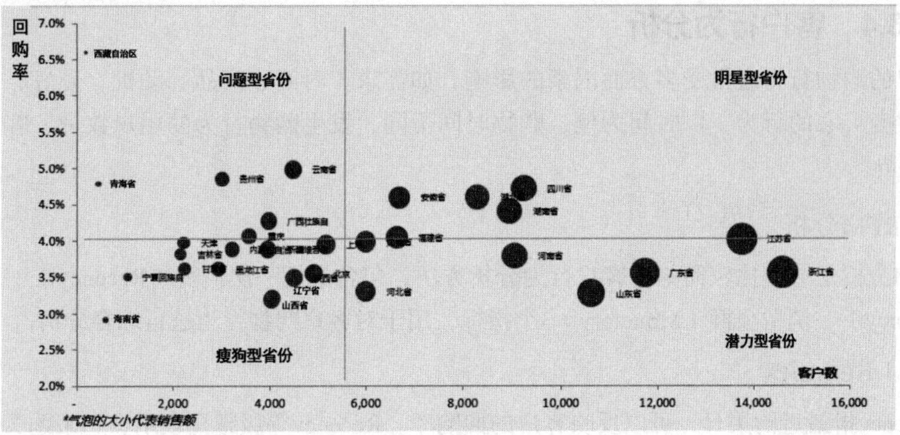

▲ 图10-2　买家地域分布图

针对分析结果，经营者需制定不同的营销方案。如对于销售额、回购率、市场规模均高的地域，可以加大推广力度，继续投资，保持市场活跃度；对于市场规模大，但回购率不高的地域，应该找出低回购率的原因，可根据该部分客户的特殊情况或需求进行适当改进；对于市场规模小，但是回购率高的地域，应该仔细评估，维护这部分老客户的关系，在成本允许的情况下，也可适当加大推广力度；对于市场规模和回购率均低的地域，建议减小推广力度或放弃推广。

2. 职业分析

很多商品都具有一定的职业趋向性，即主要适用于某个职业或某部分职业。如果是职业趋向性比较明显的商品，应该对买家职业进行简单分析，图10-3所示为对某商品的客户职业分布进行的统计。

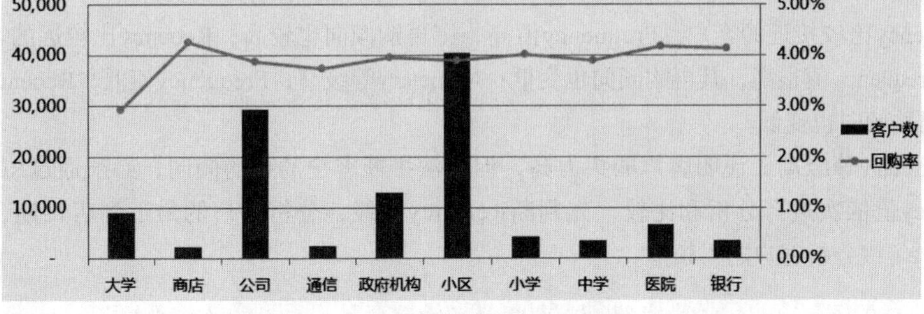

▲ 图10-3　客户职业分析

分析客户职业主要是对客户的职业、客户数量、消费水平和回购率等进行分析，客户职业情况的获取主要以问卷调查、客服交流、地址推导等形式为主，客单价高、消费额高、回购率高的职业是商品的主要推广对象，消费额高、回购率低的职业，是需要经营者进行维护和改善的对象，回购率高、消费额低的职业，则是经营者需要努力发展的对象。此外，根据不同职业的客户群体，也可采取差异化营销策略，分别满足不同职业的不同需要，从而扩大客户范围，增加客户回购率。

10.3.4 客户行为分析

客户的购物行为通常受多方面因素的影响，如需求、时间、商品、动机、爱好、地域等因素都会改变买家的行为，以时间为例，购物时间不同，发生购物行为的用户数量、客单价等都会存在差异。

1. RFM分析

RFM分析是一种比较简单的客户行为分析方法，包含最近一次消费（Recency）、消费频率（Frequency）、消费金额（Monetary）3个指标，用于对客户购物行为进行综合分析。

（1）Recency

Recency指最近购买日，可以反映客户的回购率。Recency等级越高表示客户来购买的时间越接近。购买时间较近的客户，对店铺和商品还有购买印象，再购买的倾向更高，此时当店铺对其进行推广时，可以得到比购买时间较远的客户更好的营销效果。

（2）Frequency

Frequency指购买频度，是可以反映客户亲密度的一个指标，通过购买频度可以有效分析出客户的满意度和忠诚度。Frequency值高的顾客群属于店铺常客，Frequency值低的，则需要重新策划有效的推广方法。

（3）Monetary

Monetary指客户的累计购买金额，是可以反映客户忠诚度的一项指标。Monetary等级高，说明该客户群的购买力很高，可以制定专门的营销方法留住这部分客户。但仅凭Monetary等级，无法正确判断客户的再购倾向。

综上所述，Recency越接近，再购倾向更高；Monetary等级高，但Recency较远，说明客户的再购倾向变低；Frequency值高，但Recency较远，说明客户的再购倾向也变低。

Recency比较接近的客户，Frequency值高，则再购倾向也较高；Recency比较远的客户，即使曾经Frequency值很高，其再购倾向也变低；Monetary等级高，Frequency值低，Recency较远，客户的再购倾向也变低。

Monetary等级高，说明客户购买力高，但无法推断客户的再购倾向，必须通过Recency和Frequency值依次进行分析和比较，先判断Recency等级，分析客户的最近到店日期，再通过Frequency等级分析客户购买频率。

经验之谈

假设将客户划分为活跃期、沉默期、睡眠期、流失期4个生命周期，则不同的商品，客户生命周期的长短不一样，必须根据店铺的实际情况进行分析。根据统计数据分析出客户的生命周期后，对于活跃期和沉默期的客户，给予一定程度的刺激消费，保持客户对店铺的熟悉度。此外，也可根据客户的客单价和再购倾向进行分析，客单价高但再购倾向较低的客户，也要保持消费上的刺激，加大维护力度。

2. 购物时间分析

分析客户购物时间，主要是指根据商品的特性来分析目标客户群的常见购物时间段，从而更准确地制定相应的推广方案，如根据客户消费时间安排商品上架时间、按照客户消费时间加大推广投放力度等，图10-4所示为某商品的客户消费时间段分析。

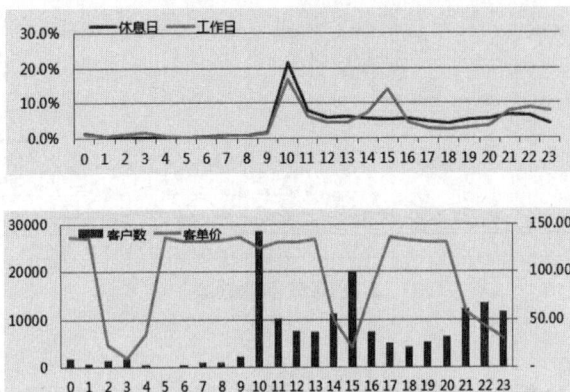

▲ 图10-4　消费者购物时段分析

根据图10-4可推断出，该商品的消费高峰期为上午10时和下午3时，其次为11时~14时、21时~23时，一般来说，这个时间段即是商品上架的最好时间和加大推广力度的最佳时间。同时，经营者还可以周为单位分析客户的消费习惯，通过对分析数据进行总结，推断出举办促销活动的最佳日期。不同地域的客户，其消费时间段也会存在差异，可以适当针对消费潜力较强的区域进行专门营销。

10.4 常用数据分析工具

数据是网店运营的强大支撑，淘宝网为卖家提供了多种数据分析和管理工具，帮助卖家对店铺的经营数据进行分析和总结，比较常见的数据分析工具包括生意参谋、数据魔方、量子横道等。

10.4.1 生意参谋

生意参谋是淘宝网功能非常强大的一款数据分析工具，可以全面展示店铺经营的各项核心数据，包括店铺实时数据、商品实时排行、店铺行业排名、店铺经营概况、流量分析、商品分析、交易分析、服务分析、营销分析和市场行情等。下面主要介绍生意参谋的数据分析功能。

1. 流量分析

店铺流量主要分为PC端流量和无线端流量，在生意参谋中，可以分别查看不同端口的流量情况，并可查看与同行的对比情况。流量分析主要包括流量概况、流量地图和访客分析。

（1）流量概况

在生意参谋工具首页即可对流量概况进行查看，或在生意参谋首页的导航栏中单击"经营分析"选项卡，在打开的页面中也可分别查看流量总览、流量趋势、流量排行、访客行为、访客特征等数据，图10-5所示为某店铺的流量趋势，其中无线端访客数和浏览量在大部分时段均高于PC端。

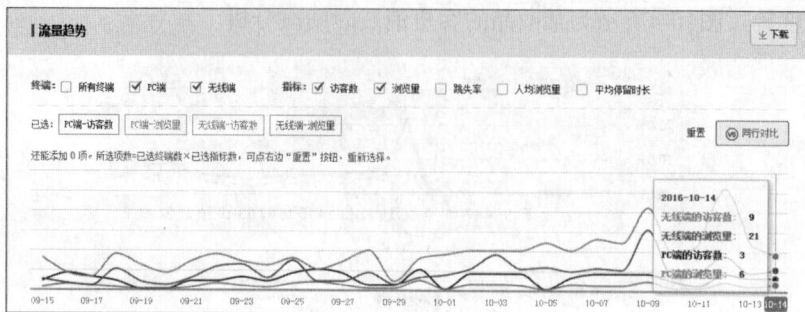

▲ 图10-5　流量趋势

（2）流量地图

在生意参谋"经营分析"页面左侧的导航栏中选择"流量地图"选项，在打开的页面中即可查看店铺流量来源、店内路径、流量去向等数据，图10-6所示为某店铺无线端访客的店内浏览路径。在查询流量来源时，可根据需要查看本店和同行的流量来源的对比。在查询店内路径时，可以分别对店铺首页、商品详情页、店铺微淘页、商品分类页、搜索结果类、店铺其他页的访客数和访客占比进行查看，还可查看页面访问排行，或根据需要分别以月、周、日为单位查询流量来源。通过对这些数据的查询，可以使经营者了解当前店铺的流量结构，对于流量不足的情况，需要通过推广方式提高店铺流量，对于转化率不高的情况，需对商品详情页、价格、店铺装修、商品展示技巧、商品形象包装、促销活动搭配等因素进行分析，找到转化率不高的原因。

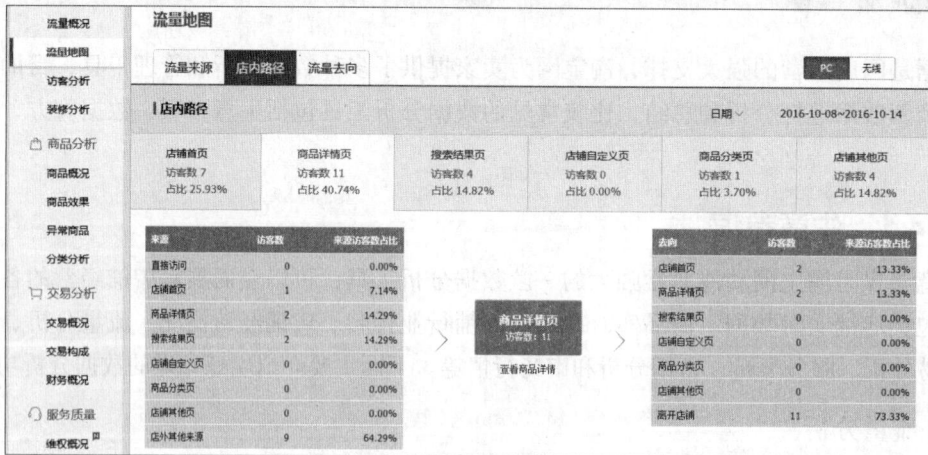

▲ 图10-6　流量地图

（3）访客分析

在生意参谋"经营分析"页面左侧的导航栏中选择"访客分析"选项，在打开的页面中可查看访客分布的相关数据，包括访问时段分布、地域分布、特征分布、行为分布、性别等，如

图10-7所示。根据对访客的相关数据进行分析，可以方便经营者更准确地开展调整营销推广活动、设置商品上架时间等工作。

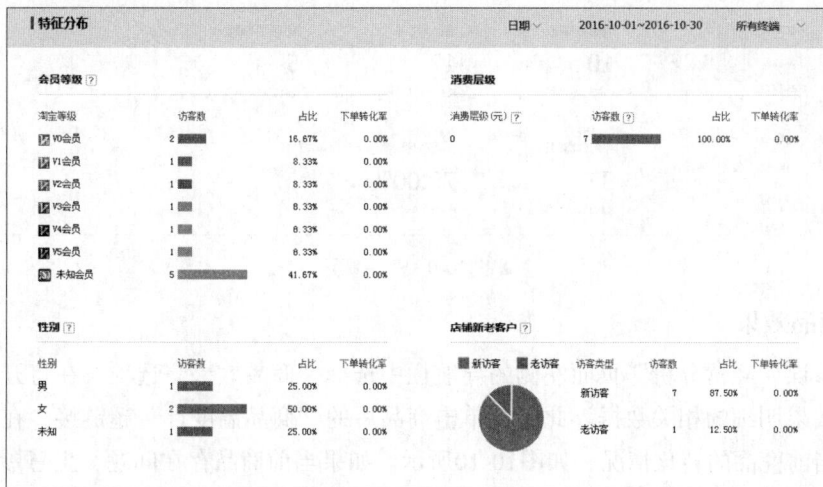

▲ 图10-7 特征分布

在"访客分析"页面单击"访客对比"选项卡，在打开的页面中可以查看访客对比的相关数据，包括消费层级、性别、年龄、地域、偏好和关键字等，如图10-8所示，通过"访客分析"页面帮助经营者更好地掌握客户数据，从而进行会员关系管理。

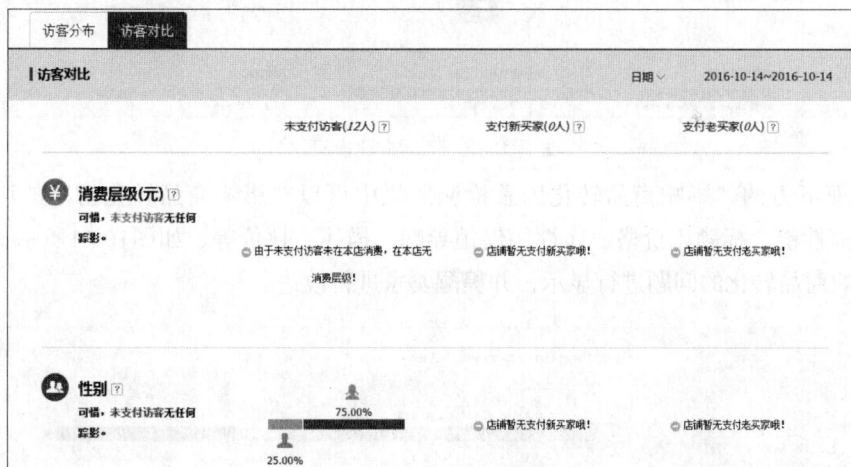

▲ 图10-8 访客对比

2. 商品分析

生意参谋的商品分析主要包括商品概况、商品效果、异常商品、分类分析4部分的内容，用于帮助经营者实时掌握和监控店铺商品信息。

（1）商品概况

在生意参谋"经营分析"页面左侧的导航栏中选择"商品概况"选项，在打开的页面中可以查看商品信息概况、商品销售趋势、商品排行预览等信息，如图10-9所示。

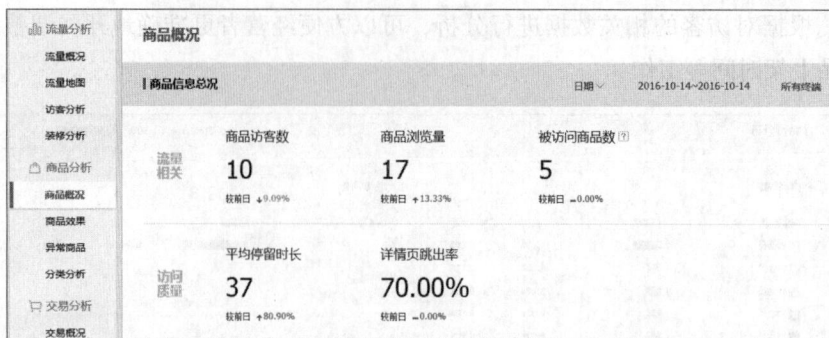

▲ 图10-9　商品概况

（2）商品效果

在生意参谋"经营分析"页面左侧的导航栏中选择"商品效果"选项，在打开的页面中可以查看商品效果明细的相关数据。此外，单击商品后的"商品温度计"超链接，在打开的页面中可以查看当前商品的转化情况，如图10-10所示。如果当前商品存在问题，生意参谋将给出可能的建议为经营者提供参考。

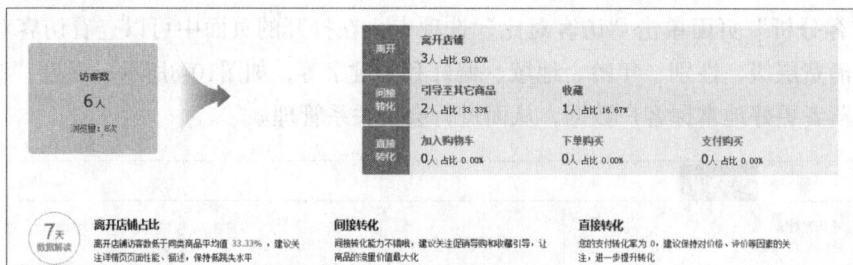

▲ 图10-10　商品转化情况

在该页面下方的"影响商品转化因素检测"栏中可以对影响商品转化情况的因素进行检测，包括页面性能、标题、价格、属性、促销导购、描述、评价等，如图10-11所示，生意参谋将对可能影响商品转化的问题进行显示，并提醒卖家进行改进。

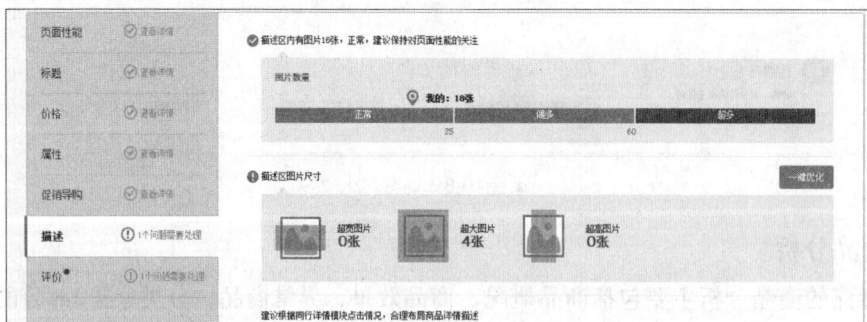

▲ 图10-11　查看影响商品转化的因素的检测情况

在"商品效果"页面中单击商品后的"单品分析"超链接，在打开的页面中可以对当前商品的来源去向、销售、访客、促销等信息进行分析，图10-12所示为对当前商品的访客数据进行分析的页面，包括来访24小时趋势图、地域、新老客户对比、性别等内容。

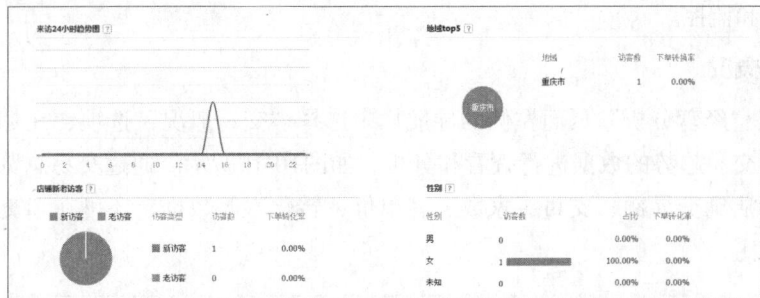

▲ 图10-12　单品分析中的访问分析

（3）异常商品

在生意参谋"经营分析"页面左侧的导航栏中选择"异常商品"选项，在打开的页面中可以查看当前表现异常的商品，包括流量下跌、支付转化率低、高跳出率、支付下跌、零支付、低库存等，如图10-13所示。生意参谋会针对商品的异常情况给卖家提出大致的建议，帮助卖家优化商品。

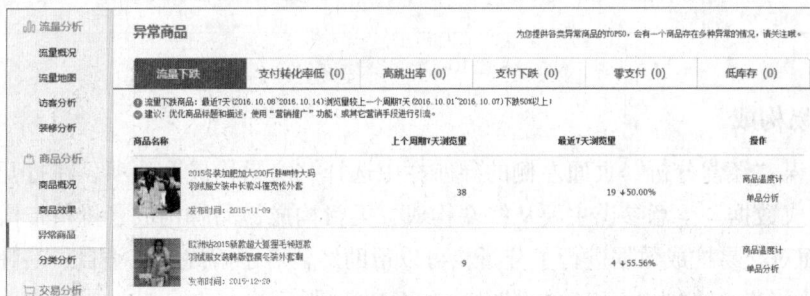

▲ 图10-13　异常商品

（4）分类分析

生意参谋中的分类分析主要是指按照类别对商品情况进行的分析，如图10-14所示。分类分析可以帮助卖家更快捷地分析出同类型商品的销售情况，更精准地找出同类商品的共同问题，从而进行统一管理和整改。

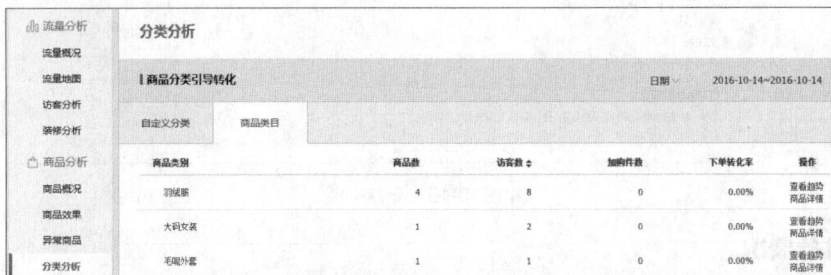

▲ 图10-14　分类分析商品

3. 交易分析

生意参谋的交易分析主要包括交易概况、交易构成、财务概况3部分内容，用于对店铺的交易情况进行掌握和监控。

（1）交易概况

在生意参谋"经营分析"页面左侧的导航栏中选择"交易概况"选项，在打开的页面中可以对交易总览和交易趋势的数据进行查看和分析，如图10-15所示。通过交易总览，经营者可以了解任意天数的店铺交易额、支付买家数、客单价、转化率等数据，还可在"交易趋势"栏中查看与同行的对比。

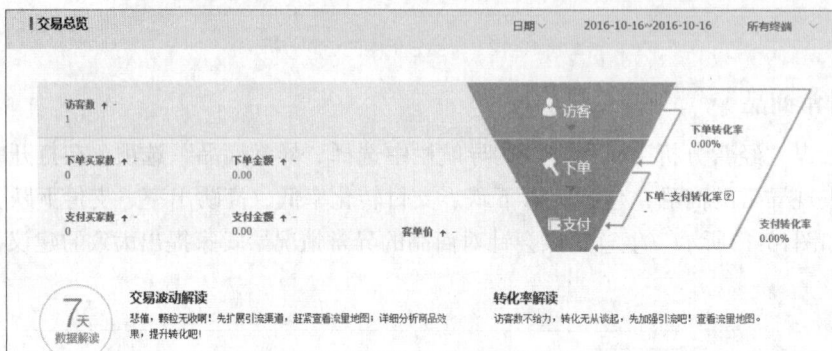

▲ 图10-15　交易总览

（2）交易构成

在生意参谋"经营分析"页面左侧的导航栏中选择"交易构成"选项，在打开的页面中即可查看交易构成数据。生意参谋主要从终端构成、类目构成、品牌构成、价格带构成、资金回流构成5个方面对交易构成数据进行了分析，可以帮助经营者了解终端、类目、品牌等各方面的交易数据，以便有针对性地进行完善和优化，如图10-16所示。

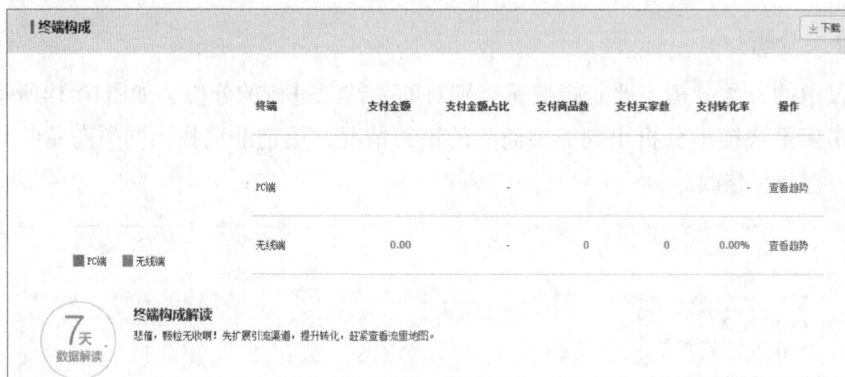

▲ 图10-16　交易构成

（3）财务概况

在生意参谋"经营分析"页面左侧的导航栏中选择"财务概况"选项，在打开的页面中可以查看店铺的财务数据，包括财务健康度、营业利润、收支构成、资产负债、资产负债详情、现金流量、现金流量详情等内容可以帮助经营者全面掌控店铺财务数据，了解店铺财务健康指数和资金流动情况，如图10-17所示。

收支构成

收入项目	金额	(占比)	(同行占比)	成本项目	金额	(占比)	(同行占比)
花呗	0.00	·	17.30%	运营成本	0.00	·	78.46%
信用卡	0.00	·	16.05%	交易服务费	0.00	·	7.15%
其他	0.00	·	66.65%	售后成功退款金额	0.00	·	14.40%

▲ 图10-17　财务概况

经验之谈

　　生意参谋的功能十分强大，不仅可以分析店铺经营数据，还可以对服务质量和物流质量进行监控和分析，在"经营分析"页面选择相应的选项即可。此外，在生意参谋上方的导航栏中选择"市场行情"选项，购买相应的数据工具，还可对当前整个行业市场的情况进行了解和分析。

10.4.2　生e经

　　生e经是一款收费的淘宝数据分析软件，主要包括流量分析、销售分析、宝贝分析、行业分析等功能，可以对店铺的各种数据进行全面分析，达到指导营销的目的，从而促进店铺的持续发展。

1. 流量分析

　　生e经的流量分析功能十分强大，可以按时段、按省份对流量进行分析，也可按受访页面和流量来源进行分析，如图10-18所示。其操作方法很简单，进入生e经页面，在顶部导航栏中单击"流量分析"选项卡，在左侧的导航栏中选择需要查看的流量数据即可。

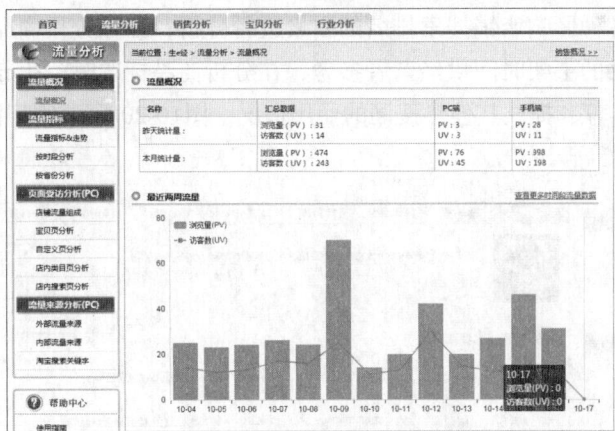

▲ 图10-18　生e经流量分析

经验之谈

　　对店铺流量进行分析的主要目的是了解店铺流量情况，然后针对具体情况制定相应方案，完成对流量结构的优化。如店铺自然搜索流量不足时，需要通过优化标题、优化商品上下架时间为店铺引流，当店铺流量比例不合理，如自然搜索流量稳定，但是总流量仍旧不高时，就需要通过参加推广活动等形式为店铺引流。了解流量各个结构的比例，分析并整改出现问题的流量结构，是网店经营者必须做的工作。

2. 销售分析

生e经的销售分析主要包括销售概况、销售指标、销售来源分析、买家分析等功能，图10-19所示为对店铺销售指标进行分析的页面。通过生e经的销售分析，经营者可以全面掌握店铺的销售数据，了解店铺订单状况，了解买家的付款时段和付款省份，并可追踪买家的下单路径和订单来源，同时，还可对消费人群的性别、年龄、数量等进行查看和分析。

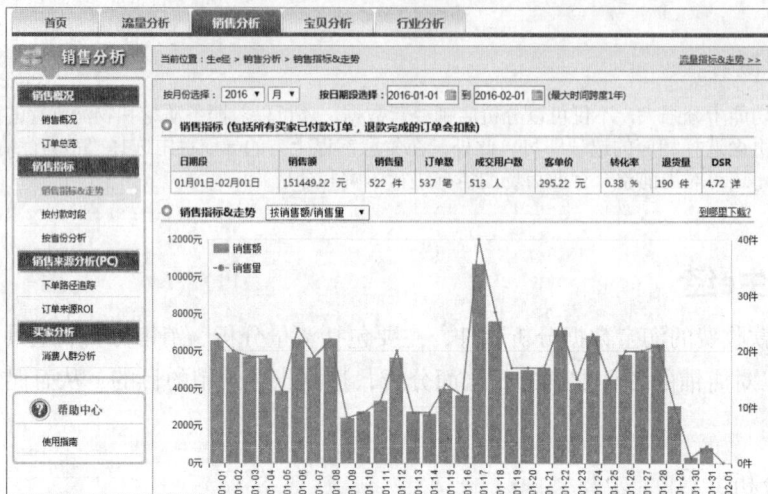

▲ 图10-19　销售分析

3. 宝贝分析

宝贝分析是生e经中非常重要的一个功能，可以对商品的上架时间、标题、主图、价格、橱窗推荐、销售搭配等各种影响店铺搜索排名的要素进行分析，如在分析商品上架时间时，生e经将同时列举同类型商品的上架时间供经营者参考，在分析商品标题时，生e经将对商品标题中的热搜词进行分析，并推荐和提供其他热搜词的使用情况，图10-20所示为使用生e经对店铺搜索排名要素进行的分析。

▲ 图10-20　宝贝分析

4. 行业分析

生e经的行业分析功能主要用于分析某个行业的信息，包括热销商品排行、热销店铺、卖家信用分布、卖家城市分布、上架时间分布、宝贝价格分布等。如查询同行商品上架时间分布时，可以分别查看上架商品的数量、上架时间分布、上架商品成交量等，图10-21所示为女装羽绒服销量前200名的上架数量和时间分布。

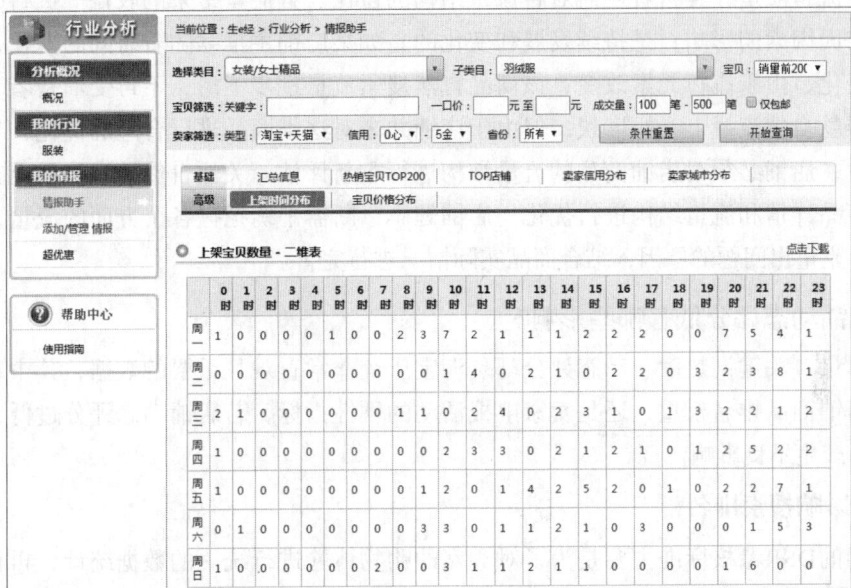

▲ 图10-21　行业分析

经验之谈

在查询行信息前，可以选择并设置需要查询的条件，如设置需查询商品的类目和子类目，商品销量或人气排行、成交量等，设置完成后单击 开始查询 按钮即可生成数据，然后根据需要单击"汇总信息""热销宝贝 TOP""TOP 店铺""上架时间分布"等选项卡即可查看对应数据。

经验之谈

除了上述介绍的数据分析工具外，淘宝网中还提供了很多具有不同用途的数据分析工具供卖家选择。淘宝卖家在订购了软件服务后，在卖家中心后台左侧的"我订购的应用"栏中即可直接打开所需软件。

10.5 疑难解答

网店数据分析是经营网店中必须掌握的知识，新手卖家在网店经营初期很容易盲目，此时就必须学会查询和分析经营数据的方向，及时导正网店的发展方向，抓住网店初期的黄金发展期。下面笔者将针对网店数据分析的一些常见问题提出解决的建议。

1. 如何进行店铺健康诊断？怎么分析店铺问题？

答：店铺健康诊断主要是对店铺的浏览量、访客数、流量结构、成交转化率、收藏量等数据进行的平衡对比，查看是否低于同行标准、是否需要优化、主要优化什么等。

店铺诊断一般以诊断流量结构为主，对比自主搜索进店流量、站内免费资源进店流量、站外搜索进店流量、付费进店流量的各自比例，通过结构占比来分析整个网站流量结构的合理性，从而优化店铺流量结构，提高店铺的流量质量。

店铺引入流量的根本目的是销售产品，并提高店铺的经济效益，但并不能单纯通过流量结构来评价流量质量，经营者还需对各流量结构的占比、各流量带来的收益等进行分析。网店经营受多方面因素的影响，是持续发展和变化的。如某店铺主推款随着时间的变化，流量结构也发生了变化，由于流行元素改变，该商品自然搜索流量逐步下滑，不再受消费者青睐，反之其他非主推款自然流量上升幅度快，但由于店铺并未对这类商品进行合理的优化，导致转化率不高，此时，店铺必须对店铺商品的流量结构进行重新评估，关注自然搜索流量上升的商品情况，对其商品详情和流量结构进行优化。店铺健康诊断需平衡把握各个方面的流量，分析出问题的流量和流量出问题的原因，结合商品实际情况进行完善。

2. 店铺动态评分低有哪些影响？

答：销量、关键词热度、动态评分都是淘宝店铺非常直观且重要的数据，其中动态评分不仅会影响店铺商品排名权重，还是卖家申报活动的硬性指标，若店铺动态评分过低，会对店铺的很多方面产生不良影响。

（1）影响搜索排名

淘宝网的DSR考核标准主要是为了对买家的购物体验进行统一的数据统计，再根据对店铺的统计结果给予不同的扶持。DSR评分低于同行业其他店铺，则店铺搜索排行将低于其他店铺，而店铺排名将直接影响商品流量和商品销量。

（2）影响转化率

淘宝店铺DSR评分的买家比较关注的一项数据，评分低的店铺容易给买家带来质量不好、服务不好的主观印象，即使引入了流量，转化率也会偏低，而转化率低也会影响淘宝对店铺的流量扶持，从而影响商品销量。

（3）活动受限

淘宝官方开设的活动通常是营销效果非常良好的促销活动，不仅可以提升店铺宝贝的曝光率和销量，还可以引入数量可观的新客户，积累更多老客户，对店铺的持续发展十分有利。但淘宝官方的很多促销活动、U站活动等都对DSR评分有严格的限制，若店铺DSR评分偏低，则会直接影响店铺活动的报名和审核。

（4）金牌卖家

金牌卖家是淘宝C店一个重点优势标志，买家更喜欢选择金牌卖家的店铺购买商品，金牌卖家的服务质量、购物体验、宝贝性价比等一般都高于非金牌卖家店铺，同时销售额也更加可观。如果店铺的DSR评分不合格，则会直接影响金牌卖家的获得。

3. 可以提高DSR评分又不会花费较多成本的小技巧有哪些？

答：提高DSR评分的方法有很多，有一些技巧既容易赢得买家好感，又不会花费太多成本，卖家可以根据实际情况酌情选择。

- **短信提醒**：买家在网店中购买商品后，都比较关注卖家的发货时间和自己收到商品的时间，针对买家这一心理，卖家可以短信营销的方式投其所好提供短信提醒服务，发货时提醒买家商品已发出，物流到达买家所在城市时发送物流同城提醒，从而提升买家的购物体验。如"禀报××大人，您在×××购买的××已由申通镖局快马加鞭押送至××城市，预计一日内即可到达，请大人注意接镖验镖哟！"
- **引导好评**：买家收到商品后，如果未在规定时间对店铺作出评价，系统会自动给予好评，但评分却不计入店铺评分中，因此对于收到货物却未及时评论的买家，可以适当通过短信、小卡片、小提示等形式进行引导，如五星好评晒图即可获得××优惠、参与××抽奖等。
- **感谢信**：当商品性价比不高，难以获得买家的主动好评时，卖家可以通过制作手写感谢信、个性感谢信等方式来获得买家的感情分，表明店铺会一直努力为买家服务，以亲切活泼的语言请求买家给予好评高分，从而提升店铺动态评分。
- **贴心包裹**：包装效果是买家收到商品的第一印象，切忌包装盒破旧损坏，包装不严密等，为了方便买家拆开包裹，可以提供一些小巧简易的开箱工具，同时还可以在外包装上打印一些贴心提示，以赢得买家好感。此外，在包装盒内可以给出一些无线端关注提示，如扫二维码关注、搜索公众号关注等，引导买家通过无线端进行评价，不仅可以提升店铺的无线端流量，还可以通过无线端高点击的特点提升店铺的转化率，扩大无线端推广的影响力。

10.6 经典案例——小数据中的"大道理"

对于淘宝卖家而言，经营店铺就是经营数据，不能实时了解和掌握数据，网店就很难取得成功。李云玲刚加入淘宝的时候，完全是凭借"直觉"在经营店铺，后台数据想起了就去看看，看过了也就看过，从来不对数据进行分析。李云玲的店铺主要出售果园现摘的特色时令水果，主打原生态品质，比较能够迎合消费者的喜好，误打误撞之下，也还是有一些流量。

但是好景不长，店铺几天之内流量忽然掉了一半。李云玲很奇怪，自己既没有改过主图和标题，也没有编辑过页面，好端端的怎么流量忽然就掉了这么多？没有流量就没有销量，果园里的果子马上就要成熟了，正是销售的最好时节，这个时候没有流量，对店铺的打击是非常大的。

不得已之下，李云玲开始仔细查看店铺的经营数据。这一分析才发现，店铺的付费流量和自然流量都下滑的非常厉害，并且一两个星期前就有了这种趋势。付费流量点击较少，可能是宝贝主图、宝贝价格、宝贝销量、宝贝选款或宝贝关键词出了问题。自然搜索流量下滑，可能是行情有变，关键词有问题，也可能是某个引流商品的流量出了问题。李云玲依次对每个可能的因素进行分析排除，查询了当前行业的热搜词，查看了同类目店铺的销售情况，发现原来换季之后，买家纷纷开始搜索应季鲜果，之前店铺的主打水果成了换季的"淘汰品"，搜索人数瞬间下降了一大截。市场行情变了，但自己店铺的主推品依然是上个季节的水果，不仅主推品的流量损失了很多，还影响了店铺的整体排名。

找出问题之后，李云玲立刻着手整改店铺，重新优化当季鲜果的商品标题、主图、详情页和价格等，又设置好橱窗推荐和商品上下架时间，通过数据分析工具密切关注优化后的流量动向，并慢慢进行调整，总算扭转了店铺流量的劣势。

　　总结：店铺优化并不是一劳永逸的，一个合格的网店经营者，必须养成时刻观察店铺数据的习惯，才能及时发现店铺的问题。淘宝竞争环境激烈，市场在变、对手在变，如果自己驻足不前，实际上就是一种退步，只有不断根据市场变化、对手变化、消费者变化来调整自己，才是长久生存的根本之道。在进行店铺数据分析时，要时常进行对比，跟过去的自己对比、跟对手对比、跟行业对比，只有经过对比才能更好地判断自己。此外，店铺数据分析是多方面，引起一个结果的因素也是多方面的，经营者必须学会细分问题，逐步排除错误选项，最终找到真正影响结果的问题所在。

10.7 高手进阶

　　（1）了解网店经营的基本流量分析指标，然后使用生意参谋查看并分析淘宝店铺的流量数据，包括PC端访客、无线端访客、跳出率、转化率等。

　　（2）使用生意参谋分析店铺的客户数据，查看访客地域、访问时间段、新客户比例、老客户比例和新老客户对比等信息。

　　（3）使用生意参谋分析店铺的销售数据，查看交易金额、交易笔数、客单价、下单转化率、支付转化率等信息。

　　（4）使用生e经分析店铺的商品情况，依次查看商品的整体指标、PC端指标和手机端指标，然后对商品标题中的热搜词进行查看和分析。

　　（5）使用生e经分析店铺的行业情况，分别查看和分析上架商品的数量、上架时间分布、上架商品成交量等数据。

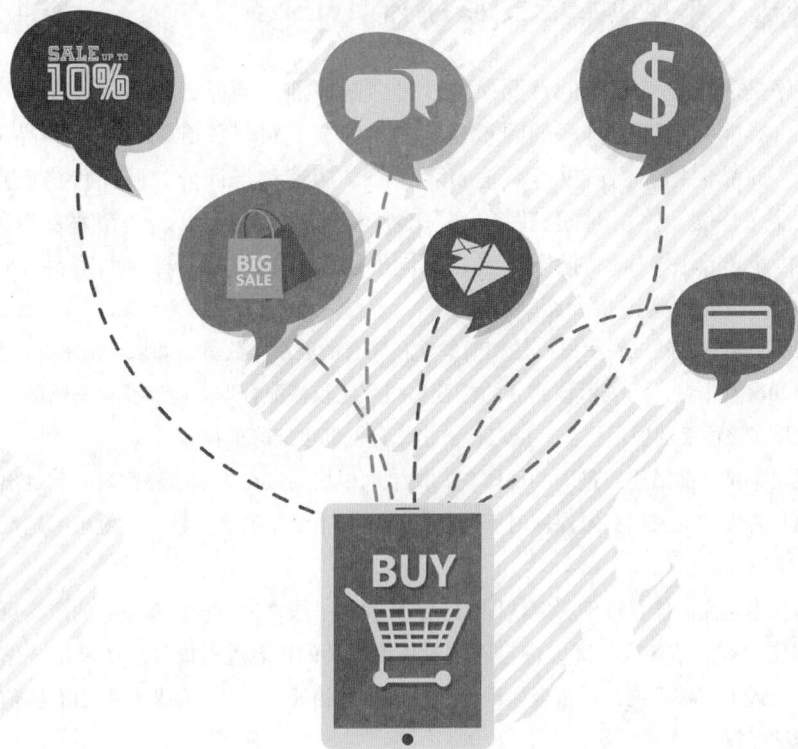

第11章
搜索引擎排名与优化

在淘宝网店经营初期，店铺未达到参与活动的标准时，店内流量大部分都需依靠淘宝的自然搜索。要获取自然流量，首先必须针对搜索引擎进行优化，积极提升店铺排名。本章主要介绍影响淘宝搜索排序的因素、优化商品标题、优化商品描述页、其他类型优化等知识。读者通过本章的学习，可以熟悉商品优化的知识，从而更好地为店铺引流，并提高店铺转化率。

11.1 影响淘宝搜索排序的因素

　　淘宝搜索排序是店铺自然流量的首要条件，排名越靠前的商品，获得的展示机会越多，得到的流量也更多。影响淘宝搜索排序的因素非常多，如成交量、关键词匹配、商品下架时间、收藏量、好评率、商品促销、橱窗推荐、消费者保障、店铺动态评分、商品价格、点击率、商品主图、商品属性完整度、停留时间、跳失率、金牌卖家、公益宝贝、动销率、退款纠纷率、客单价等都众多因素都会影响商品搜索排名，不同的因素其权重不一样，对商品排序的影响也不相同，下面分别对主要因素进行介绍。

- **点击率**：新品上架后的随机展示概率是相似的，在固有的展示次数里，如果点击率高，如100次展示机会中获得20次点击量，则表示该商品的标题和图片比较搭配合理，能够获得不错的点击率，淘宝网则会继续增多该商品的展示机会。反之，点击率过低即可能降低排名。

- **跳出率**：跳出率是产品描述质量的一种体现，淘宝网根据买家在店铺的停留时间和跳出率，来判断商品描述页是否吸引买家，买家停留时间越长、在店铺中浏览的页面越多、跳出率越低，则有利于增加排名。

- **转化率**：转化率是商品能否得到买家认同的一种体现，一般来说，转化率越高的产品页面，说明产品描述越求实，客户信任度越高，淘宝网将对这类商品的排名进行提升。如果是转化率过高的商品，可能进入人工审核系统，审核合格则给予提升排名的处理，反之如果检测出有刷信誉、刷单等嫌疑，则会被降权。

- **综合评分**：综合评分包含多种因素，如人气、销量、信誉、价格等都属于综合评分的范畴，其中人气又包括浏览量、收藏量等，总而言之，不论是商品质量还是服务质量都需做好，赢得更多买家的好评和青睐才可能提高综合评分。综合评分值较高，则淘宝将提升其排名；综合评分值过低，则会给予降低排名和权重的处理。

- **动态评分DSR**：DSR评分是店铺综合服务水平的体现，DSR评分越高，对排名越有利。

- **下架时间**：淘宝网中的商品在即将下架的时候会获得排名提升和更多展示机会，这就是为什么要慎重设置商品上下架时间的原因。

- **橱窗推荐**：橱窗推荐的商品排名一般更靠前，金牌卖家还可以获得精品橱窗，精品橱窗对商品权重的影响很大。

- **商品属性的完整度和准确度**：淘宝卖家在填写商品的属性时，必须尽量完整且定位准确，尽量完整是指尽量按照淘宝网中列举的条目填写完整，定位准确则是指描述产品的类目和属性时必须准确，如短靴的鞋子，必须填写短靴，不能填写成长靴等，否则容易被淘宝网进行降权处理。

- **消费者保障**：参加消费者保障的商品，排名将更靠前。

- **退款纠纷率**：退款率和纠纷率是判断商品质量和服务质量的重要指标，退款率比同行高的店铺，排名也会降低，而有纠纷或纠纷率高的店铺，会被淘宝网做降权处理。

- **降权**：当淘宝网判断店铺出现违规行为时，会对店铺进行降权处理，因此卖家要熟知淘宝网的规则，避免出现违规行为。

- **全店动销率、滞销率**：动销率也是会影响搜索排名的一个因素，建议卖家将长时间未出售的商品进行重新编辑或下架，有利于提升店铺权重。

- **回头客**：回头客是判断店铺品质的重要依据，也是淘宝判断店铺质量的因素之一，回头客越多的店铺，排名会更靠前。同理，商品的再购率高，排名也会更靠前。
- **关键词匹配**：一般来说，淘宝商品的标题关键词细分要用该商品所在类目下的热门关键词，同时在商品的详细描述里，也最好包括商品的热搜关键词，这样更有利于提升排名。

11.2 优化商品标题

很多买家在淘宝网购买商品时，都是通过搜索关键词来寻找商品的，因此商品标题与自然搜索流量密切相关，必须做好标题优化，尽可能增加商品被搜索到的概率。一般来说，淘宝商品标题必须包含热门关键词，还要能够让买家一目了然地通过标题了解到商品的属性和特性。

11.2.1 商品标题的结构

商品标题优化最基本的前提是符合用户的搜索习惯，同时为了增加被搜索到的概率，可以尽可能地组合各种与商品相符的热搜词。一般来说，商品标题结构主要包括核心关键词、属性关键词和热搜词3个部分。

- **核心关键词**：核心关键词是指商品名称，其作用是可以使买家能通过标题快速了解商品是什么，是否是自己所需的商品。
- **属性关键词**：属性关键词即是对商品属性的介绍，商品材质、颜色、风格等都属于商品属性，如"深蓝水晶真皮条纹女包"中，"女包"是核心关键词，"深蓝水晶真皮条纹"都是用于形容核心关键词的属性关键词。
- **热搜词**：热搜词是指与商品相关的、买家搜索量高的词，主要用于对商品标题进行优化，增加被搜索的概率。如"新款特价女包"中的"新款特价"即属于优化商品标题的热搜词。

在构思商品标题时，核心关键词是必须具备的，且描述一定要与商品相符，如商品是羽绒服，则标题中的关键搜索词就必须是羽绒服，不能是西装和卫衣等属性不同的商品名称。属性关键词和热搜词都是对商品标题的扩展，是增加搜索量和点击量的重要部分，建议尽量选择买家常用且适合商品的词语。需要注意的是，商品标题中的所有描述均需客观真实，不能宣传虚假信息，若商品标题中出现与商品不符的描述，或不符合淘宝网规定，则很容易遭到淘宝的处罚。标题优化并不是一个独立的个体，实际上，为了达到更好的效果，标题优化应该与属性优化、上下架时间优化、包括橱窗推荐相配合，且标题不能一层不变，应该根据流量情况进行反复测试。

11.2.2 查找关键词

淘宝商品标题的关键词多由买家热搜词组成，淘宝网为此提供了选词助手工具帮助卖家分析和选择热搜词，下面介绍查看淘宝商品热搜词的方法，其具体操作如下。

扫一扫 实例演示

STEP 01 进入淘宝卖家中心，在"营销中心"栏中单击"生意参谋"超链接，打开生意参谋主页面，将鼠标指针移动到顶部导航栏的"专题工具"选项上，在打开的下拉列表中单击"选词助手"超链接，如图11-1所示。

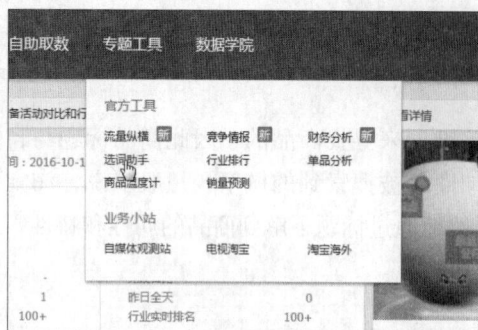

▲ 图11-1 选词助手

STEP 02 打开"选词助手"页面，单击"行业相关搜索词"选项卡，在搜索文本框中输入关键词，单击 Q查看 按钮，选词助手将根据搜索内容显示相关关键词的搜索情况，如图11-2所示。

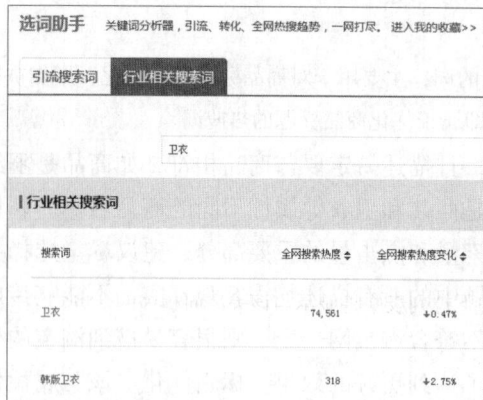

▲ 图11-2 搜索关键词

STEP 03 在搜索结果上方单击 指标∨ 按钮，在打开的下拉列表中单击选中相应的复选框，可以设置需要显示的指标，设置完成后单击 确定 按钮即可，如图11-3所示。

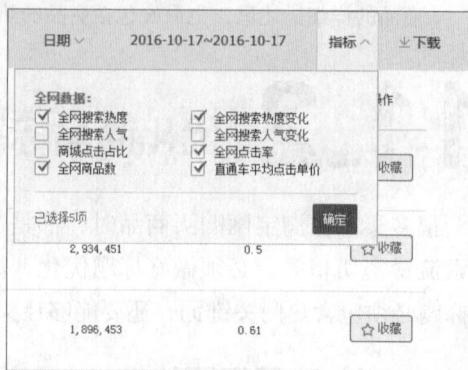

▲ 图11-3 设置显示指标

STEP 04 在搜索结果上方单击 日期∨ 按钮，在打开的下拉列表中可设置数据显示日期。设置完成后单击 ⊻下载 按钮，在打开的下拉列表中单击 确定 按钮，如图11-4所示，可下载该搜索数据并将其保存为Excel文件供用户查看。

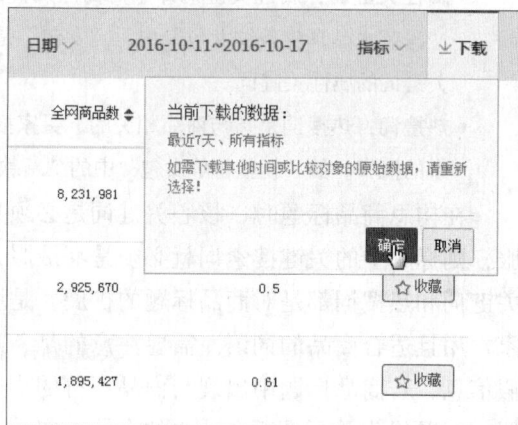

▲ 图11-4 下载数据

11.2.3 拆分与组合关键词

淘宝商品标题多由多个关键词组合而成，依靠选词助手，经营者可以清楚了解当前类目中的买家热搜词、关键词搜索热度、人气、点击量等数据，通过对这个关键数据进行分析，即可确定自己商品的标题。

▪ **确定核心关键词**：核心关键词即顶级关键词，是对商品本质的描述，如"连衣裙""笔记本"即属于核心关键词。

- **组合属性关键词：** 买家在搜索商品时，为了使搜索结果更精确，通常会在核心关键词前加上商品的属性词，如搜索卫衣时，可能会输入“韩版卫衣”“秋款卫衣”“时尚卫衣”“女士卫衣”等热搜关键词进行搜索，为了迎合消费者的搜索习惯，卖家在确定商品标题时，也需添加这些热搜词。属性关键词通常表现为二级关键词，如春装连衣裙、联想笔记本等就属于二级关键词。在选择属性关键词时，可以结合选词助手的行业数据进行分析和选择，图11-5所示的数据中，“韩版卫衣”和“卫衣”这两个词的全网搜索热度非常高，说明通过这两个关键词进行搜索的买家非常多，但相应地，这两个关键词的全网商品数也非常多，说明竞争比较激烈，对店铺的排名要求较高。而“日韩卫衣”这个关键词，搜索热度比较低，但是点击率较高，全网商品数较少，说明这个关键词的竞争度比较低。在分析了行业热搜词后，即可选择适合自己店铺竞争情况的词语进行合理的拆分和组合。核心关键词和部分属性关键词的竞争情况都比较激烈，如果店铺排名不具备优势，则建议经营者不要全部依靠这些关键词来引入流量，可在标题中设置一些长尾关键词，如“无袖拼接碎花春装连衣裙”等，这些长尾关键词搜索热度较低，但是对目标群定位更准确，竞争也更小。原则上，低销量多用长尾词，中销量多用中频词，高销量多用竞争热门词。

	B	C	D	E	F	G	H	I	J
4	关键词	全网搜索热度	搜索热度变化	全网搜索人气	搜索人气变化	商城点击占比	全网点击率	全网商品数	直通车平均点击单价
5	日单卫衣	49	-3.92%	41	-6.82%	0.52%	1,183.67%	7730	0.00
6	品牌卫衣	429	13.19%	204	92.45%	90.16%	118.41%	85257	2.07
7	卫衣代购	182	-7.14%	155	-9.88%	1.74%	409.89%	514377	0.41
8	noyb卫衣	159	17.78%	127	38.04%	0.00%	129.56%	628	0.00
9	gcds卫衣	57	-10.94%	44	-6.38%	0.00%	110.53%	109	0.00
10	清仓卫衣	6	-40.00%	4	-50.00%	0.00%	83.33%	8228865	0.18
11	系列 卫衣	-	0.00%	-	0.00%	0.00%	0.00%	32323	0.59
12	出口 卫衣	21	16.67%	23	-4.17%	0.00%	1,114.29%	11601	0.29
13	日韩卫衣	38	11.76%	35	6.06%	12.31%	171.05%	4658	0.76
14	原单 卫衣	181	19.87%	155	28.10%	0.29%	770.72%	59348	0.00
15	大卫衣	163	59.80%	146	84.81%	15.69%	93.87%	705429	0.43
16	林淼卫衣	20	53.85%	17	112.50%	0.00%	40.00%	208	0.00
17	got7卫衣	15	-21.05%	14	-22.22%	0.00%	120.00%	1465	0.00
18	专柜 卫衣	14	16.67%	14	16.67%	40.30%	957.14%	477332	0.00
19	冬款卫衣	60	62.16%	52	79.31%	60.00%	91.67%	151923	0.57
20	卫衣包邮	21	50.00%	16	166.67%	30.00%	47.62%	8215433	0.52
21	男女卫衣	279	155.96%	245	282.81%	14.31%	263.08%	535394	0.52
22	韩版卫衣	2589	5.42%	2263	7.76%	17.75%	169.10%	2925670	0.50
23	卫衣	600961	7.71%	366655	25.55%	50.18%	125.66%	8216949	0.73
24	sjyp卫衣	175	27.74%	155	44.86%	2.59%	286.86%	939	0.18
25	单品卫衣	14	250.00%	12	1,100.00%	0.00%	342.86%	3586	0.00

pc端　无线端

▲ 图11-5　关键词数据分析

- **搭配热搜词：** 这里的热搜词不仅是指买家经常搜索的词语，还指可以对商品进行形容和修饰的词语，如“2016新款时尚××中长卫衣”。如果商品为知名品牌，也可将品牌名加入标题中，这样可以更准确地定位到对品牌有忠诚度的目标消费人群，如图11-6所示。

经验之谈

在淘宝网首页的搜索文本框中输入关键词后，在打开的下拉列表中将显示与该关键词相关的一些词语，这些词语也是买家经常关注和使用的一些词语，该词语也可作为卖家商品标题的选词方式之一。此外，商品标题不建议直接使用关键词进行生硬堆砌，需对关键词的顺序和搭配进行优化调整。

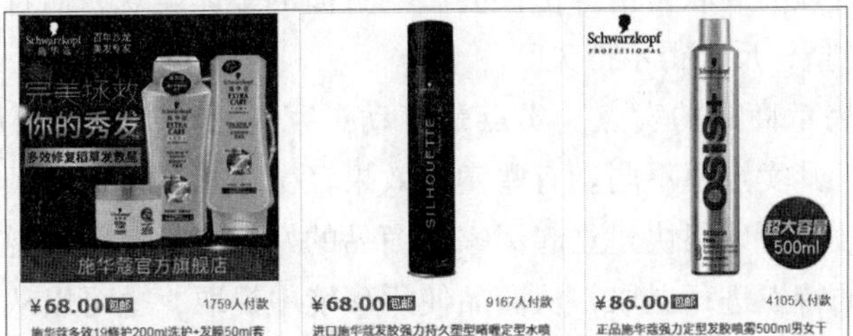

▲ 图11-6　搭配热搜词

11.2.4　突出卖点

商品被买家搜索到后，如果标题中没有直观展示买家需要的信息，就无法吸引买家继续查看，这相当于获得了商品展示机会，却没有引来有效的点击率，对店铺十分不利。因此商品标题不仅要包含热搜词，还应该尽量突出商品卖点。淘宝商品标题最长可以包含30个字，在结构合理的情况下，可以尽量多地组合热搜词，增加被买家搜索到的概率，而在选择热搜词时，也可以尽量选择符合商品特性的词语，即优先选择既是热搜词，又与商品属性相符的词语。对于不属于热搜词范畴的词语，如果对商品描述有利，可以准确吸引对商品该属性感兴趣的目标消费人群，也可将其添加到标题中。

11.3　优化商品描述页

当买家通过各种渠道进入店铺查看商品时，主要是通过商品描述页了解商品的基本信息，因此商品描述页的质量好坏，直接影响买家的购买行为和商品的销量。详情页的制作其实就是引导买家一步步深入关注商品的过程，好的详情页应该同时兼顾目标消费人群定位、商品展示、页面布局、加载速度、关联营销等多个方面。

11.3.1　目标消费人群定位

很多数据分析工具都能对商品的目标消费人群进行分析，通过对买家性别、年龄等进行分析，找准详情页内容的定位，结合产品特征整理出完整的思路，选择最符合目标消费群体的内容。如某零食店分析出的目标消费人群多为年轻女性，即可针对年轻女性的性格特征设计与她们喜好相符的页面风格。需要注意的是，目标消费人群定位应尽量建立在数据分析的基础上，不要凭借主观臆断做决定，以避免定位错误。

11.3.2　商品展示

商品展示是详情页的主体部分，也是卖家非常关注的内容。一般来说，商品展示需具备一定的逻辑性和规律性，以买家购物的心里流程为基础。

制作详情页的第一步是诱发买家的兴趣，给予买家良好的视觉体验，通常可以通过商品效果图、细节图等商品图或吸引人的文案作为详情页第一屏的内容，如图11-7所示。为了吸引买家眼球，部分卖家也会在商品详情页中添加一些多媒体元素，但需要注意的是，过度美化、过度复杂、颜色杂乱、不合理的关联营销等不仅会影响页面的整体美观，而且很容易让买家反感，打消买家继续查看的欲望，反而得不偿失。

接着应该向买家展示商品的卖点。卖点是打动买家进行购买的主要原因，商品卖点多种多样，并且商品不同，其卖点也不同。有些卖点效果轻微，不足以促使顾客产生购买行为，有些卖点挖掘得深入有效，可以很快建立起买家对商品的好感度。一般来说，提取卖点的途径很多，可以从商品本身的特点进行提取，从商品使用环境中提取，也可以从商品对比中提取，但是不管怎么提取，都应该以消费者的实际需求为基础，否则就无法达到吸引消费者的目的。图11-8所示为从商品特点和商品对比两种途径提取的商品卖点。

▲ 图11-7 首屏焦点图

▲ 图11-8 卖点挖掘

💬 **经验之谈**

商品的卖点并不是单一的，因此尽可能全面地挖掘对买家有用的卖点，并将其清楚展示给买家。

质量是买家最关注的商品品质之一，质量好的商品可以提升买家的购买欲望，提升买家的访问深度，提高商品转化率。质量的展示是多方面的，功能、性能、工艺、参数、材质、细节、性价比等都是表现商品质量的手段，图11-9所示为质量展示的一种方式。在展示商品质量时，应该注意展示方法，如在展示参数、性能、工艺等数据时，不要直接使用烦琐的文字和数据，最好通过简单直白的图片搭配文案进行展示，让买家能够一目了然。在展示功能、细节、性价比等信息时，通常使用图片搭配简单文案的方式，即图片为主，文案为辅，注意详情页的整体视觉效果，突出商品本身。

在完整展示了商品的基本信息后，商家还需进一步打消买家的顾虑，进一步催化买家的购买欲望。证书、售后服务、评价、包装、物流、消费保障等都是进一步打消买家顾虑的有效方式，如图11-10所示。

▲ 图11-9 质量描述

▲ 图11-10 质量保障

11.3.3 页面布局

页面布局是指详情页的整体布局效果，好的布局效果可以带给买家良好的视觉感受，还可引导买家深入查看详情页信息。

- **整体布局**：详情页的整体布局应该遵循统一整洁的原则，即颜色统一、风格统一，版面整洁规范。同时，在内容安排上应该具备一定的逻辑性，如在挖掘商品痛点时，应该先列出买家关注的痛点，再提出解决方案，引导买家进行阅读。

- **图片布局**：淘宝商品详情页描述均是以图片为主，因此需要突出图片的表达效果。在布置图片时，尽量做到同等级的图片大小统一，颜色和谐，如图11-11所示。如果不熟悉图片布局的技巧，可以多查看一些优秀的商品详情页的布局方式。

- **文案搭配**：虽然图片是淘宝商品详情页的主体，但文案也是其中必不可少的一部分。将文案中的设计元素与目标群的喜好、详情页风格等相结合，不仅可以使文案起到描述说明商品的作用，还可以使图片中的内容更加生动充实，为商品增色，实现商品的软性营销。商品描述页的文案内容一般较少，且为了图片美观，文案不能覆盖图片本身，此外还需对文字大小进行对比、字体搭配、颜色搭配上进行优化和处理，如图11-12所示。

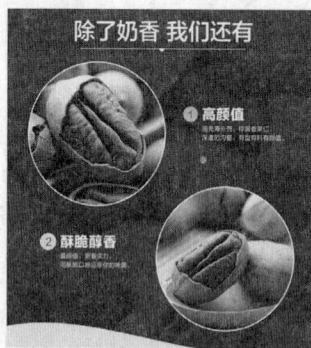

▲ 图11-11　图片布局　　　　　　　▲ 图11-12　文案搭配

11.3.4 加载速度

网页加载速度是买家网购体验中很重要的一个因素，如果商品详情页图片过多、容量过大，或者详情页内容的屏数过多，会延长用户加载网页的时间，加载时间太长，就非常容易增加用户的跳失率。一般来说，服装类目的详情页屏数都较多，建议详情页内容多的类目在制作好详情页图片后，先将其切片为合适的大小，再上传到淘宝店铺中。

11.3.5 关联营销

商品详情页中的关联营销实际是一种店内促销手段，其常见形式包括商品搭配套餐、商品搭配推荐、促销活动、商品推荐等，如图11-13所示。在详情页中添加适当的关联营销，不仅可以激发买家潜在需求，提高单价，还可以起到引导买家查看相关商品的作用。如果买家在看完了详情页的所有内容后，依然没有产生购物行为，则表示商品的某个或某些方面无法满足买家的需求，但商品或店铺本身又对买家具有吸引力，因此可以通过关联营销的形式为买家推荐其他相似商品。在设置关联营销时，建议推荐评价和性价比都较好的商品，推荐在精不在多。

▲ 图11-13 关联推荐

11.4 其他类型优化

除了标题和详情页优化外，淘宝商品的优化还包括类目、价格、图片、商品上下架、橱窗推荐等多个方面，详细全面的优化对提升店铺流量和排名非常有利，因此是很多卖家都非常关注的问题。

11.4.1 类目优化

类目优化主要是指在商品的类目选择和设置上进行优化，并根据商品类目的关键词匹配商品标题的关键词，从而提高商品与标题的匹配度，提高店铺和商品的流量。

1. 选择合适的类目

淘宝网为商品提供了分类非常齐全的类目，卖家在发布商品时，通常需要根据商品的属性选择对应的类目。但是有时候，商品的属性并不是单一的，这就使得相同的商品也可以放置在不同类目下。以女鞋为例，女鞋是一个大的类目，在女鞋之下，还有低帮鞋、高帮鞋、拖鞋、凉鞋等二级类目，如图11-14所示，如果商品同时具备拖鞋和凉鞋两种属性，则该商品既可以放入拖鞋二级类目下，也可以放入凉鞋二级类目下。选择不同的类目，会对商品产生不同的影响，如经营凉鞋类目的店铺更多，竞争更大，则将商品放入拖鞋类目之下，可以更好地竞争排名。

▲ 图11-14 女鞋之下二级类目

随着淘宝网对商品类目的日渐完善，对类目的要求也越来越严格，经营者在选择商品类目时，必须以商品属性与类目相符为首要前提条件。

2. 避免属性错放

商品的类目属性错放是指发布商品时选择的类目与淘宝网要求放置的类目不一致，或者填写的商品品牌、材质、规格等属性与商品标题或商品描述不相符。当出现类目不符或属性不符的情况时，淘宝网将判断商品违规，给予商品降权处理。

如在设置运动鞋的类目时，应该选择运动户外一级类目下的运动鞋类目，而不能选择户外类目下的登山鞋类目，更不能直接选择女鞋或男鞋类目下的其他下级类目。在设置商品属性时，鞋子的闭合方式如果为系带，则选择系带，而不能选择扣带等其他方式。

为了避免类目的错选，卖家可根据淘宝网商品发布页面类目选择框下方的提示来判断和选择商品的类目。

3. 设置详细的商品类目和商品属性

在设置商品类目和属性时，通常需遵循尽量完善的原则，即尽可能填写详细，做好细节，如图11-15所示。商品类目和属性的合理性和完整性都会对商品的排名产生影响，描述详细准确的商品，可以更好地定位目标消费人群，也更方便买家了解商品细节，赢得买家的信任。在填写商品属性时，带*号的选项为必填选项，未带*号的选项为选填选项，只要商品具备这种属性，一定要认真填写。

产品参数			
适用	适合场合：日常	适用对象：青年（18-40周岁）	
基础信息	鞋垫材质：超纤皮	品牌：千百丽人	皮质特征：裂纹
	鞋底材质：TPR（牛筋）	鞋头款式：露趾	跟底款式：坡跟
	鞋帮高度：低帮	后帮：前后绊带	侧帮：中空
	闭合方式：一字式扣带	鞋制作工艺：胶粘鞋	款式：时装凉鞋

▲ 图11-15　商品类目和属性

属性设置违规是比较常见的违规现象，商家应该引起重视。以品牌违规为例，为商品设置错误或不符的品牌即属于品牌违规现象；此外，商品标题中出现了一种品牌关键词，但是商品属性中又填写了其他的品牌，也属于品牌违规。

4. 商品类目与标题对应

在确定了商品类目后，可在标题中包含相关类目词，如能在淘宝首页直接找到的相应类目词等，图11-16所示为搜索帆布鞋时出现在帆布鞋类目下的商品。同理，商品类目中的关键词必须与标题中的关键词相匹配，若是商品类目选择的运动鞋，但是商品标题中却出现了登山鞋等关键词，也会被淘宝网判断为类目不符，从而对商品进行降权处理。

▲ 图11-16 商品类目与商品标题的对应

11.4.2 价格优化

对于网店商品而言，商品定价需要考虑多个方面的因素，包括市场环境、销售策略、商品形象、经销路线和消费者心理等，技巧性的商品定价对转化率和销售额都会起到积极的影响。

1. 影响商品定价因素

商品价格在不同的定价环境中，需考虑的影响因素也不一样，下面分别对各种因素进行介绍。

- **市场环境**：市场环境是对商品价格影响较持久的一种因素，消费环境、市场性质、商品发展等都会影响市场环境，市场环境的变化直接导致商品价格的变化。同时，商品价格在很大程度上影响着消费者的购买意愿和购买数量，很多卖家为了扩大市场会选择低价策略，造成商品之间的定价竞争。但是不论是市场环境变化导致的价格变动，还是同行竞争引起的价格变动，商品本身的质量都是商品定价的基本前提。

- **销售策略**：商品价格通常具有多样性，部分商品的价格常年维持在一个平稳的区间，部分商品的价格却会随着销售环境的变化而变化。以电子产品为例，同一款商品，在推出初期时价格较高，然而随着时间的变化，会逐步调整其价格。

- **商品形象和品牌**：商品形象和品牌也是一个重要的定价因素，商品形象好、品牌知名、口碑好的商品在定价上有一定的价格优势，也容易被消费者接受。

- **经销路线**：商品从原厂到消费者手中，中间可能会经过一个或多个中间商，每一层中间商都会对商品进行定价，然而这种定价是建立在公平合理的基础上，涨幅不可太过夸张。

- **消费者心理**：对消费者心理进行分析也是一种定价方式，如"整数定价""尾数定价""折扣定价"等都属于根据消费者心理进行的定价。

2. 商品定价的技巧和方法

在不同环境中可对商品进行不同的定价，一般来说，整数定价、尾数定价等方法比较常用且适用范围较广，而数量折扣、现金折扣等方式，则可结合不同的销售环境进行使用，下面主要对常用的商品定价技巧进行介绍。

- **整数定价**：整数定价适用于价格较高的一些商品，可以侧面体现出商品的质量，提升商品形象，如价值较高的艺术品等，如图11-17所示。

▪ **尾数定价**：尾数定价是指采用零头结尾的方式对商品进行定价，常以"8""9"等数字作为尾数，给消费者一种价格便宜的感觉，如图11-18所示。

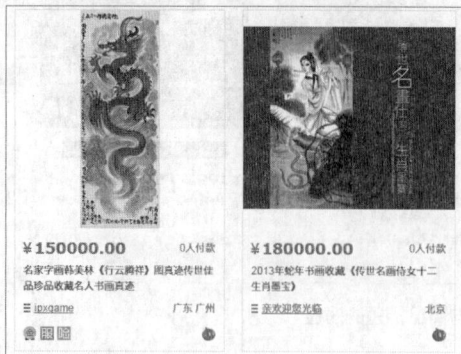

▲ 图11-17 整数定价

▲ 图11-18 尾数定价

▪ **成本加成定价法**：成本加成定价法是指在成本的基础上以相对稳定的加成率进行定价，采用该定价法进行定价的商品，其价格差距一般不会太大。

▪ **习惯定价法**：习惯定价法是指按照市场上已经形成的价格习惯来进行定价。

▪ **数量折扣定价**：数量折扣是指当买家购买的商品数量较多时，给予一定的优惠，如包邮、打折等、满减等。

▪ **现金折扣定价**：现金折扣即降价处理或打折出售，在参与活动、促销、清仓、换季时，即可采用现金折扣的方式对商品进行定价。

经验之谈

为了给商品制定更合适的价格，经营者不仅需要考察市场，还需要对同行商品价格进行分析，然后结合定价方法和技巧设置最合适的商品价格。

11.4.3 图片优化

图片是网店的灵魂，商品点击率和转化率都直接受图片质量的影响，高品质的图片不仅可以提高买家的购物行为，加深买家对商品的印象，还可以表现商品的细节，展示商品的品质，提高商品的成交量。

1. 图片优化原则

对于网店商品而言，视觉效果优秀的图片不仅可以让商品从众多竞争者中脱颖而出，引入更多流量和点击率，还可以刺激消费者的购买欲，从而提高商品转化率。网店经营者必须掌握图片优化的技巧和方法，而要做好商品的图片优化，首先需遵循以下5个原则。

（1）实拍图片

网上购物过程相当于获取消费者信任的过程，在购买网上商品时，消费者的信任感建立在商品实拍的基础上。图片的作用首先是展示商品，方便消费者了解商品信息，这就需要在合适的环境和场景中对商品进行拍摄，增加商品的真实感。如果是服装类商品，还需使用模特实拍图，通过模特的姿势和动作、穿着和搭配，让买家清楚看到商品在实际使用时的试穿效果，图11-19所示为商品实拍和模特实拍图。

▲ 图11-19　商品实拍和模特实拍图

（2）保证图片清晰度

图片的清晰度是网店商品图片最基本的前提，清晰的商品图片，不仅能更加直观地体现出商品的质感和材质等信息，还可以大大提高商品的美观度和视觉冲击力，刺激买家的消费欲望。反之，不清晰的商品图片可能会阻碍消费者了解商品信息，容易将图片质量问题上升成商品质量问题，影响消费者的第一印象和购物体验，从而对商品失去信心。

（3）展示详细细节

商品实拍图可以很好地展示商品的整体效果，让买家清楚商品的外形、颜色、款式等信息，如果想进一步体现商品的质量、性价比和特点，提高买家对商品局部细节的认知，就需要对商品细节进行展示。在展示商品局部信息时，需要对商品有价值的细节进行挖掘，以服装商品为例，有特色的拉链、花边，缝合良好的线缝、衣边，商品Logo、吊牌等都可用于局部细节的展示，如图11-20所示。细节图展示合理，可以加深买家对商品的好感，促成买家的购买。

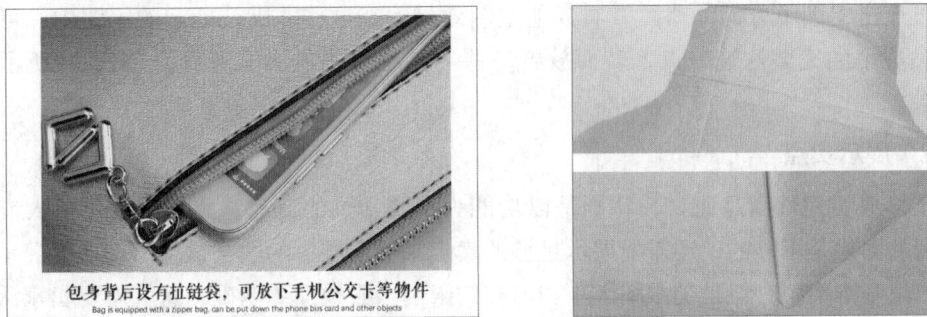

▲ 图11-20　商品细节展示

（4）突出图片重点

不论是什么效果、什么形式的商品图片，商品永远是图片的主体，是图片的重点表现对象，因此在优化商品图片时，一定要分清图片的主次内容。主体对象突出的商品图片，可以快速将买家的注意力引导至商品上，而主次不分的图片，则容易混淆买家的视线，让买家难以第一时间了解所需的商品信息，影响买家的购物体验。为了避免主次混乱的情况，在拍摄商品图片时，应尽量使用干净简洁的背景，不要在镜头中放入太多的陪衬物。

（5）保持美观度

电子商务营销是视觉营销的时代，要想获得优秀的营销效果，必须保持图片的美观度，保证可以第一时间抓住消费者的眼球。根据实际需要，可以在不影响图片效果的前提下添加一些合适的文案内容，图11-21所示分别为主图文案和详情页图片文案。需要注意的是，文案应尽量简洁精练，不能繁杂，否则不仅影响图片的美感度，还会造成买家的视觉疲劳，难以促成交易。

▲ 图11-21　文案搭配

2. 主图优化

淘宝网在展示商品时，通常是商品主图加商品标题的形式，卖家在通过优化商品标题的关键词获得展示机会后，能不能将展示机会转变为点击率，很大程度上取决于商品主图的质量。为了保证主图质量，获得更多点击率，主图优化需做到以下3点。

（1）美观完整

真实性和清晰度是对商品图片最基本的要求，商品主图作为商品流量的"敲门砖"，除了需要真实清晰之外，还必须美观完整。特别是搜索页的第一张主图，必须能够完整的展示出商品主体效果，才能带来有效的点击率。淘宝卖家可以根据实际需要添加多张主图，买家在查看时，可点击主图下方的缩略图查看其他主图效果，在这些非默认展示的主图中，可以不局限于商品展示的完整性这一点，转而放置一些商品细节图供买家查看，图11-22所示为主图展示效果。

（2）展示卖点

对于部分实用性商品而言，特别是以功能为主要卖点的商品，要想最大化引入流量，只凭借美观的图片是不够的，还需要展示足够的卖点来吸引买家的购买欲望。卖点的展示与前面介绍的方法基本类似，但是受主图大小和内容的限制，必须简练明确，这就需要卖家深入分析目标消费人群的特点，抓住他们的需求，挖掘出最适合的商品卖点。一般来说，商品性能、特点、价格、质量、促销信息等都是买家想要了解的信息，只要能把客户的需求和商品的优势完美结合起来，就可以收到良好的效果。以空调为例，用户通常比较关注空调的节能、净化、静音等效果，此时即可针对消费者需求将"超静音、超净化、超节能"展示在商品主图中。图11-23所示为针对目标消费人群的主图展示效果。

（3）环境引导

环境引导是指通过将商品放置到实际使用环境的方式来展示商品，引起买家的代入感，从而提升买家的购物欲望，提升点击率，如服装的街拍主图效果，运动用品的运动主图效果等，如图11-24所示。

▲ 图11-22　查看主图效果　　　　▲ 图11-23　展示卖点　　　　▲ 图11-24　环境引导

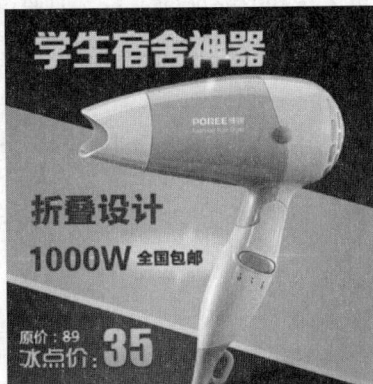

经验之谈

优惠在市场竞争中十分重要，特别是对于低价商品而言，为了吸引客户，可以直接将价格、包邮、满减、限时特价等促销信息展示在主图中。

11.4.4　商品上下架时间优化

商品上下架时间是影响商品排名的因素之一，越接近下架的宝贝，排名会越靠前，对于小卖家或新开设店铺而言，受成本和店铺等级的影响，很多推广活动都无法顺利参加，此时设置商品上下架时间就成了获取商品流量的非常有效的手段。

1．分析商品上下架时间

淘宝网的商品下架周期为7天，即从商品上架开始计算时间，7天后即为商品下架的时间，如果商品的出售状况正常，淘宝系统会继续自动上架商品。商品上下架规律尽可能地给予了所有商品公平展现的机会，但是由于淘宝网的卖家数量非常庞大，导致同一时段下架的商品数量众多，或下架时间设置的不合理，使部分卖家就算设置了商品下架时间，也无法获得良好的展示机会，此时就需要对商品上下架时间进行分析。

（1）分析最佳的商品上架时段

互联网用户在进行网络购物时，不同的消费群体会有不同的消费习惯和消费时间。通过分析行业每天和每周的访问高峰期，可以基本确定消费人群的主要活动时间段，从而有目的性地设置商品上下架时间，引入更多有效的流量，如目标消费群为上班族的商品，其销售高峰期一般是上班族的休息时间和下班时间，在这个时间段里，商品的有效流量最多。淘宝网中提供了很多经营数据分析工具，均可对用户年龄、性别、消费时间等进行分析，从这些分析工具中提取的数据即可作为商品上下架时间的依据。

（2）分析行业上下架情况与店铺上下架的情况

分析行业上下架情况主要是为了避开实力强劲的竞争对手，有针对性地规划商品的上架时间。热门行业中的中小卖家在市场中的竞争力比大卖家低，如果将商品上下架时间设置为与大卖家一致，则很可能在商品下架时也无法获取靠前的排名，而通过分析大卖家的商品上架时间，可以帮助中小卖家避开正面竞争。如果是竞争力较强的买家，则可参与流量高峰期的竞争，实现流量的最大化和有效化。

分析了行业上下架情况、每天流量高峰期以及每周流量高峰期之后，即可将行业情况与店铺经营数据结合起来，分析商品上下架时间的状态和分布情况，对不合理的地方进行调整，尽可能让商品均匀分布在一周中的合适时间，使整个店铺的流量保持较稳定的趋势。

经验之谈

商品上下架时间的分析不仅可用于调整商品上下架时间，还可用于直通车推广中，通过合理的分配实现利益的最大化。

2. 商品上下架技巧

卖家为了更好地引入流量，需要将商品的上下架时间设置在目标消费者的主要消费时间段中，同时避开流量极少的时间段，除此之外，还可通过一些小的技巧来优化商品上下架时间，更好地留住有效流量。

- **时间选择：**一般来说，商品上架应尽量安排在互联网用户的流量高峰期，即互联网用户上网的主要时间段，如早上9:00—11:00、中午12:00—15:00、晚上19:00—23:00均为网上流量较大的时段。当然，具体的时间安排应该以本行业目标消费人群的活动时间为准。
- **商品上架时间分布：**在设置商品上下架时间时，一般以主要的引流商品为主，然后合理分配其他商品的上架时间。需要注意的是，店铺商品不要在相同或较短的时间段内上架，最好合理分布在一周中分批上架，稳定店铺在一周中的搜索排名。
- **结合橱窗推荐：**商品的上下架时间最好能够与橱窗推荐搭配使用，因为橱窗推荐商品的排名会优于其他商品，将接近下架时间的商品设置为橱窗推荐，可以得到更多的展示机会和流量。
- **避免整点上架：**当同类目中的卖家数量较多时，在设置商品上架时间上将会有很大的重复性，而整点上架的商品通常重复性更高，可能会降低商品的展示机会，因此建议避开整点上架。

11.4.5　橱窗推荐

橱窗推荐是提升店铺商品搜索排名的一种方式，是非常有用的商品推广手段，其数量根据店铺的实际情况而定，如加入消费者保障的卖家会额外增加橱窗推荐位，店铺销售情况较好时，淘宝也会适当奖励额外的橱窗推荐位。

橱窗推荐位通常结合商品上下架时间进行使用，一般来说，橱窗推荐的商品均为主要引流商品、销售量大的商品和快要下架的商品，如果需要在引流、销量和即将下架的商品中进行选择，则优先选择销量、评价和排行等综合条件较好的畅销商品，这类商品通常本身就具有一定的流量，再结合橱窗推荐，可以实现流量的最大化。

11.5 疑难解答

搜索引擎的排名与优化是淘宝网店运营中非常重要的部分，直接关系着店铺的销量，是网店经营者必须掌握的知识，下面将主要针对搜索排名与优化部分的问题提出建议，供用户交流学习。

1. 不同商品详情页的图片放置有特别的技巧吗？

答：商品详情页是影响转化率的重要因素，要做好商品详情页优化，前提是了解该商品的目标客户群，下面对一些主要行业的商品详情页图片放置的注意事项进行介绍。

- **服装行业**：服装行业的详情页首先要求较好的视觉效果，即全方位多角度的商品展示图，通常为模特展示图。其次可放置一些细节图、款式和颜色图，还可以放置一些对比图、挂拍图等，图11-25所示为服装商品详情页的部分样式。

- **美妆行业**：美妆行业的目标客户通常比较关注商品的使用效果，包装、真伪、生产批号、功效等都是需要展示的对象，因此美妆行业部分商品一般需要通过图片搭配文案的方式进行展示。此外，还可搭配商品全方位展示图、对比图、商标图、认证证书和质检报告、使用效果对比、商品尺寸等，还可搭配一些实体店图片，增加买家的信任度。图11-26所示为美妆商品详情页的部分样式。

▲ 图11-25　服装详情页

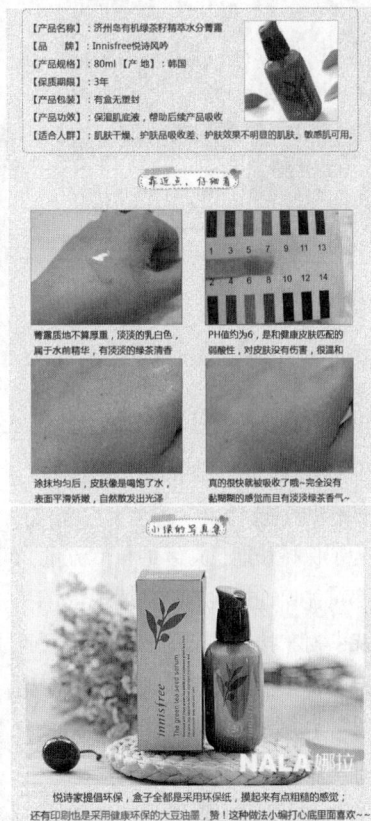

▲ 图11-26　美妆详情页

- **家具行业**：购买家具的客户通常比较关注商品的实拍效果，因此商品实拍图、做工和材质细节图、多方位展示图、商品搭配图、款式图都是比较受卖家欢迎的信息。此外，还可放置一些认证证书和质检报告、商品尺寸、对比图、实体店图等让数据体现得更加完整，图11-27所示为家具商品详情页的部分样式。

- **数码行业**：数码产品的详情页展示首先可以放置商品的全方位多角度展示图、实拍图和细节图等，可搭配文案对商品功能、参数等进行介绍，此外，还可以放置一些尺寸、配件图、材质图等。图11-28所示为数码商品详情页的部分样式。

▲ 图11-27　家具商品详情页

▲ 图11-28　数码商品详情页

2. 橱窗位推荐有哪些小技巧？

答：橱窗位推荐的数量一般都是相对固定的，因此卖家要有选择性地进行橱窗推荐。下面介绍一些橱窗位推荐的小技巧。

- **长期推荐**：为了保持长期且持续的自然流量，可在店铺的引流商品或畅销商品中选择3~5款进行长期橱窗推荐，尽可能保证这些商品的展现量。

- **推荐下架商品**：对于接近下架的商品，可以通过橱窗位优先展示。

- **及时撤销商品**：对于已经过了下架时间的商品，应及时撤销，并推荐其他适合的商品。

- **根据价格推荐**：在进行橱窗推荐时，可以选择一些性价比较高的，具有价格优势的商品，来吸引更多买家，增加流量。

- **做好优化**：对于橱窗推荐的商品，一定要同时做好标题优化和图片优化，这样才可以获得更多的展示机会和流量。为了更好地管理橱窗推荐位，可以选择一些自动推荐或管理工具。

11.6 经典案例——关联营销提高店铺动销率

在管理店铺中销售量非常低的商品时，为了不影响整个店铺的动销率，很多卖家会选择将其下架。其实在下架商品之前，可以尝试增加其销售量。

万成在淘宝经营着一家卖农家腊味的小店铺，他的店铺里，腊味香肠特别受消费者喜欢，每个月的销量一般都有1000以上，但是除了香肠之外的其他商品销量却非常低，每个月只有几单，有时候甚至一两个月也无人问津。

万成很不理解这种现象，找人试吃了熏肉类销量低的商品，得到的评价都很好。既然味道好，价格在同类商品的对比中也比较正常，为什么卖不出去呢？万成请教了一个同样做电商的朋友，对方在看过他的店铺数据后发现，销量低的商品展现量、点击率都非常低，并且由于销量低，自然就缺少商品评价，严重影响了商品的转化率。朋友看万成店铺里主推商品的销量还可以，建议他做一下商品的关联营销，用势头较好的商品带动表现欠佳的商品，实现本店不同商品页间的流量互换。

万成抱着试一试的想法，通过淘宝"心选"做了一些搭配推荐，将香肠和熏肉以折扣优惠的方式限量捆绑出售，并且专门做了一些小包装的熏肉熟食，赠送给只购买了香肠的买家品尝。果然有些买家冲着诱人的优惠购买了搭配套装，食用后觉得熏肉味道非常好，纷纷给出了好评。试吃过熏肉的香肠买家，也有不少返回店铺购买了熏肉。熏肉的销量慢慢有了提高，但是距离畅销还远远不够，万成再一次听从了朋友的建议，筛选了一些店内UV、成交量、停留时间各项数据都比较不错的商品，在详情页中做了相关的宝贝推荐。

万成就靠着这种"以高带低"的方式带起了店铺滞销商品的销量。整个店铺有销量的商品多了，店铺动销率就变高了，对店铺的排名也非常有利。

总结：关联营销是一种非常有效的实现店铺流量互转的推广方式，卖家可以针对不同的消费群体，推送本店铺的不同商品或活动信息，达到"给合适的人推荐合适的信息"这种定向推广效果。当然，关联营销并不是盲目关联的，所关联商品必须要有发展潜力，要能够被买家承认和认可，不可强行搭配质量不好或不受买家欢迎的商品。

11.7 高手进阶

（1）通过选词助手搜索和下载"牛肉干"关键词，然后对行业关键词进行分析，确定一个合适的商品标题。

（2）在淘宝网中寻找与运动有关的商品的详情页布局，然后根据详情页优化的相关知识对详情页进行分析。

（3）分析"数码相机"类目的行业信息，了解该类目下热销商品的上下架时间以及目标消费群的消费行为，从而制定出适合中小卖家店铺商品的上架时间。

第4篇 管理售后

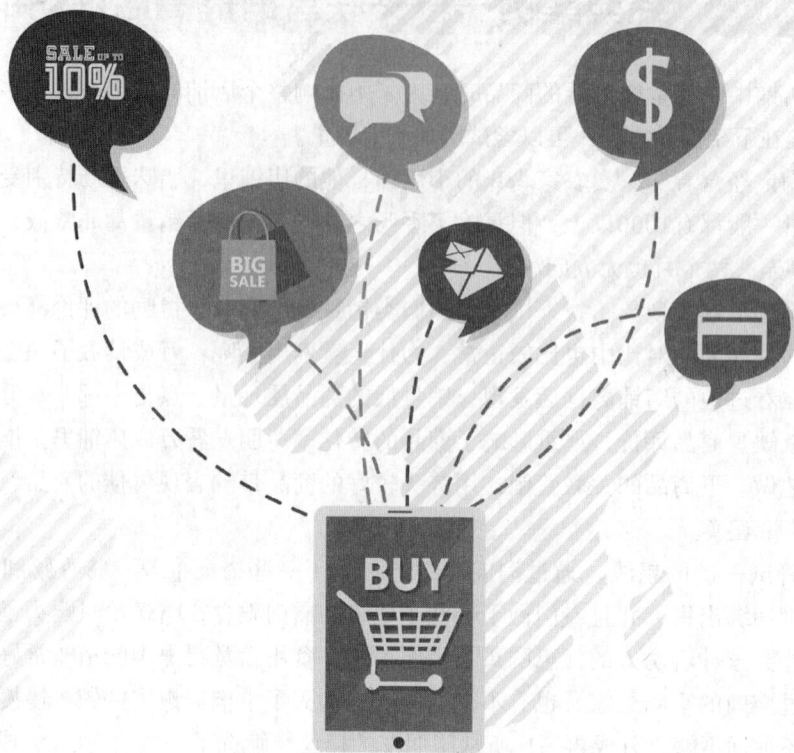

第12章
网店物流与仓储

物流配送是网店销售过程中的一个重要部分，直接关系着店铺的评价，网店经营者在开店之前，必须对不同快递公司的信息进行调查和了解，包括价格、质量、速度和包装等。本章将主要介绍物流的选择方式、物流设置和仓储管理等知识，通过本章的学习，可以帮助读者熟悉网店常用的主要物流方式以及物流设置和管理的基本知识。

12.1 物流的选择

网店经营作为一种构建于网络之上的商务模式，其商品的流通基本都是依靠物流来完成的，作为一个网店经营者，首先必须了解网店物流的类型和选择方式。

12.1.1 网上商品的主要发货方式

现在提供物流服务的公司非常多，淘宝网中集合了各种类型的物流方式，主要包括快递、EMS快递、平邮和物流托运4种类型。

1. 快递

快递发货是目前淘宝网中的商家采用最多的一种物流发货方式，快递的发货速度快，价格比较固定适中，支持上门取货和送货上门，同时还可通过网络跟踪商品物流的进度，为买卖双方的货物收发都提供了很大的便利。随着物流的发展，现在的快递公司内部管理结构越来越完善，服务质量提升较大，物流行业的发展也越来越快，比较常见的快递公司有顺丰、申通、圆通、韵达、中通和宅急送等，如图 12-1 所示，其服务模式基本类似，根据需要进行选择即可。

▲ 图12-1　快递公司

经验之谈

在发货前，卖家首先应该确认会为买家所在地提供快递服务的公司，可以询问买家，也可以自己查询快递公司的服务范围。若是常用快递公司不提供买家所在地的物流服务，则需要联系买家，告知物流方式需要更改。发货后，要注意关注商品的物流情况，查看买家的收货情况，确定物流正常。

2. EMS快递

EMS快递即邮政的特特专递服务，在中国境内是由中国邮政提供的一种快递服务，同时提供国际邮件快递服务。EMS快递的运送范围很广，可送至各个地方，速度较快，运送安全，支持送货上门，可在网络中跟踪物流信息，如图12-2所示。

▲ 图12-2　EMS

3. 平邮

平邮是邮政中寄送信与包裹业务的总称，寄送时间一般比较慢，资费视距离和重量而定，也可以通过网络查询投递情况。选择平邮的卖家，一般可以自己完成对商品的打包，针对商品的情况，也可选择一些保障服务，如保价、回执等。由于平邮需要的时间一般比较长，所以选择平邮的卖家不多，但是平邮的寄送范围非常广，针对一些其他快递没有提供物流服务的区域，则需要使用平邮。

4. 物流托运

不方便使用物流运送的大件物品，或超重物品，可以使用物流托运。在托运之前必须对物品进行完善的包装和标记。一般来说，物流托运主要有汽车托运、铁路托运和航空托运等形式，其托运所需的时间为汽车较长，铁路次之，航空最快，托运价格则是航空最贵，铁路较便宜。在进行托运时，要注意备注好联系方式。

经验之谈

现在有很多提供托运服务的物流公司，也可直接委托这些物流公司完成托运。在委托物流公司进行托运时，要事先对物流托运公司进行了解，以免出现货物丢失、货物破损等情况。

12.1.2　如何选择适合自己的物流

电子商务的快速发展带动了物流行业的发展，现在的物流服务，不仅服务范围越来越广，加入这个行业的企业也越来越多，难免出现良莠不齐的情况。在这个鱼目混杂的物流环境中，网店经营者在初期选择快递公司一定要十分慎重，快递安全、服务质量、发货速度和价格等因素都需优先考虑。

1. 快递安全

物流安全是网店经营者必须考虑的问题，丢件、物品破损等情况会严重损害店铺的服务质量，引起买家的强烈不满。为了保证商品的安全，对于贵重物品可以选择EMS，并进行保价，从而保障货主的利益。在选择其他快递服务时，要有购买保险的意识，同时需要了解理赔服务。此外，还可对物品进行保护安装，在包装箱上标注易碎、轻放等字样，叮嘱快递公司注意保护等。

对于易碎、易损坏的商品，卖家不仅需要进行多重的保护，叮嘱快递公司安全运送，还需提醒买家在签收之前先进行验货。

2. 快递价格

快递价格与成本息息相关，为了降低成本，很多卖家都愿意优先选择价格更低的快递服务，这当然无可厚非，但也绝不能一味盲目地以低价为标准，如果低价的物流服务是以物流质量低为代价，那么卖家将得不偿失，因此需对快递公司进行详细对比。首先，了解想要选择的快递公司，通过每个快递公司的官方网站查询快递公司的基本资料、联系方式等，筛选出综合质量良好的快递公司。其次，选择负责自己所在地的各个快递公司的网点，与负责该区域的快递员沟通价格，可以在对比多家之后再做决定。最后，如果合作愉快，可以适当地进行沟通，尽量拿到比较低的友情价格，降低自己的成本。

3. 发货速度

在网上进行购物的顾客，通常对物流的速度快慢非常在意，物流速度快，会非常容易赢得买家的好感，反之，则容易引起买家的不满甚至投诉。作为网店经营者，一定要注意快递的发货速度，首先自己发货的速度要快，其次快递揽件并发货的速度也要快。由于快递公司在不同地区的网点一般都采用独立核算的方式，因此不同地区的快递网点，其服务质量、速度等可能都不一样，卖家最好亲自考察并对比自己所在地区域的快递发货速度，选择比较优秀的网点。

4. 服务质量

服务质量也是网店经营者挑选快递服务的标准之一。快递行业作为服务行业之一，应该具备服务行业的精神，遵守服务行业的准则。质量好的快递服务，会给买家带来舒适的服务体验，从而增加买家对网店的好感度。

12.2 物流设置

在淘宝网店中，卖家需要进行物流设置后才可为买家发货，包括服务商设置、运费模板设置、编辑地址库等，下面分别进行介绍。

12.2.1 服务商设置

淘宝网店中提供了很多服务商，卖家可以选择自己常用的快递服务商并进行开通，其方法为登录淘宝卖家中心，在"物流管理"栏中单击"物流工具"超链接，进入物流工具管理中心，在该页面中可以查看现在主流的物流服务商，单击选中需要开通的服务商前的单选项，然后单击其后的 开通服务商 按钮即可，如图12-3所示。如果卖家在设置服务商时没有编辑过地址库，则首先要对地址库进行编辑，才可以设置物流服务商。

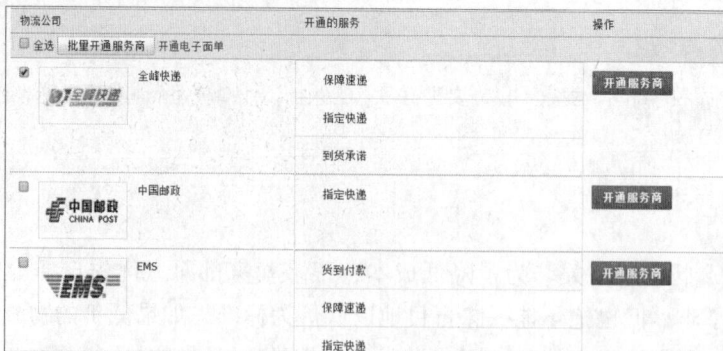

▲ 图12-3 选择服务商

12.2.2 运费模板设置

由于网店中的买家来自各个不同的地区，而不同地区的快递服务费用经常也不一样，因此卖家需要对运费模板进行设置，从而对不同地区的买家的运费进行区分。下面介绍淘宝网中运费模板的设置方法，其具体操作如下。

扫一扫 实例演示

STEP 01 登录淘宝卖家中心，在"物流管理"栏中单击"物流工具"超链接，进入物流工具管理中心，在右侧页面中单击"运费模板设置"选项卡，在该页面中单击 新增运费模板 按钮，如图12-4所示。

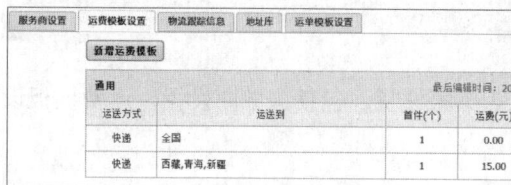

▲ 图12-4 设置运费模板

STEP 02 打开"新增运费模板"编辑页面，在"模板名称"文本框中输入模板的名称，并依次设置"宝贝地址""发货时间"等信息，单击选中"自定义运费"单选项，然后根据实际情况单击选中"按重量"单选项或"按件数"单选项，如图12-5所示。

经验之谈

根据区域的不同，卖家可以设置不同的运费模板，在寄送时，直接根据寄送地址选择相应模板即可。

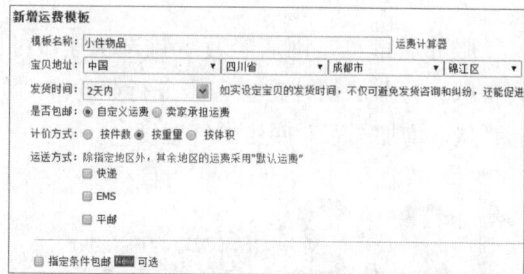

▲ 图12-5 设置基本信息

经验之谈

在设置计价方式时，可以根据实际情况进行选择，如果店铺经营的是小件商品，可以选择"按件数"或"按重量"计价，如果体积较大的商品则可以"按体积"计价，在设置价格时，建议根据快递服务商的价格标准进行设置。

STEP 03 单击选中"快递""EMS""平邮"复选框，在其下方打开的表格中填写相关运费信息，如图12-6所示。

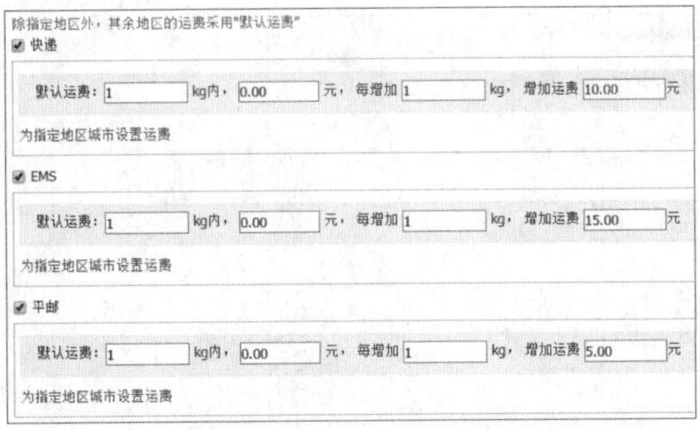

除指定地区外，其余地区的运费采用"默认运费"

☑ 快递

默认运费：1 kg内，0.00 元，每增加 1 kg，增加运费 10.00 元

为指定地区城市设置运费

☑ EMS

默认运费：1 kg内，0.00 元，每增加 1 kg，增加运费 15.00 元

为指定地区城市设置运费

☑ 平邮

默认运费：1 kg内，0.00 元，每增加 1 kg，增加运费 5.00 元

为指定地区城市设置运费

▲ 图12-6 填写运费信息

💬 **经验之谈**

如果网店中商品的运费不随着重量、数量或体积的增加而增加，可将运费都设置为"0"，然后单独设置指定地区的运费模板。

STEP 04 单击"为指定地区城市设置运费"超链接，添加一个模板，单击"发送到"栏的"编辑"超链接，在打开的对话框中设置需特别指定运费的区域，单击 确定 按钮，然后设置这些特定区域的价格，如图12-7所示。

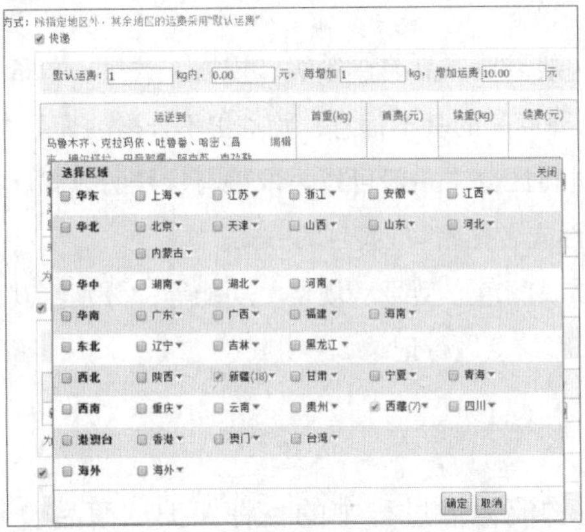

▲ 图12-7 设置指定区域的运费

12.2.3 编辑地址库

地址库即卖家的地址，当需要发货或买家申请退货时，则需要卖家的地址。编辑地址库的方法为：登录淘宝卖家中心，在"物流管理"栏中单击"物流工具"超链接，进入物流工具管理中心，在右侧页面中单击"地址库"选项卡，在打开的页面中填写相关信息，如图12-10所示，填写完成后单击 保存设置 按钮即可。

STEP 05 按照该方法依次设置EMS和平邮的指定区域运费模板，单击选中"指定条件包邮"复选框，在打开的表格中可设置满足指定条件后包邮，在"选择地区"栏中可设置包邮地区，在"设置包邮条件"栏中可设置包邮条件，设置完成后单击 保存并返回 按钮，如图12-8所示。

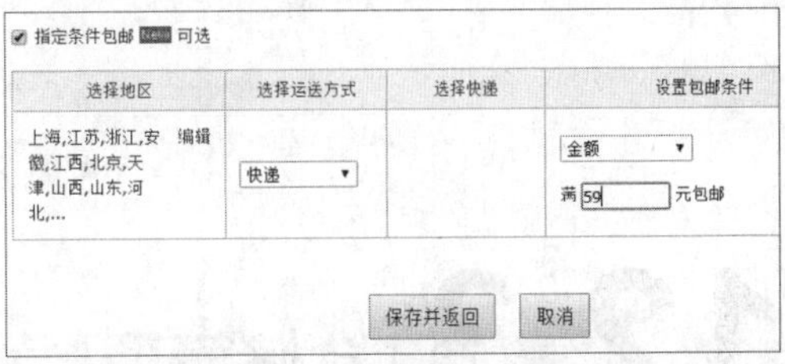

▲ 图12-8 设置指定条件包邮

STEP 06 返回物流工具管理中心，即可查看已经设置完成的运费模板，如图12-9所示。在寄送商品时，选择该模板名称即可应用。

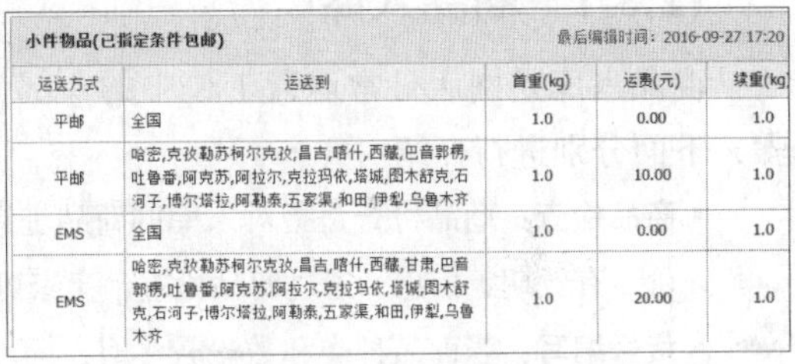

▲ 图12-9 查看模板

💬 **经验之谈**

在运费模板上方单击"修改"或"删除"超链接，可对模板进行重新编辑，或将模板删除。

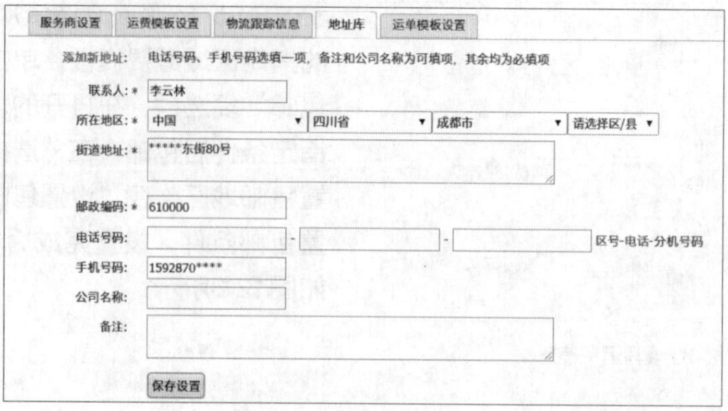

▲ 图12-10　编辑地址库

12.3　仓储管理

仓储管理即对仓库和仓库中储存的物资进行管理，仓储管理是物流管理中非常重要的一个部分，仓储不仅是对商品进行保管，还是仓库物资的流转中心。作为网店经营者，需对仓储管理有一个基本的了解。

12.3.1　商品入库

商品入库是网店日常运营工作中的一部分，一般包括商品检查、货号编写和入库登记3个步骤，下面分别进行介绍。

- **商品检查：** 商品检查是指对入库的商品进行检查，一般需检查品名、等级、规格、数量、单价、合价、有效期等信息，通过商品检查，卖家可以了解入库商品的基本信息，筛选出不合格的商品。
- **货号编写：** 当商品种类和数量较多时，需要对商品进行区分，一般可以采取编写货号的方式。在编写货号时，可以采用商品属性和名称+编号、商品属性或名称缩写+编号的方式。
- **入库登记：** 入库登记是指按照不同商品的属性、材质、颜色、型号、规格、功能等，分别将其放置到不同的货架中，同时编写入库登记表格，对商品入库信息进行记录。

12.3.2　商品包装

商品包装不仅方便物流运输，同时也是对商品在物流运输过程中的一种保护。商品包装一般需要根据实际情况而定，不同类型的商品，其包装要求也不一样，当然，卖家也可以对商品包装进行美化，提高物流质量，增加买家好感度。

1.　常用包装方法

商品包装是商品的一部分，反映着商品的综合品质，商品包装一般分为内包装、中层包装、外包装3种。

（1）内包装

内包装即直接包装商品的包装材料，主要有OPP自封袋、PE自封袋和热收缩膜等。一般商品厂家已经进行了商品的内包装。

- **OPP自封袋**：OPP自封袋透明度较好，材料比较硬，可以保证商品的整洁性和美观性，文具、小饰品、书籍、小电子产品等小件商品均可使用OPP自封袋进行内包装，如图12-11所示。
- **PE自封袋**：PE自封袋比较柔软，主要用于防潮防水、防止物品散落等，可反复使用，明信片、小样品、纽扣、散装食品、小五金等都可以使用PE自封袋进行内包装，如图12-12所示。
- **热收缩膜**：热收缩膜主要用于稳固、遮盖和保护产品，效果类似于简单的抽真空，很多商品外覆的透明保护膜即为热收缩膜，如图12-13所示。

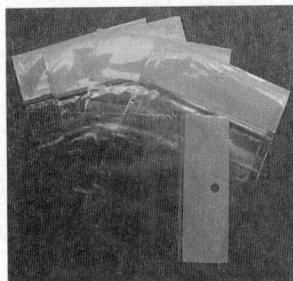

▲ 图12-11　OPP自封袋　　▲ 图12-12　PE自封袋　　▲ 图12-13　热收缩膜

（2）中层包装

中层包装通常指商品与外包装盒之间的填充材料，主要用于保护商品，防止运输过程中的商品损坏，报纸、纸板、气泡膜、珍珠棉、海绵等都可以用作中层包装。

- **报纸**：如果商品不属于易碎品，且不容易产生擦痕等，可使用报纸进行中层包装，主要起到防潮作用。
- **气泡膜**：气泡膜是一种十分常见的中层包装材料，它不仅可以保护商品，还可以防震防压防滑，数码产品、化妆品、工艺品、家具、家电、玩具等都可以使用气泡膜作为中层包装材料，如图12-14所示。
- **珍珠棉**：珍珠棉是一种可以防刮防潮的包装材料，也可进行轻微的防震，薄的珍珠棉可以包裹商品，厚的珍珠棉可用于填充、做模和固定商品等，如图12-15所示。
- **海绵**：海绵是非常柔软的一种材料，可用于包裹商品，也可以作为填充材料，如图12-16所示。

经验之谈

卖家在选择中层包装材料时，可根据实际情况进行选择，灵活使用各种填充材料，如包装水果的网格棉也可用于其他小件商品的包装或作为填充材料使用。

▲ 图12-14　气泡膜　　▲ 图12-15　珍珠棉　　▲ 图12-16　海绵

（3）外包装

外包装即商品最外层的包装，通常以包装袋、包装盒、包装箱、包装纸等为主，下面对常见的外包装材料进行介绍。

- **包装袋**：包装袋是一种比较柔性的包装方式，韧性较高，且抗拉抗磨，主要有布袋、纸袋等形式，一般如纺织品等柔软抗压的商品可采用包装袋进行包装，如图12-17所示。
- **编织袋**：编织袋主要用于包装大件的柔软商品，在邮局、快递、物流等多种场合都十分常见。
- **复合气泡袋**：复合气泡袋是一种内衬气泡膜的包装袋，具有较好的防震效果，书籍、相框等物品均可使用复合气泡袋进行包装，如图12-18所示。

▲ 图12-17　包装袋

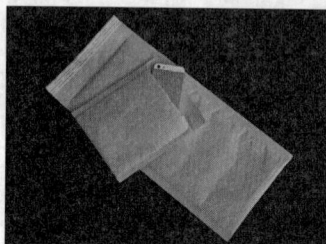

▲ 图12-18　复合气泡袋

- **包装盒**：包装盒是一种具有较好的抗压强度的包装材料，不易变形，多呈几何形状，糖果、巧克力、糕点等小件物品使用包装盒的概率较高，如图12-19所示。
- **包装箱**：包装箱与包装盒类似，通常体积较大，包装量较大，使用范围比较广，主要用于固体货物的包装，非常适合作为运输包装和外包装的材料，如图12-20所示。

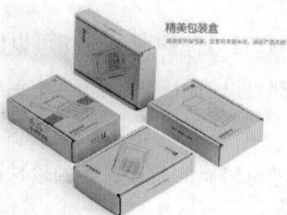

▲ 图12-19　包装盒

▲ 图12-20　包装箱

2. 包装时的小技巧

在包装商品时，有心的卖家可在包装箱上做一些贴心小提示，不仅可以提醒快递员注意寄送，还可以宣传一下自己的店铺。此外，为了提升买家的好感度，还可送一些贴心卡片、小礼品，或使用具有个性特色可以迎合目标消费群的包装箱等，如图12-21所示。

▲ 图12-21　包装小技巧

12.3.3　商品出库

商品出库是指仓库根据商品出库凭证，按所列商品编号、名称、规格、型号、数量等，准确、及时、保质保量地发给收货方的一系列工作。对于淘宝网店而言，商品出库主要包括选择物流公司、联系快递员取货和填写并打印物流信息等主要步骤。

- **选择物流公司**：当收到出库通知时，首先需要核对出库商品的信息，并根据商品信息提取对应的商品，填写商品出库表，登记商品出库信息，选择物流公司。
- **联系快递员取货**：根据商品所在地区联系物流公司该区域的快递网点，通知快递前往取货。
- **填写并打印物流信息**：填写商品的物流单，记录并打印商品的物流信息，方便对物流信息进行保存和跟踪。

12.3.4　物流跟踪

将商品包装好并交给物流公司负责运输后，卖家还应时刻关注和监督物流公司的发货和运输信息，对物流情况进行跟踪，保证商品可以在最短的时间内到达买家手中，避免因物流速度过慢而引起买家的不满。通过淘宝后台的卖家中心即可对物流情况进行跟踪，其方法是：登录淘宝网，在"卖家中心"页面中单击"物流管理"栏中的"智选物流"超链接，在打开的页面中即可查看当前所有订单目前的物流状态，如图12-22所示。

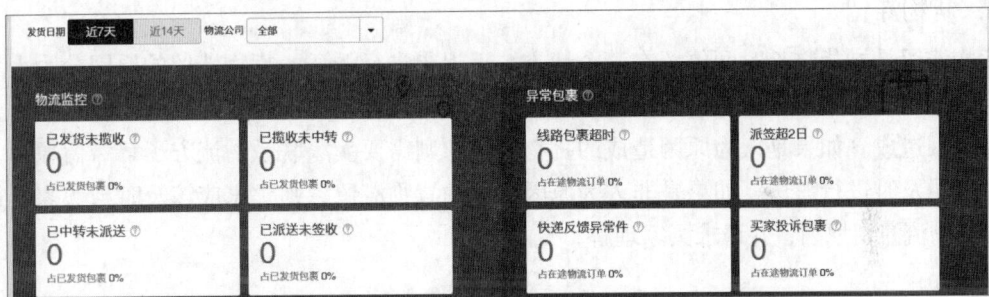

▲ 图12-22　物流跟踪

12.3.5　货物维护

在快递运输的过程中，有可能会出现货物丢失、货物破损、货物滞留等情况，此时，卖家必须及时了解货物的物流情况，与物流方取得联系，并快速实施相应的解决方案。

1. 货物丢失

货物丢失属于物流中比较严重的问题，出现货物丢失的情况时，卖家一定要与物流方进行沟通，及时对货物丢失的详细情况进行了解。一般来说，货物丢失分为人为和非人为两种情况，如果是人为原因造成的货物丢失，则需追究责任人的责任。为了防止这种情况的发生，卖家在进行商品包装时，特别是包装电子商品等贵重商品时，一定要做好防拆措施，并提醒买家先验收再签字，将风险降至最低。如果是非人为原因造成的货物丢失，那么可以要求快递公司对商品的物流信息进行详细排查，检查是否遗漏在某个网点，如果确实找不到了，可以追究快递公司的责任。

不管是何种原因造成的货物丢失，都可能延长买家收到货物的时间，为了避免纠纷，在商品出现丢失情况时，卖家应该告知买家，并与之协商好处理办法，如果买家不接受该情况，卖家则要尽快重新发货。

2. 货物破损

货物破损是一种非常影响买家好感度的情况，商品包装不当、快递运输不当等都可能导致货物破损情况的发生。为了预防这一情况，卖家在包装商品时，一定要仔细严谨，选择合适的包装材料，保证货物在运输过程中的安全。如果是运输不当的问题，则需要追究快递公司的责任。

对于买家而言，收到破损商品是一件非常影响情绪的事情，这可能直接导致差评的产生，因此买家一定要重视商品的合理包装，如果是易碎易坏商品，则要告知快递员小心寄送，并在包装箱上做出标识。

经验之谈

货物丢失和损坏不仅会影响物流质量，还会造成买家、卖家、快递公司等多方损失，处理起来既耗时又烦琐，卖家一定要注意避免，选择服务质量更好的快递公司，并确保商品包装的安全。

3. 货物滞留

货物滞留是指货物长时间停留在某个地方，迟迟未进行派送。货物滞留的原因分为人为和非人为两种情况，其中人为滞留多由派送遗漏、派送延误等问题引起，非人为原因则多由天气等客观原因造成。如果是人为原因造成的货物滞留，则需要卖家联系物流方了解滞留原因，催促快递公司及时进行派送。如果是非人为原因造成的货物滞留，则卖家应该及时与买家进行联系，告知物流滞留原因，并请求买家理解。

经验之谈

物流配送质量是商品好评中非常重要的一个因素，为了保证货物的及时配送，卖家可以跟快递员拉近关系，让快递员优先配送。

12.4 疑难解答

物流管理和仓储管理是电子商务中比较重要的一部分，作为一名网店经营者，必须对其有个大致的了解，下面笔者将主要对电子商务中仓储管理的一些疑难问题进行介绍。

1. 不同类型的商品要如何包装？

答：一般来说，根据商品的不同，其包装技巧也不一样，下面分别对不同类型的商品包装技巧进行简单介绍。

▪ **服饰类商品：**服饰类的商品在包装时一般需要折叠，多用包装袋进行包装，为了防止商品起皱，可用一些小别针来固定服饰，或使用硬纸板来进行支撑，为了防水，还可在服饰外包装一层塑料膜。

- **首饰类商品**：首饰类商品一般直接用大小合适的首饰盒进行包装，如果是易碎、易刮花的首饰，还应可以使用一些保护材料对首饰单独进行包裹。

- **液体类商品**：化妆品、酒水等液体类商品都属于易碎品，必须非常注意防震和防漏，必须严格检查商品的包装质量。在包装这类商品时，可使用塑料袋或胶带封住瓶口防止液体泄漏，用气泡膜包裹液体瓶子或在瓶子与原包装之间进行填充，在外包装纸与商品的间隙中也需填充泡沫等材料。

- **数码类商品**：数码产品一般价格比较昂贵，因此一定要注意包装安全，一般需要使用气泡膜、珍珠棉、海绵等对商品进行包裹，同时还需使用抗压性较好的包装盒进行包装，避免运输过程中被挤压损坏。建议对数码商品进行保价，提醒买家验货后再确认签收。

- **食品类商品**：食品类包装必须注意包装材料的安全，即包装袋和包装盒必须清洁、干净、无毒。部分食品保质期时间较短，对温度要求也较高，包装这类商品时要注意包装的密封性等，收到订单后应尽快发货，尽量减少物流时间。

- **书籍类商品**：书籍类商品的防震防压性都比较好，主要需注意防水防潮的处理，一般可使用包装袋或气泡袋进行封装，再使用牛皮纸或纸箱进行打包。

2. **贵重物品的快递技巧有哪些？**

答：对于卖家而言，贵重物品出现物流问题通常都会带来很大的损失，因此一定要格外注意，一般来说，寄送贵重物品时可以遵循以下几点。

- **挑选快递公司**：寄送贵重物品应该挑选信誉较好、服务质量较好的快递公司，不建议选择知名快递公司的代理公司。

- **运单填写**：在填写贵重物品的快递单时，货物描述中建议不写货物的具体名称，比如珠宝类商品，可以填写为饰品。

- **包装标识**：为了防止快递包装被私自拆开，可以在外包装上做一些标识，如在箱子底部贴一些与商品或店铺有关的小贴士等。

- **包装**：贵重物品一定要注意防震防刮防水防压，一般需要将包装盒中的空间填满，防止商品在运输过程中晃动，还可起到防震防水的作用。

- **保价**：贵重商品建议一定要进行保价，保价时了解清楚保费、赔偿以及保险公司等信息。

- **先验收再签字**：售出贵重物品时，卖家一定要提醒买家先验收再签字，否则如果出现商品损坏的情况，非常容易引起耗时耗力的纠纷。

12.5 经典案例——好物流成就好口碑

小青是一名在校大学生，在淘宝网开了一家小店，想利用闲暇时间卖一些自己制作的手工制品，有书签、发簪、发夹、手链等女孩子比较喜欢的小饰品，也接受一些不太复杂的定制服务，帮客户制作一些动漫饰品、动漫道具等。

小青店铺的买家不多，最初只有同校或周边学校的一些同学委托她做一些小东西，后来慢慢有了一些其他客户。有了其他客户，势必就需要邮寄商品。小青是个很细心的女孩子，为了防止商品被压坏，每一个包裹都包装得很仔细，除了使用气泡膜层层包裹商品之外，还贴上小便签提醒快递注意，比如"亲爱的快递小哥，这个盒子里面装着一个可爱的妹子的宝贝，它很脆弱，请你像保护小鸟一样保护好它哟！"小青还制作了一些手工的封条，上面画了一些可爱的卡通图案，用马克笔写着"萌之封印"之类的字，每次在包装商品时都将封条端端正正地贴在包装盒上。

由于小青的买家都是年龄相差不大的同龄人，在收到商品看到包装上的便签和封条后，油然升起亲切感和认同感，连带着对店铺产生极大的好感，纷纷给出好评。评论区经常能看到"店家制作的便签好贴心，画的画也非常萌，好评！""天啦店家好萌，画的画萌，写的字萌，整个儿一个大写的萌！"之类的评论。在小青店铺购买手工制品的买家，多为喜欢动漫文化的年轻人，她们有自己娱乐的圈子，也认识很多爱好相同的朋友，觉得小青的手工制品做的好，服务态度好，就经常介绍朋友也来购买。这些被介绍来的买家无一例外，均给了小青五星好评。

几个月时间，几百单交易，没有一个差评。小青靠着在物流包装上的一些小心思，竟然把店铺做到了好评率100%。跟小青一样经营同类型店铺的卖家有很多，但大部分没有小青出色，小青说店铺这点小成绩完全是因为自己运气好。其实不然，小青的脱颖而出并不能归类于巧合和偶然，服务质量是淘宝网店综合评价中非常重要的一个因素，也是买家体验度的主要指标，真正贴心的卖家，真正贴心的服务，买家自然能够体会出来。

总结：对于网店而言，物流服务并不仅仅是指物流运输的过程，商品包装、物流跟踪、物流运输和快件派送等都属于物流服务的范畴。作为一名淘宝卖家，为了店铺的高好评率，必须在对待物流服务的问题上狠下一番功夫，为买家提供他们真正需要、能够打动他们的服务。

12.6 高手进阶

（1）通过网络查询现在主流的快递公司，收集各个快递公司的服务质量、物流速度、价格、安全性等信息，并分析它们的优缺点。

（2）登录淘宝卖家中心，进入物流工具管理中心，根据了解的快递公司信息选择并开通相应的快递服务。

（3）在淘宝后台系统中的物流工具管理中心新建运费模板，模板名称为"通用免邮"，设置新疆西藏地区的运费为10元，其他地区免邮。

（4）在淘宝后台系统中的物流工具管理中心编辑地址库，填写地址、联系方式、联系人、邮政编码等信息。

（5）了解商品入库、商品包装和商品出库的相关知识，熟悉货物丢失、货物损坏、货物滞留的处理方法。

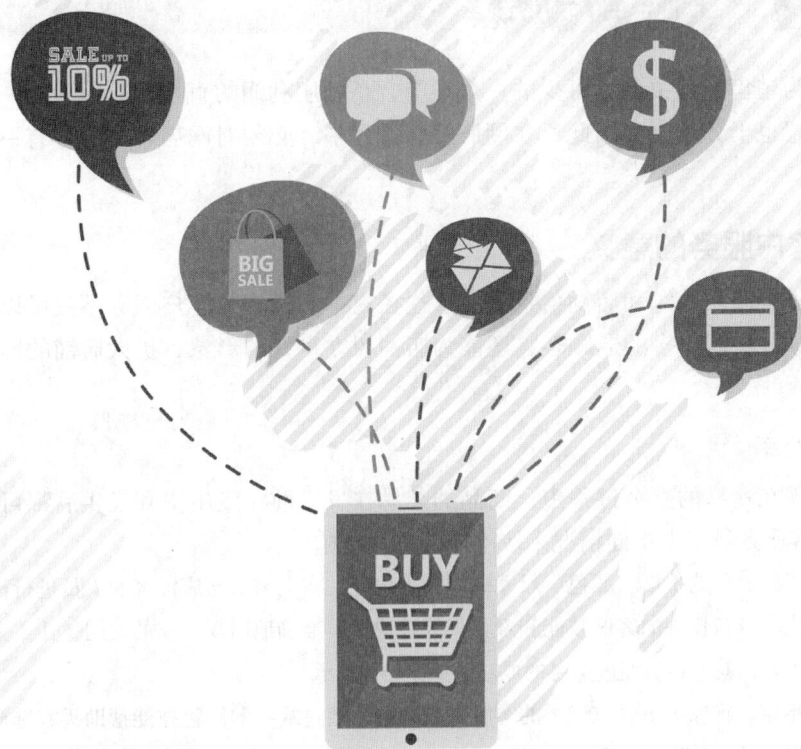

第13章
网店客服与售后服务

商品的售后服务是营销中非常重要的环节，不论是线下实体店还是网上商店，都对客服的质量要求非常严格。客服的质量好坏直接影响着消费者的消费体验和消费行为，与商店的营销业绩和长远发展息息相关。本章将主要针对客户服务、客户服务流程、顾客投诉处理、客户关系管理、客服人员管理等网店经营中常见的客服知识进行介绍，通过本章的学习，读者可以了解和掌握网店客户服务的基本内容和客服管理方式。

13.1 了解客户服务

客户服务作为销售过程中必不可少的一个环节，是网店利润的直接转化因素之一，在网店权重中所占的位置也十分重要。因此，在网店经验过程中，必须对网店客户服务有一个充分的了解。

13.1.1 客户服务的意义

客服是买家了解商品信息和店铺信息的主要途径之一，优秀的客户服务不仅可以提高交易成功率，留住卖家并发展更多的老顾客，还能为店铺树立良好的形象，扩大店铺的影响力和知名度。

1. 提高成交率

客户服务体现在交易的整个过程中，商品的交易在发生前、发生中和发生后都可能需要客户服务，这需要客服人员根据不同情况采取不同的处理措施。

- 当买家为了了解商品的价格、颜色、尺寸或物流等信息，在交易前与店铺客服人员进行沟通时，如果在线客服人员具备良好的客服技能和素养，能够快速、准确地回复买家的疑问，让买家及时了解想要知道的内容，就更容易促进交易的成功，如图13-1所示。
- 当买家选择不定、犹豫不决时，优秀的客服人员也可以通过娴熟的销售技能帮助买家选择更适合的商品，从而促进买家的购买行为。
- 当买家提交了订单但迟迟未付款时，客服人员需要主动与买家进行联系，以温和的方式对买家进行催付，主动向买家确定收货地址、联系方式、商品信息等，促进交易的进程。
- 当买家在使用商品的过程中出现了问题向店铺提出投诉时，客服人员需要及时提出解决方案，安抚顾客情绪，挽回差评，提高店铺动态评分。

▲ 图13-1 交易之前的客户服务

2. 提高客户回头率

良好的购物体验是决定客户是否重复购买的重要因素之一，当客户在店铺中进行了一次购物体验，对店铺的服务态度、商品、质量、物流、速度和售后服务等有了不错的评价后，就可能收藏店铺，成为回头客。当买家收藏了店铺后，此后在购买相同商品时就会优先选择收藏的店铺，同时还能带动店铺中其他商品的销量，增加店铺的总体销售额。对于没有收藏店铺习惯的客户，当再次搜索相关商品时，淘宝网也会优先显示已购买的店铺，如果客户在该店铺的购物体验良好，也会再次选择已购买过的店铺，而不必花费更多时间重新选择，如图13-2所示。

▲ 图13-2　购买过的店铺

3. 塑造店铺形象

网店与实体店不同，在网店中进行购物行为时，买家在收到商品之前无法切实地触摸到商品，因此很容易产生顾虑，特别是价值较高的商品，其顾虑越重。当消费者对商品存在顾虑时，便可以通过客服人员与其进行交流，感受卖家的态度和诚意，通过客服人员对商品的专业讲解和相关售后保证来建立买家的信任感，消除买家心中的疑虑，使买家感觉安全可靠，从而树立起店铺在买家心中的形象。随着顾客对服务要求的逐渐增加，服务质量和售后质量在交易活动中所占的地位越来越重，优秀、别致和贴心的客户服务甚至成为了店铺的标志之一，非常利于扩大店铺的影响力。

> **经验之谈**
>
> 交易是由买卖双方共同完成的，优秀的客户服务在交易过程可以为买卖双方都带来便利，不仅为店铺带来良好的收益和影响力，还方便了顾客的购买过程，是"双赢"的一种体现。

13.1.2　客户服务的沟通原则

客户的类型虽然多种多样，但在与不同类型的客户进行沟通的过程中，需要遵循的一些基本沟通原则是类似的，一般以避免与客户发生冲突、不消极对待交易对象和过程为最基本的准则，下面针对客服人员应该掌握的基本沟通原则进行介绍。

1. 提供礼貌热情的服务

任何服务行业都遵循着一个相同的共识"顾客是上帝"。"微笑服务"不仅是实体店的客服礼仪，在网店中也尤其重要，一个优秀的网店客服必须让顾客在交流过程中能感受到良好的礼仪和热情的态度。

- **礼貌用语**：对于网店客服而言，礼貌的用语不仅是指语言上的温和、亲切和礼貌，还必须将热情的服务态度也展现出来。一般在对待主动咨询的买家时，不宜采用"你要买什么""什么事"等冷硬的用语，善用"您好""请"等常见礼貌用语，可以拉近与买家的距离，使买家感到亲切，这样更容易与买家建立起和谐友好的氛围，优化购买过程。

- **善用表情和图片**：表情和图片是聊天中非常常见的一个因素，非常利于活跃气氛、表达情绪，在交流过程中使用笑脸、玫瑰、害羞、飞吻等表情，可以适当地调节气氛，让买卖双方的沟通变得更愉快轻松，如图13-3所示。

▲ 图13-3　交流用语和善用表情

2. 换位思考

换位思考是指客服在与买家的沟通交流中，应该设身处地站在买家的立场上来考虑问题，将买家当作自己的朋友，思考和理解买家的实际需求，不要将自己摆在"我是卖家"的位置上，提出不适合买家的建议。

与买家交流时，客服人员可能会遇到各种问题，比如不愿意自己查看商品描述而直接进行咨询，遇到一点点操作上的问题就迫不及待地进行咨询，或者并没有购买行为却重复咨询商品信息等，不管遇到任何咨询问题，客服人员都应该抱以耐心宽容的态度，不对买家的问题提出质疑和偏见，再简单的问题也需认真解答，并表达自己非常乐意随时提供咨询服务的态度。

3. 技巧性地应对各种类型的买家

不同类型的买家，购买方式和交流方式都不一样，客服人员要善于从客户的语言中推测他的消费心理，根据其消费特点，选择最合适的方式，从而促成交易的完成。

从心理学的角度出发，顾客购买商品的心理需求主要可以分为求实、求美、求名、求速、求廉、求同、求惯和求安8个方面。客服在与买家交流时，要根据买家的心理分析来调整自己的沟通和营销方式，以便最大化满足买家的需求并售出商品。比如针对求美的买家，在介绍商品时，可以突出介绍商品的外观；对于求同的买家，可以用商品的热销程度来说明购买人数很多，值得信任。

4. 尊重与信任买家

一个合格的客服必须懂得基本的交谈礼仪，尊重买家是对客服的基本要求之一，在与买家沟通时，耐心等待客户，如果买家话未说完，不要急于去打断对方。对于买家的问题，要及时准确地进行回答，表现出对买家的充分尊重和重视，使买家产生好感，这样买家会更加愿意接纳卖家的意见，更容易被说服。

5. 聆听买家的问题和需求

作为一个客服人员，一定要善于聆听买家的问题和要求。聆听是沟通的的基本条件之一。在与买家交流时，要通过聆听分析买家的心理，寻找与买家沟通中的关键词，抓住买家想表达的主旨，从而快速做出正确的反应，给出使买家满意的答复。同时，聆听也可以让对方感觉卖家对话题很关注、很重视，觉得卖家值得信任。为了更加了解买家，在聆听的过程中，也可以查看买家的信用评价及发布的帖子，通过这些来了解买家的性格特征，从而准确抓住买家的购物心理，有针对性地做出反应并提供服务。

6. 理性对待买家的问题

对于客流量多的网店而言，客服每天都要与各种各样的买家打交道。由于买家的性格、兴趣、素质等存在差异，导致有些沟通非常轻松，而有些沟通则显得烦琐，不管遇到什么买家，客服都应保持理性，快速妥善地解决问题。

- **善于控制自己的情绪**：当遇到挑剔、咄咄逼人等比较难缠的买家时，客服人员首先要保持理性与冷静，善于控制自己的情绪，切忌与买家争执，应该以和平的途径来解决问题。
- **积累交流技巧**：作为一个优秀的客服人员，应该提前了解面对不同买家时的交流方法，多积累各种处理技巧，模拟面对不同买家时的处理方式，提高自己的承受能力和应变能力。
- **不要草率做出决定**：如果卖家在交流的过程中情绪比较激动，不要草率采取强硬的态度和手段来加剧彼此的矛盾，客服人员应该始终保持心平气和的态度进行沟通，才有可能解除误会或者挽回错误。

7. 接受对方的观点

在进行交易的过程中，如果与买家存在不同的看法，可以委婉地进行解释和建议，尝试改变买家的想法，不能强势地将自己的建议强加给买家。当买家对商品的理解有误时，要温和地讲解，传达正确的观点。当买家对商品有不好的看法与感受时，客服依然要尊重买家的观点，尊重买家的想法，心平气和地解释，如果买家依然不接受，就要选择其他的途径进行解决。如果意见发生分歧，不要刻意地去和买家发生激烈的争论，对自己的言行应抱有谨慎的态度，不恶语伤人、勇于承认错误、努力弥补买家的损失等。

13.1.3 客户服务流程

客户服务是网店必须设置的一个岗位，大中型网店由于订单繁多、咨询量大、售后内容多，对客服的分工要求更加严格，通常有一个专门的流程化的客服系统和模式。一般来说，客户服务可以分为售前服务、售中服务、售后服务3种类型，如图13-4所示。

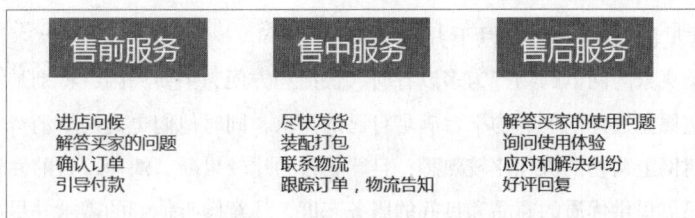

售前服务	售中服务	售后服务
进店问候	尽快发货	解答买家的使用问题
解答买家的问题	装配打包	询问使用体验
确认订单	联系物流	应对和解决纠纷
引导付款	跟踪订单，物流告知	好评回复

▲ 图13-4 客户服务流程

13.2 售前服务

网店客服的售前服务主要是一种引导性的服务，当买家对产品抱有疑虑时，即需要客服人员提供售前服务，从买家进店到付款的整个过程都属于售前服务的范畴，包括客户咨询、客服应答、了解和解决问题、达成订单、确定订单并引导买家付款、引导买家收藏店铺、感谢买家光顾等内容。在售前沟通的过程中，作为网店的客服人员，主要需要掌握的客服知识通常为商品的详细信息、产品推荐、与不同类型的买家沟通等。

13.2.1 介绍商品

一名专业的网店客服，必须具有基本的专业性，即必须掌握商品的专业性知识和周边知识，了解同类产品信息和网店促销方案。

- **商品专业知识**：商品的专业知识主要包括产品质量、产品性能、产品寿命、产品安全性、产品尺寸规格、产品使用注意事项等内容。
- **商品周边知识**：商品的周边知识主要是指与产品相关的其他信息，如与同类产品进行分辨的方式、产品的附加值和附加信息等，这类信息有利于提高商品的价值，使买家更加认可商品。
- **同类商品信息**：同类商品是指市场上性质相同、外观相似的商品，由于市场同质化现象十分严重，买家会面临很多相同的选择，但是质量是顾客选择的最稳定的因素，因此客服人员需要了解自己的劣势，突出自己的优势，以质量比较、货源比价、价格比较等方式稳固买家。
- **促销方案**：网上商店通常会推出很多促销方案，客服人员需要熟悉自己店内的各种促销方案，了解每种促销方案所针对的顾客群体，再根据买家的类型针对性地进行推荐。

13.2.2 商品推荐

当客服了解了产品信息后，就可游刃有余地对产品进行推荐，对于网上商店而言，商品推荐包括商品本身的推荐和商品搭配推荐两个主要方面。

- **商品推荐**：产品的推荐需要因人而异，客户的需求、使用对象、性格特点等不同，推荐的方式和类型就不一样，比如买家购买自用商品，则实用性、美观性、适用性等就是首要推荐点，如果买家购买商品是为了赠送他人，则产品的包装、产品的品牌、实用性、美观性等都需要同时考虑。
- **搭配推荐**：商品的搭配主要包括色彩搭配、风格搭配、效果搭配等，在推荐搭配时，可以店内模特、流行元素等进行举例。

13.2.3 与不同的买家沟通

一般来说，常见的买家主要有以下几种类型。

- **便利型**：这类买家的网上购物行为多以省时、快捷和方便为主要原因，特别是没有充足的时间逛街购物的人群更愿意选择网上购物平台满足自己的需求，同时他们也是网络消费的一大群体。这部分消费者一般对网上购物的流程比较熟悉，且购物行为比较果断、快速，目的性较强。与这类买家交谈时，卖家只需提供优质的商品和良好的服务态度，注意倾听他们的需求并尽可能提供帮助即可得到认可。

- **求廉型**：这类买家大都喜欢价格便宜的商品，同时对质量的要求也不低，他们在购物时比较喜欢讨价还价，在应对他们时，首先应该以亲切热情的用语表达自己的态度，在语言上委婉地提示透露出他已经购买到了足够低廉的价格，若买家不依不饶，一定要求店家降低价格，可在不造成自己损失的前提下，适当迎合顾客的心理，如略微降低价格或赠送其他赠品等，以促进交易的成功。

- **随和型**：这类买家一般性格较为开朗，容易相处，与他们交谈时要保留足够的亲和和诚意，他们一般很好交流，只要站在他们的角度尽可能地满足他们的需求，即可促成交易的达成。

- **犹豫不决型**：这类买家一般会在店铺浏览很长时间，花较长的时间选购商品，并且在客服人员的详细解说下，仍然犹豫不决，迟迟不会下单。与这类买家交谈时，耐心非常重要，就算买家一再询问重复的，或者已经解释多遍的问题，也要耐心详细地进行说明，做到有理、有据，用事实说服买家进行购买。

- **心直口快型**：这类买家下单比较果断，看好了想要购买的商品后就会立刻下单，对于不喜欢的则直接拒绝。在与这类买家交谈时，尽量快速而准确地回复买家的问题，表现出自己的专业，尽量用语亲切，以买家的立场来进行说服，这样可增加交易的成功率。

- **沉稳型**：这类买家较为精明，做决定时一般会仔细考量，缜密应对。他们的个性沉稳且不急躁，要说服这类买家，需要迎合他们的思路来进行沟通，让他们自己说服自己的购买行为。

- **慢性子型**：这类买家一般会花上较多的时间来查看商品，可能会同时查看很多商品，并重复进行查看和比较，与他们沟通时，一定要有耐心，并详细回答他们提出的问题。

- **挑剔型**：这类买家很多都会对网上购物持不信任和怀疑的态度，认为商品描述的情况都言过其实，并会针对商品提出各种各样的刁难问题。与这类买家沟通时，首先要仔细说明商品的详细情况，消除他们的不信任，积极解决他们提出的各种问题，适当给予一些优惠和赠品等，促进其购买行为。

13.3 售中服务

售中服务是指商品交易过程中为买家提供的服务，主要集中在顾客付款到订单签收这个阶段，包括订单处理、装配打包、物流配送、订单跟踪等内容。

- **订单处理**：订单处理主要是指对订单进行修改，如修改价格、修改买家的地址和联系方式等。
- **装配打包**：商品在寄出之前，需要对其进行打包，如果买家提出了特殊的包装要求，也要根据情况予以满足。
- **物流配送**：物流配送是指联系物流公司进行揽件并开始配送，注意物流信息要填写正确和完整。
- **订单跟踪**：订单跟踪是指随时跟踪订单的情况，并告知买家。

13.4 售后服务

售后服务是指买家在签收商品之后，客户针对商品的使用、维护等进行的服务，售后服务的质量是店铺服务质量中很重要的一个方面，好的售后服务不仅可以提高店铺的动态评分，还能吸引更多新顾客，留住更多老顾客。网店售后服务所包含的内容非常多，商品使用解答、商品维护解答、退换货处理、中差评处理等都属于售后服务的范畴，其中退换货处理和中差评处理是问题比较集中的两个方面。此外，完善的售后服务还包括主动问询买家的使用情况，根据买家反馈信息及时调整、引导买家好评、好评回复、引导买家收藏店铺等。

13.4.1　售后客服注意事项

售后服务是交易过程中的重点环节之一，好的售后服务会给顾客带来非常好的购物体验，因此客服在处理售后问题时要特别注意。

- **态度端正**：热情、耐心、礼貌、尊重是客服人员应该具备的最基本的素质，这一点在售后服务中也体现得非常明显，客服人员要耐心温和地处理各种售后问题，满足客户的合理要求。
- **回应买家的投诉与抱怨**：买家收到商品后，如果对商品的质量、性能或服务不满意，会有各种各样的投诉与抱怨，此时，客服人员要积极面对买家的投诉或抱怨，不能回避问题或消极处理。
- **避免与买家发生争执**：少部分买家如果对商品不满意，态度会十分恶劣，客服在遇到这类买家时，一定要避免与其发生争执，防止事态恶化，应该尽快提出实际可行的解决方法安抚买家并解决问题。
- **留住回头客**：当买家在使用了商品并有比较积极的反应时，客服要抓住机会，将其发展为老客户。
- **引导买家的好评和收藏**：好评和店铺收藏对于店铺的发展非常重要，一个优秀的客服人员应该善于引导买家的好评和收藏。

13.4.2　对待买家的中评和差评

当店铺的信用和规模不断扩大之后，成交量也会随之增加，随之而来的中差评也可能会不断增加。中评和差评对店铺的影响非常大，因此客服人员需要对中差评进行处理。

1. 应对投诉的原则和方法

买家投诉是一种可能经常会遇到的问题，在应对买家投诉时，客服应该在遵循一定准则的基础上对投诉进行处理。

- **及时道歉**：当买家所投诉内容属实时，客服首先应该主动道歉，表达出卖家诚恳的态度。若是买家投诉不属实，客服应该委婉温和地详细解释，解除误解。
- **耐心倾听**：当买家抱怨发泄时，客服要耐心倾听，态度良好，理解买家的抱怨，认真对待和判断买家的问题。
- **及时处理**：当买家在进行投诉时，一般都想尽快解决问题，因此客服在处理投诉时要迅速及时，切忌拖延。
- **提出完善的解决方案**：买家在进行投诉时，基本都是想解决问题、挽回损失，客服应该针对买家这种心理迅速提出让客户满意的解决方案，如更换商品、退货、赠送赠品等。

2. 对待买家的中评和差评

在经营网店的过程中，会遇到各种各样的买家，当遇到比较挑剔的买家时，很小的一个失误都可能造成中差评的出现。作为网店的客服人员，不能对买家的中差评表达不满，而应该将中差评看作提升商品和服务质量的机会，认真对待，及时解决。

一般来说，造成中差评的原因主要有以下几种。

- 不满意物流速度，收货时间较长。

- 未及时回答自己的问题，或服务态度不够好，或对售后服务不满意。

- 对商品的颜色、质量、大小、外观、价格等不满意。

- 收到的商品有损坏。

遇到不同的问题，需要提出不同的解决方式，比如对商品本身不满意的，可以为买家退货或换货等。

3. 避免买家的中评和差评

好评率是网店非常重要的一个因素，会对买家的购买行为产生直接影响，差评不仅会影响好评率，还会扣掉网店信用，因此卖家要尽量避免买家的中差评，而在避免中差评之前，应该先分析产生中差评的原因，并有针对性地进行解决。下面对一些常见的避免中差评的方法进行介绍。

- **做好售前、售中的商品介绍**：在进行售前、售中的商品介绍时，要注意主动对一些重要问题和细节问题进行提醒，如商品尺码、颜色偏差等，并说明原因，有特别需要注意的问题也要进行标识和说明。

- **质量把关**：质量是买家追求商品的首要品质，因此质量问题一定不能忽视。在进货时要注意亲自对质量进行甄选和对比，发货前也要仔细检查商品是否破损或存在缺陷。

- **解释色差**：色差是网上商品很难避免的一个问题，色差存在的原因有很多，光线、显示器分辨率等都可能形成色差，因此卖家可以对色差问题做出适当的提醒。

- **包装**：包装也是商品的卖点之一，好的包装可以让买家感觉更超值，卖家可以在包装上做一点小创新，博取买家的好感。

- **完善的售后**：售后是避免和挽回中差评的一个关键，完善的售后服务甚至能弥补商品质量上的细小缺陷。

- **热情的服务**：服务质量很大程度上决定着买家对整个店铺的评价，如果买家对店铺的印象好，中差评的概率就会更低。

- **面对买家评价**：收到买家的中差评后，应该诚恳地面对评价，虚心接受买家的批评，表达自己立即更改的态度，从而说服买家更改评论。

4. 引导买家修改中差评

中差评是网店不可避免的情况，很多中差评产生的原因都不算严重，都可以在与买家沟通之后得到修改，作为一名合格的客服人员，应该能够合理地引导买家修改中差评，其过程一般如下。

- **及时联系买家**：当收到买家的中差评之后，首先要及时联系买家，了解产生中差评的原因，并分析原因。

- **进行沟通**：了解了中差评的原因之后，客服要耐心与顾客进行沟通，恳请买家修改中差评。如果中差评的原因在于卖家，则要主动承认错误，为顾客换货，进行补偿。如果中差评的原因在于买家，也可通过一定的补偿措施恳请买家修改中差评。

13.4.3　退换货处理

退换货处理在网店中十分常见，当客户对物品不满意或者尺码不合适时，都会申请退换货服务，客服应该根据实际情况快速做出相应处理。一般来说，在买家申请退换货时主要有退换、折价、换货3种处理方式。

- **退货**：当买家对收到的商品不满意时，即可申请退货。在买家申请退货时，卖家应该先了解退货原因，以及是否符合退货要求，确认之后再将卖家的退货地址告知买家并请买家告知物流凭证，收到货物后尽快给买家退款。目前买家在淘宝申请退货时，淘宝网会根据买家的信用等级直接退还货款。

- **折价**：当买家对商品不满意或商品存在细微瑕疵时，会向卖家进行反映，此时客服可以要求买家以拍照的方式反馈商品问题，再根据商品的具体情况判断是否折价、折价多少等，选择折价后再退还相应款项即可。

- **换货**：当买家觉得尺码、颜色等不合适时，即会申请换货。卖家首先需要判断商品是否符合换货要求，如果符合换货要求，则告知换货地址并请买家告知物流凭证，收到货物后再换货发回。

13.5　客户关系管理

客户关系管理是一个不断与客户交流，了解客户的需求，从而提供更完善的产品和服务的过程。客户关系管理不仅可以使卖家更了解自己的客户群，制定出更合适的营销方案，还可以通过交流管理不断发展客户，培养客户忠诚度。

13.5.1　新客户的寻找和邀请

淘宝网上的店铺数目非常多，要想让"游客"发现你的店并成为常驻客户，是一个需要投入很多精力的过程。一般来说，新客户的发展比老客户的维护更难，且需要花费更多的时间、金钱、精力等，但新客户是网店客户群中必须发展的对象，一个成功的网店必须懂得如何寻找和邀请新客户。

- **利用淘宝增值服务**：淘宝提供了直通车、淘宝客、智钻等增值服务，可以帮助卖家将客流量引导至店铺，好好把握这些客流量，即可使他们成为新客户。

- **做好店铺推广**：电子商务的时代，大部分信息传播都是通过网络进行的，卖家可以好好利用自媒体、论坛、网站等渠道对自己的店铺进行宣传，吸引新客户。

- **做好关键词**：买家在淘宝进行购物时，大多是通过关键词搜索的方式寻找自己需要的商品，只有做好了商品关键词，才能让更多人找到店铺。

- **打响店铺名号**：知名的店铺，更容易吸引到新客户。

- **好看的店铺装修**：店铺装修是否美观，也是是否吸引买家的一个重要原因，美观的店铺装修更容易赢得买家的青睐。

13.5.2　影响客户回头率的因素

客户关系维护对网店的影响非常大，要想使网店发展得更好，不仅需要发展新顾客，还需要维护老顾客，让他们能够留在店里固定消费。为了实现这一点，卖家首先要了解会对客户回头率产生影响的主要因素。

- **产品**：产品性价比是买家非常关注的一个问题，也是影响客户回头率的非常重要的因素。性价比越高，对老顾客的维护越有利。
- **品牌**：店铺品牌和商品品牌在很大程度上影响着买家的回头率和忠诚度，因此要做好品牌定位。
- **服务**：买家是否选择再次在店内消费，服务质量占很大的因素，良好的服务品质和购物体验也非常可能将新客户发展为老客户。
- **促销**：不断变化且能吸引买家的促销手段，也会刺激客户的再次购买，在卖家开展促销活动时，可以通过短信、旺旺、网站宣传等方式提前告知买家。
- **会员**：会员折扣、会员积分等优惠政策，可以维护更多的老顾客。
- **回访**：不定期地通过短信、旺旺、邮件等形式回访买家，可以增加买家的印象，使其在选购该类商品时首先想到和选择熟悉的店铺，提高买家的回头率。

13.5.3　老客户的发展与维护

网店的新客户来之不易，因此一定要做好老客户的发展工作，在将新客户发展为老客户之后，也要懂得对老客户进行维护。

1. 老客户的发展

将新客户发展为老客户，是很多卖家都希望做好的一项工作，一般来说，想要更好地发展老客户，需要做到以下几点。

- **为买家着想**：做好售前、售中和售后服务，可以使买家对店铺产生好感。而站在买家的角度考虑问题，分析和考虑他们的需求并满足，可以让买家觉得卖家值得信任，更容易交流，不仅可以减少交易纠纷，也可以让买家对店铺的态度更宽容。
- **推荐合适的商品**：如果卖家为买家推荐的商品不够好，则会对卖家产生不信任感。如果卖家为买家推荐的商品质量、价格等都能使买家满意，就能使买家再次光顾店铺。
- **建立买家的信任度**：买家在进行网上购物时，通常都希望获取的信息是真实准确的，因此卖家如果证明了自己商品信息的真实性，就能在一定程度上获得买家的信任。销量、好评等都是获取买家信任度的一种方式。

2. 老客户的维护

老客户的重复消费是网店中非要重要的一个销售数据，对店铺的影响很大。一个成功的网店必须懂得维护老客户的方法，下面对常用的老客户维护方法进行介绍，主要包括建立会员制度、定期举办促销活动和老客户回馈3种。

- **建立会员制度**：建立会员制度能帮助卖家更好地维护老客户，防止买家流失。会员制度的消费奖励额度一般根据店内商品的价格而定，最好保持在既能抓住客户又能保证经济效益的程度上。会员制度可以分不同等级，如普通会员、高级会员、VIP会员等，针对不同消费能力或消费总额的客户，给出对应的优惠。
- **定期举办促销活动**：目前的各大网络购物平台，以不同的名义衍生出了节日、店庆、回馈等各种促销活动，好的优惠活动可以为店铺带来非常大的经济效益。在策划促销活动时，一定要提前对活动进行宣传。促销活动必须有时间限制，不然容易让买家产生倦怠感。促销活动推荐的商品一般为畅销商品，但是需要适当地搭配滞销商品，带动其他商品的销量。

- **老客户回馈**：回馈老客户是一种比较常见的老客户维护方法，如果店铺值得信任、商品性价比高、服务质量好，就很容易赢得回头客户。在淘宝的客户关系管理系统中，显示了光临店铺的客户基本信息和光顾次数，通过这个功能，卖家可以对已有客户进行分类，并通过短信、旺旺等方式定期向老客户推荐优惠活动，还可以通过以往的交易信息对客户数据进行分析，针对不同的买家进行分层营销。

13.5.4　客户关系管理工具

客户关系管理工具是专门用于整理和管理客户的工具，客户关系管理工具可以使客户管理工作更加事半功倍，下面对一些常用的客户关系管理工具进行介绍。

1. 淘宝网后台会员关系管理

淘宝网后台的会员关系管理系统是十分常用的会员关系管理工具，可以对网店所有客户进行管理，如制定营销活动、设置会员等级、客户分析等，图13-5所示为淘宝后台的会员关系管理页面。

▲ 图13-5　淘宝网后台的会员关系管理页面

2. 淘宝开放平台的客户关系管理软件

除了淘宝网提供的会员关系管理功能之外，其他的软件服务商也开发了很多客户关系管理软件，卖家可以直接在淘宝网中进行选择和购买，如图13-6所示。

▲ 图13-6　客户关系管理软件

13.5.5　客户关系管理的内容

使用客户关系管理工具管理客户是网店中非常重要的一项工作，客户关系管理的内容一般包括数据收集、客户分组、客户等级设置等。

1. 收集客户数据

客户数据是客户关系管理的基础，卖家可通过网店后台查看客户的手机、邮箱、地址等信息，当然卖家在与客户交流过程中收集的其他信息也可存放在该会员管理系统中，下面介绍在淘宝后台的会员管理系统中收集和整理数据的方法，其具体操作如下。

STEP 01 登录淘宝卖家中心，在"营销中心"栏中单击"会员关系管理"超链接，进入聚星台页面，如图13-7所示。

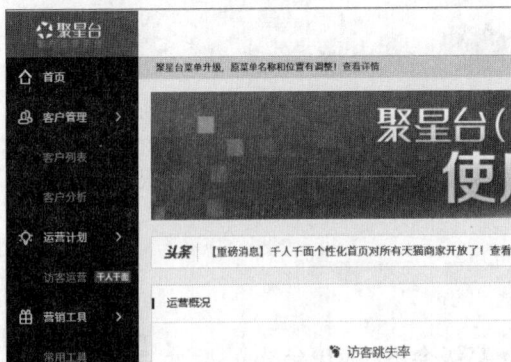

▲ 图13-7　聚星台

STEP 02 在左侧的"客户管理"列表下选择"客户列表"选项，进入客户列表界面，在其中需要查看数据的客户名后单击"详情"超链接，如图13-8所示。

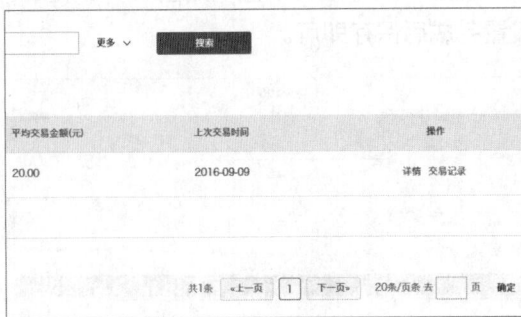

▲ 图13-8　进入客户列表界面

2. 设置会员等级

淘宝网后台的会员管理系统提供了设置会员等级的功能，下面介绍在淘宝后台的客户管理页面设置会员等级的方法，其具体操作如下。

STEP 03 在打开的页面中将显示该客户的具体信息，单击页面右上方的 编辑 按钮，可对客户信息进行编辑和补充，如图13-9所示。编辑完成后单击 保存 按钮完成保存即可。

▲ 图13-9　编辑客户信息

新手练兵

登录淘宝卖家中心，在聚星台的"客户列表"页面中查看老客户的客户资料。

STEP 01 登录淘宝卖家中心的会员关系管理页面，展开"客户列表"选项，进入客户列表界面，在需要更改会员等级的客户名后单击"详情"超链接，打开客户信息页面，单击页面右上方的 编辑 按钮，单击"会员级别"栏右侧的下拉按钮，在打开的下拉列表中选择会员等级即可，如图13-10所示。

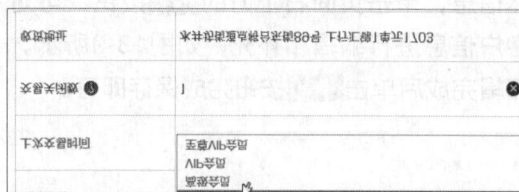

▲ 图13-10 设置会员等级

STEP 02 单击"会员状态"栏右侧的下拉按钮，在打开的下拉列表中可设置该会员是否享受折扣，如图13-11所示。

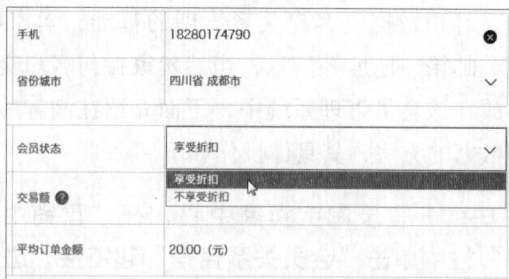

▲ 图13-11 设置会员状态

经验之谈

在"客户列表"页面的下方单击 +添加备注 按钮，在打开的页面中可以填写客户的详细信息，或者对客户的喜好、习惯、参与活动情况等信息进行备注。

3. 设置VIP

淘宝后台的会员管理系统将会员分为普通会员、高级会员、VIP会员、至尊VIP会员4个等级，只要购买商品并完成交易的客户即可自动变成普通会员，而要成为高级会员、VIP会员和至尊VIP会员，则要满足店内指定的消费条件。下面介绍设置VIP会员条件的方法，其具体操作如下。

扫一扫 实例演示

STEP 01 登录淘宝卖家中心的会员关系管理页面，展开"客户列表"选项，单击右侧的 VIP设置 按钮，如图13-12所示。

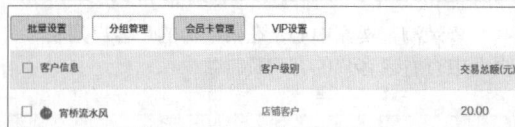

▲ 图13-12 VIP设置

STEP 02 打开设置页面，在其中即可设置不同等级的会员的消费额度，如需要设置高级会员，需先在高级会员栏下方启用该会员等级，然后在其中进行设置，如图13-13所示，设置完成后保存即可。

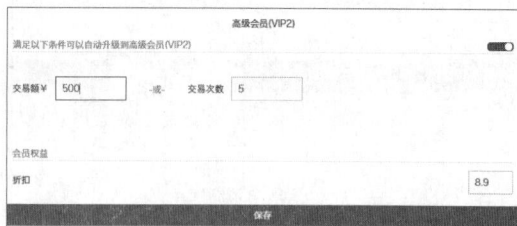

▲ 图13-13 设置会员消费额度

4. 客户分组

设置了会员等级的消费条件后，系统会自动将满足条件的买家提升到相应的等级，拥有相应的优惠或折扣，除此之外，也可以手动对客户进行分组，其方法为：登录淘宝卖家中心的会员关系管理页面，展开"客户列表"选项，单击右侧的 分组管理 按钮，进入分组管理页面，单击 新增分组 按钮，在"分组名称"文本框中输入组名称，单击 确定 按钮即可完成创建，如图13-14所示。建立好分组之后，进入客户的详细资料页面，单击 <u>+添加分组</u> 按钮，在打开的下拉列表中即可为客户设置分组。

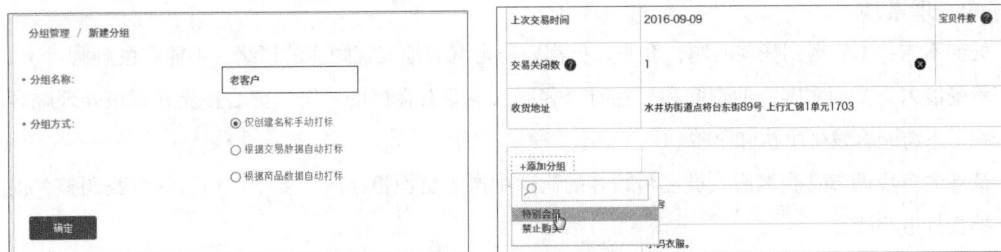

▲ 图13-14　客户分组

13.6　客服人员管理

客服人员对网店非常重要，网店想要获得良好的发展，对客服人员的数量和质量都有一定的要求，因此网店经营者需要了解客服人员的招聘和管理方法。

13.6.1　客服人员的招聘和选择

网店中的客服根据网店的规模和经营方式不同，其工作模式也不一样，一般来说，主要有集中化工作模式和分散化工作模式两种，不同的模式，客服的招聘和选择方式也不一样。其中，集中化工作模式是指网店拥有自己专门的客服团队和工作地点，实行统一管理。分散化工作模式是指以远程的方式建立起来的团队管理模式，客服人员分散各地，只通过同一个平台联系和共事。

- **集中化工作模式**：集中化工作模式对客服的要求更高，在数量和质量上都更严格，对客服人员的任职标准也有一定的要求。招聘这种客服人员时，一般可以通过招聘会、网络平台等发布招聘信息，通过笔试和面试等方式进行选择，其招聘流程大致如图13-15所示。

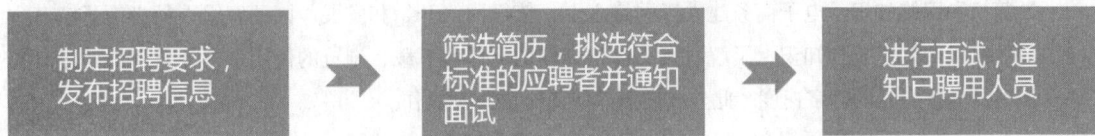

▲ 图13-15　招聘流程

- **分散化模式**：分散化模式多适用于小型网店，成本较低，对客服人员的要求也相应较低。分散化模式的客服人员一般可通过网络来招聘时间充足的人员，通过远程的方式对其进行指导和监督。

13.6.2　客服人员素质要求

客服人员是网店职能部门中非常重要的一个组成部分，一名合格的客服人员必须在心理素质和技能素质方面都能均衡达标。

1. 心理素质

由于顾客的类型多种多样，在客户服务的过程中，客服人员会承受各种压力，因此必须具备良好的心理素质。

- **处变不惊**：不管遇到任何问题，客服人员都要稳定沉着地安抚顾客的情绪，不能自乱阵脚。
- **承受能力**：当面对客人的责问和埋怨时，客服人员要有良好的心态，虚心接受并积极处理顾客的问题，不与顾客发生争执和争吵。
- **情绪的自我调节**：当客服人员在与顾客的沟通中产生负面情绪时，要学习情绪的自我调整，提高抗挫折打击的能力。
- **真诚付出的心态**：客服人员在对待顾客时，要热情真诚；客服人员在对待店铺时，要敬业负责。
- **积极进取**：客服人员的能力直接与店铺的销售额产生联系，为了提高店铺的销售额，客服人员应该积极进取，努力提高自己的业务能力。

2. 技能素质

技能素质即客服人员的专业素质，主要包括商品熟悉度、交流能力、消费者心理分析能力、网站规则熟悉度、计算机和网络知识等。

- **商品熟悉度**：商品熟悉度是客服必须具备的基本知识，一名合格的客服人员，必须了解商品的用途功能、颜色款式、尺码大小、销量、库存、评价等多个方面的知识，当顾客询问时，可以做到游刃有余地进行回答，不仅可以节约销售时间，还能体现店铺的专业性。
- **交流能力**：对于销售客服而言，交流即是一种话术，在销售的过程中，需要通过语言中的销售技巧来说服顾客。对于售后客服而言，需要通过语言拉近与顾客的距离，安抚顾客的情绪，赢得顾客的好感。
- **消费者心理分析能力**：在网店销售中，顾客的需求一般都是通过文字反映出来的，因此客服人员必须在文字中寻找和分析顾客的需求，才能投其所好。
- **网站规则熟悉度**：每个电子商务平台都制定规则，对买卖双方的交易行为、交易程序等进行了规范，客服需要站在商家的立场上详细了解这些规则，把握交易尺度。除此之外，当消费者不了解规则时，客服人员需要进行一定的指导。
- **计算机和网络知识**：电子商务建立于网络之上，依靠网络开始和发展，因此客服人员必须了解基本的计算机和网络操作知识，了解收发文件、资料的上传和下载、浏览的使用、办公软件的使用等知识，且具备一定的打字速度。此外，还需熟练淘宝的基本操作。

13.6.3 客服人员激励方法

为了使客服人员保持积极向上的工作态度，使客服团队获得良性的可持续发展，必须对客服人员进行必要的激励，常用的客服人员激励方法主要有奖惩激励、晋升激励、竞争激励、监督激励等。

1. 奖惩激励

奖惩激励是指通过制定奖励和惩罚条款对客服团队进行激励，鞭策和鼓励整个团队向更好的方向进行发展。

（1）奖励机制

网店一般可以采取精神奖励和物质奖励两种方式来激励客服，通过奖励机制，可以有效地调动人员的积极性，优化整个团队的风气。

- **精神奖励**：精神奖励是一种以满足精神需要为主的奖励形式，精神奖励可以激发员工的荣誉感、进取心和责任心。网店可以根据自己的实际情况来制定精神奖励的标准，将奖项设置为新人奖、季度优秀服务奖、年度优秀服务奖，或C级服务奖、B级服务奖、A级服务奖等，并对不同等级的客服颁发相应的荣誉勋章等。
- **物质奖励**：物质奖励主要表现薪资福利奖励，对调动客服积极性非常有效，网店可以根据实际的要求和标准制定不同的奖励等级，为满足标准的员工发放相应奖励。

（2）惩罚机制

惩罚机制是指网店制定专门的惩罚条例，对表现不好、不合格或犯错违规的客服进行相应的惩罚，主要目的是鞭策员工积极向上，保持团队的专业性和责任感，也是对员工行为的一种规范。惩罚形式一般以警告、批评、扣除奖金为主要形式，情节严重者也可进行淘汰。

2. 晋升激励

晋升激励是指为客服部门划分不同的层级职位，对员工的工作能力进行考察，能力优秀者则可获得晋升的平台和空间。晋升激励可以充分调动员工的主动性和积极性，打造和谐、卓越的客服团队，同时为每位客服实现自我价值提供机会。

一般来说，客服部门可以划分为客服人员、客服组长、客服主管和客服经理等层级，但在使用晋升机制激励员工的同时，网店必须为客服人员制定相应的培训计划，制定相应的选拔和任用制度，树立员工的学习标杆，引导其他员工不断学习和改进，才可使晋升机制真正发挥出良好的效果。

3. 竞争激励

营造积极良性的竞争氛围，是网店经营者科学管理客服团队的有效手段，良性竞争不仅可以促使员工之间互相学习，发现并弥补自身的不足，还可以使整个团队在一种积极向上的环境里持续提高。

科学良性的竞争机制一般可以借助数据作为支撑，清晰明确的数据可以让员工清楚看到自身的不足，以及对手的优点，从而不断督促自己做出更好的成绩。

4. 监督激励

监督激励是指管理者根据对客服工作态度、工作成绩、顾客满意度、员工认可度等进行跟踪督察，来督促和管理员工，使其工作效果达到预期目标。此外，通过对客服工作进行监督，还可以评估出客服人员的工作效率，将其作为客服考核的指标之一。监督方法主要包括管理者评价、问卷调查等方式。

13.6.4　客服人员绩效考核

网店的客服考核一般以关键绩效指标考核法（KPI）为主，即将员工需要完成的工作标准以指标的形式罗列出来，根据指标对员工进行评价，引导员工关注公司整体绩效指标和主要考核方向，不断完善和提升自己，图13-16所示为淘宝某店铺KPI考核表格。

序号	KPI指标	权重	详细描述	标准	分值	得分
			考核年月： 年 月	被考核客服	被考核人签字：	
1	询单转化率（X）	40%	最终付款人数/询单人数	X≥65%	100	
				65%>X≥60%	90	
				60%>X≥55%	80	
				55%>X≥45%	75	
				X<45%	65	
2	支付率（F）	25%	支付宝成交笔数/拍下笔数	F≥95%	100	
				95%>F≥90%	90	
				90%>F≥85%	80	
				85%>F≥80%	60	
				F<80%	0	
3	落实客单价（Y）	5%	客服落实客单价/店铺客单价	Y≥1.18	100	
				1.18>Y≥1.14	90	
				1.14>Y≥1.12	80	
				1.12>Y≥1.1	60	
				Y<1.1	0	
4	首次响应时间（ST）	10%	首次响应时间（秒）	ST≤15	100	
				15<ST≤20	90	
				20<ST≤25	80	
				25<ST≤30	60	
				ST>30	0	
5	平均响应时间（PT）	10%	平均响应时间（秒）	PT≤30	100	
				30<PT≤35	90	
				35<PT≤45	80	
				45<PT≤55	60	
				PT>55	0	
6	其他	10%	日常工作完成度		100	
7	总得分	100%				
	评级		差评处理情况			
	业绩奖金		差评奖金		总奖金	

▲ 图13-16　淘宝某店铺KPI考核表格

13.7　疑难解答

客服工作是一个需要进行长期实践和总结，并不断完善的工作，下面笔者将对客服过程中的一些疑难问题进行简单解答。

1. 客服人员应该如何消除买家的疑虑？

答：在网店中销售商品，买家可能经常会对商品品牌、材质和价格等产生疑虑。客服人员要想打消买家的疑虑，首先需要思考买家产生疑虑的原因。一般来说，买家最容易对商品的真伪、质量、颜色等产生疑虑，因此客服人员在向买家介绍商品时，应客观详细地向买家解释并做出推荐，突出商品的优点，侧重商品的价值，展示商品的性价比，耐心、真心、诚心、热心地为买家服务，用自己的专业性让买家放心。

2. 客服人员获取商品信息的渠道有哪些？

答：在介绍商品给买家前，客服必须详细了解商品的信息，做好完全的准备，而客服了解商品信息的途径主要有查看已有的商品资料、询问厂商和批发商处的营业人员或资深人员、阅读报纸和专业杂志等获取相关信息、通过网络等媒体收集相关信息等。

3. 怎样与要求不同的买家进行沟通？

答：买家的类型各种各样，其要求也不一而足。在与对价格要求不同的买家交流时，如果是爽快直接的买家，需要适当表达感谢，或赠送一些小礼品，让买家感觉物超所值，培养买家的忠诚度；如果是讨价还价的买家，可以提供适当优惠，或者温和诚恳地表示已经是物超所值的价格了，也可以推荐他看一下其他价格更便宜的商品。在与对商品质量要求不同的买家交流时，如果是对质量要求严格的买家，则客服需要实事求是地介绍商品，把可能存在的问题都说出来，让买家对商品有一个大概的认识，引导买家对质量做出客观的取舍，或者推荐其购买质量更好的商品。

13.8 经典案例——不从买家身上找原因

每次一赶上促销活动，罗云的店铺就忙的不可开交。每次一忙，就要出点让她比较头疼的事情，如鞋子不合脚要换货、颜色不正要退货、鞋子味道不好要退货等，稍微回复不及时对方就觉得卖家想"赖账"，脾气不好的人可能直接就开骂了。越忙这种事情就越多，经常让罗云恨不得关掉电脑求个清净。

但是客服怎么能跟买家生气呢？不仅不能生气，还要忍着性子好言好语地解释、安抚，就跟哄小孩子一样，哄完了还要立马解决问题。买家说对货不满意要退货，罗云不问原因二话不说就答应了，退货地址和退货注意事项仔仔细细发过去。买家说货不合适要换，罗云不等买家的货寄到，只要看到了快递单号，立刻就把要换的商品发过去了。有些同行很奇怪，罗云退换货这么爽快，就不怕吃亏吗？

罗云怕吗？还是有点怕的。万一被退回来的商品已经被买家损坏了怎么办？万一已经退款但是商品没寄回来怎么办？罗云也考虑过这种情况，但是没办法，谁让消费者是"上帝"呢！

其实罗云已经吃过了"退换货"的亏，买家说要换货的时候，罗云为防万一，仔细地询问了商品的情况，问了两句把买家问的不耐烦了，结果货也不换了，一个语气激励的差评直接出现在了罗云的店铺上。

网络世界这么大，买家的类型各种各样，遇到脾气好的买家就算了，遇到脾气不好的买家，多余的事情都能闹出来，简直得不偿失。罗云说，"还不如不问原因，直接给买家退换货，这样买家觉得卖家耿直，值得信任，说不定下次还光顾呢！总之啊，不管是不是买家的问题，我们都不能从买家身上找原因，首先解决好他们的问题，这才是最重要的。"

总结：开门做生意，并不是每一件商品都能让买家满意，偶尔难免会出现一些商品问题或物流问题，如果恰好遇到挑剔的买家，很容易遭致投诉，客服人员在面对投诉时，一定要态度端正、注意倾听、不推卸责任、及时解决问题，才能避免投诉的升级。

13.9 高手进阶

（1）了解和熟悉客服的基本流程，掌握售后问题的处理方法。

（2）使用淘宝后台的会员管理工具为店铺的买家分组，丰富买家的资料，并设置其会员等级。

（3）了解客服人员的素质要求，了解客服人员的绩效考核数据，熟悉关键绩效的计算和评比方法。